マクロ経済理論
――ショート・コース――

トーマス R. マイクル

上遠野　武　司
河　口　雄　司
蒋　　　安　造
末　繁　宏　郎
内　藤　二　也
丸　山　航
横　溝　えりか
渡　部　　　茂
訳

学文社

MACROECONOMIC THEORY : A Short Course
by Thomas R. Michl.
Copyright © 2002 by M. E. Sharpe, Inc.
All rights reserved.
Japanese translation rights arranged with
M. E. Sharpe, Inc. in New York
through The Asano Agency, Inc. in Tokyo.

目次

序文　1

第1章　マクロ経済会計　3

1.1　産出高と所得　3
1.2　所得と支出　6
1.3　貯蓄と投資　9
1.4　開放経済における会計　10
1.5　ストックとフロー　12
1.6　マネーサプライ　14
　　1.6.1　連動する貸借対照表　14／1.6.2　貨幣乗数　16
1.7　交換方程式　18
1.8　マーシャル的短期　19
1.9　マクロ経済モデルの構成要素　20

第2章　価格と産出量　25

2.1　価格設定　25
　　2.1.1　生産費　26／2.1.2　企業の産出物に対する需要　27
2.2　内生変数と外生変数　28
2.3　生産水準　29
2.4　総価格，総産出量，総雇用　31

第3章　ケインジアン理論　34

3.1　総需要の内訳　34
　　3.1.1　消費　34／3.1.2　投資　35／3.1.3　政府　37
3.2　消費と投資の理論　37
3.3　総需要　39
3.4　生産物市場における均衡　39
3.5　乗数　40
3.6　ケインジアン・クロス　41

3.7　投資-貯蓄の均衡　42
3.8　動学　44
3.9　比較均衡分析　45
　　3.9.1　財政政策　45／3.9.2　倹約のパラドックス　48／3.9.3　均衡予算乗数　50
3.10　限界投資性向　51
3.11　ケインジアン・モデルの限界　52

第4章　IS 曲線　55

4.1　総需要に対する利子率の効果　55
　　4.1.1　IS 曲線の視覚化　55／4.1.2　IS 曲線の導出　58
4.2　IS 曲線の特性　60
　　4.2.1　財政政策　60／4.2.2　IS 曲線の傾き　60

第5章　LM 曲線　65

5.1　貨幣と債券　65
　　5.1.1　貨幣　65／5.1.2　債券　66／5.1.3　ポートフォリオ選択　67
5.2　貨幣需要　69
5.3　貨幣供給　72
5.4　資産市場の均衡　74
5.5　所得の変動と利子率　75
　　5.5.1　LM 曲線の視覚化　76／5.5.2　LM 曲線の導出　77
5.6　LM 曲線の特性　78
　　5.6.1　金融政策　78／5.6.2　LM 曲線の傾き　78／5.6.3　貨幣需要の利子感応性　79
5.7　誰の視点か　81

第6章　IS-LM モデル　84

6.1　IS-LM 式　84
6.2　IS-LM モデルにおける動学　86
6.3　財政政策　88

6.3.1　財政政策の有効性とLM曲線　90／6.3.2　財政政策の有効性とIS曲線　93

　6.4　金融政策　93

　　　6.4.1　金融政策の有効性とIS曲線　94／6.4.2　金融政策の有効性とLM曲線　95／6.4.3　金融政策と利回り曲線　95／6.4.4　金融政策の目標　96

　6.5　ポリシーミックス　97

　6.6　倹約のパラドックス　98

　6.7　政策目標　99

第7章　総需要曲線　104

　7.1　AD曲線の視覚化　104

　7.2　AD曲線の導出　106

　7.3　AD関数の特徴　107

　　　7.3.1　政策変更とAD　107／7.3.2　AD曲線の傾斜　108

　7.4　AD曲線に影響を与える他の要因　108

　7.5　予備的なAS-ADモデル　110

第8章　総供給曲線　112

　8.1　賃金設定モデル　112

　　　8.1.1　労働組合のもとでの賃金決定　113／8.1.2　効率賃金モデル　113

　8.2　契約実質賃金曲線　114

　8.3　価格によって決定される実質賃金　116

　8.4　賃金と価格設定の動学　118

　8.5　自然失業率は存在するか　121

　8.6　価格期待　122

　8.7　AS曲線　124

　8.8　AS曲線の動学的特性　125

第9章　AS-ADモデル　129

　9.1　AS-ADモデルの動学的調整　129

　9.2　短期と長期の経済政策　132

　9.3　財政政策　133

9.4 金融政策　136
9.5 完全な予測のもとの金融政策　138
9.6 倹約のパラドックス　139
9.7 AS-AD モデルの長所と限界　140

第10章　インフレーションと失業　143

10.1 AS 曲線とインフレーション　143
10.2 期待によって増幅されたフィリップス曲線　145
10.3 動学的総需要曲線　148
10.4 生産，失業，オークンの法則　149
10.5 フィリップス曲線モデル　150
　　10.5.1 差分形式　151／10.5.2 水準形式　151
10.6 長期均衡　152
10.7 フィリップス曲線モデルの動学　155
　　10.7.1 金融政策　156／10.7.2 財政政策　159
10.8 ディスインフレーションと金融政策　161
10.9 フィリップス曲線モデルの限界　163

第11章　積極的金融政策モデル　167

11.1 実質利子率　167
11.2 中央銀行の反応関数　168
11.3 AD 曲線と IS-RF モデル　169
　　11.3.1 IS-RF モデル　169／11.3.2 動学的 AD 曲線　171
　　11.3.3 動学的 AD 曲線の視覚化　172
11.4 目標インフレと政策ルール　173
　　11.4.1 自然利子率　173／11.4.2 目標インフレ率　173
　　11.4.3 金融政策のルール　174
11.5 フィリップス曲線—IS-RF モデル　175
11.6 金融政策　176
11.7 財政政策　180
11.8 供給ショック　181
11.9 AD 曲線の政治経済学　183

目次

第 12 章　開放経済の基本　188

12.1　為替相場　188
12.2　貿易収支　194
　　12.2.1　純輸出関数　195／12.2.2　貿易収支　196／12.2.3　マーシャル＝ラーナー条件　197
12.3　国際収支　198
12.4　資本移動　199
12.5　開放経済の IS 曲線　203
12.6　大国経済と小国経済　205

第 13 章　固定為替相場　207

13.1　固定相場での IS-LM-BP モデル　207
13.2　金融政策　209
　　13.2.1　不胎化なし　209／13.2.2　不胎化あり　210
13.3　財政政策　211
13.4　切下げと切上げ　213
13.5　開放経済でのポリシー・ミックス　216
13.6　切下げの落とし穴　219

第 14 章　変動為替相場　221

14.1　変動為替相場下の IS-LM-BP　221
14.2　金融政策　222
　　14.2.1　資本移動ゼロ　222／14.2.2　完全資本移動　223
14.3　財政政策　226
14.4　固定制度 対 変動制度　228
14.5　マンデル＝フレミングモデルへのコメント　229

第 15 章　古典派成長モデル　232

15.1　生産関数　233
15.2　賃金と利潤　234
15.3　貯蓄と投資　235

v

15.4　労働市場　236
　　　15.4.1　内生的労働供給　236／15.4.2　外生的労働供給　238
　15.5　古典派の内生的成長　239
　15.6　古典派の外生的成長　240
　15.7　内生的成長モデルにおける財政政策　242
　15.8　外生的成長モデルにおける財政政策　244

第16章　新古典派成長モデル　247

　16.1　新古典派生産関数　247
　16.2　貯蓄と投資　249
　16.3　定常均衡　250
　16.4　定常状態に対する解答　252
　16.5　貯蓄の比較動学　253
　16.6　マクロ理論のビジョンと区分　256

付録A

　数学付録
　A.1　マーク・アップ価格づけ　259
　A.2　動学的ケインジアンクロス・モデル　260
　A.3　IS-LMモデルの行列解　261
　A.4　IS-LMの比較均衡分析　262
　　　A.4.1　財政政策　262／A.4.2　金融政策　263
　A.5　フィリップス曲線モデルの分析　264
　A.6　黄金律貯蓄率　265

付録B

　偶数選択問題の解答　266

　参考文献　273
　訳者あとがき　276
　索引　279

序　文

訳．渡部　茂

　私は，マクロ経済政策立案者が利用する基礎理論をごく簡潔に取り扱う必要があるということを経験から確信した．本書は，コルゲート大学での長年にわたる授業で展開してきたマクロ経済学の中級講義に基づいている．現在，多くの教科書は題材にひじょうに苦しんでいるため，学生が教科書を読まないからといって非難することはまずできない．この教科書はその点をクリアしている．

　本書は，比較的やさしい代数学（および脚注や付録におけるごく単純な微積分学）を使って，マクロ経済理論をできる限りもっとも簡単な数学モデルにまとめあげている．私の考えでは，形式的な数学的表現によってこの科目はいっそうやさしいものとなる．なぜなら，それによって経済理論の因果的連鎖がはっきりしてくるからである．私は本書の表題を，S. P. トンプソン（Sylranus P. Thompson）の数学の古典的教科書である『やさしくなった数学』（マーチン・ガードナー [New York] によって改定された：St. Martin's Press, 1998）にならって，『やさしくなったマクロ経済学』にしようと考えた．なぜなら，私は彼の本の口絵のページに出てくる格言，すなわち「ある愚者ができることは別の愚者にもできる」という格言，に見事に要約されているトンプソンの教育哲学に同意するからである．

　この教科書を読み終えた後で，学生は金融政策，財政政策，あるいはその他の大きな衝撃が利子率，インフレーション，あるいは失業のような主要なマクロ経済変数に対して徐々に及ぼす効果を追跡する思考実験を思い描くことができるはずである．この種の能力は通貨当局がどう行動するかを理解したり，財政政策についての論争を理解したりするのに必要不可欠なものである．また，そのような能力の取得はさほど困難なことではない．

意外にも，経済学を専攻する大学院生が本書のもうひとりの読者となりそうである．学究的な生活のなかで使われているような高度なマクロ経済学は，ここで示されている基礎的なマクロ経済理論をあまりにも低級であるため，気にかけるまでもないと考えている．したがって，このような基礎理論はめったにカリキュラム上に出てこない．だが，貴方がもしマクロ経済学を教えたいというのであれば，あるいは，もし貴方が政策立案の議論で有効な役割を果たせたらと願うならば，ここで展開されている基本モデルが必要不可欠である．

第1章

マクロ経済会計

訳．渡部　茂

　マクロ経済理論は，経済活動水準の決定因に焦点をあてる．国民所得会計は，経済活動の測定に関係する．現代国民所得会計はマクロ経済学の複雑にして洗練された一部門であるが，マクロ経済理論を理解するのに必要とされる基本概念を説明しさえすればよい[1]．

　単純化のために，自国以外の国々への輸出や貸付けあるいは自国以外の国々からの輸入や借入れがない**閉鎖経済**から始めよう．その後で，自国以外の国々とのそうした取引を含む**開放経済**に進むことができる．

1.1　産出高と所得

　経済活動のもっとも有用な一般的尺度である**国内総生産**（The gross domestic product : GDP）は，ある経済において1年とみなせる一期間に生産される最終的な財貨・サービスの価値であると定義される．財貨・サービスの価値は価格によって測定される．最終的な財貨・サービスは家計によって消費されるか（消費財），あるいは将来期間に持ち越されて後で生産的に利用されるか（投資財）である．鉄の製造に使われる石炭，鉄鉱石，および金属屑のような他の財の生産に使い果たされる財貨・サービス，あるいは会計事務所が鉄鋼会社に販売するサービスは中間財と呼ばれ，直接的にGDPの一部として計上されることはない．したがって，もしある国においてある一定年度に生産される全産出高を合計してしまうならば，GDPが過大評価されてしまうであろう．なぜなら，中間財を二重計算してしまうことになるからである．

最終的な財貨・サービスの価値に基づくこの産出高の定義は他の可能な定義よりも便利である．なぜなら，それは産出高の合計を労働者の賃金・俸給や会社所有者の利潤という形で生み出される所得の合計と結びつけるからである．[2]
GDP を測定するもうひとつのやり方はその経済の全企業によって生み出される所得（賃金と利潤）を総計することである．ある企業で生み出される所得はまさにその企業の販売高と原材料や中間財への支出額との差額であるため，その差額はその企業の**付加価値**と呼ばれる．付加価値会計は所得と産出高が同一となるように GDP を定義する．そこで，本書全体を通じて，実際にこれらの用語が交互に使われるだろう．この一致はマクロ経済理論における生産，所得，および支出の間の関係をはっきりとさせる．

GDP は一定年度において生産されるすべての最終的な財貨・サービスの価値を合計することによって測定されるので，それが変化するのは価格が変化するか生産量が変化するからである．一国の仕事量や生活水準は生産量に依存するので，経済学者は実質 GDP（生産量を測定する）と名目 GDP（現行価格で産出高の価値を測定する）とを区別する．名目 GDP の大きさを実質タームに置き換えるには，それを適当な物価指数でデフレートする必要がある．この手続きはある特定年度（**基準年次**と呼ばれる）の物価で生産量を測定する．本書では，一種類だけの財が生産され，しかもそれは消費あるいは投資のために利用することのできる万能財である，と多少大胆に仮定することによって現実をかなり単純化する．万能財の物価指数を P としよう．基準年次で $P=1$ と置く．万能財の生産量に対しては Y という記号が使われる．実質 GDP すなわち Y は，名目 GDP すなわち PY を物価指数 P で割ることによって計算される．

名目変数はドルで測定され，たとえば名目 GDP は年当り兆ドルで測定される．実質変数は基準年次の物価，あるいは不変のドルで測定される．たとえば，実質 GDP は年当り不変の兆ドルで測定される．

文字通り無数の異なる最終的な財貨・サービスからなる現実の経済の場合，正確な物価指数の構成は大変な課題である．**パーシェ**指数と呼ばれるひとつの

単純な種類の物価指数が基本的な手順の実例として役に立つ．p_{it} と q_{it} が t 期における i 番目の最終財の価格と数量を表わすとしよう．ここで財は 1 から n までの符号で表わされる．そのとき，任意の年度（下付き文字 t で示される）のパーシェ指数はまさに，基準年次の物価で表示された GDP でその年度の名目 GDP を割ったもの，あるいは，$t = 0$ を基準年次であるとすれば，次式で示される．

$$P_t = \frac{\sum_{i=1}^{n} p_{it} q_{it}}{\sum_{i=1}^{n} p_{i0} q_{it}}$$

基準年次（$t = 0$）においては，この指数が 1 に等しくなることに注意しよう．

パーシェ指数は各価格にその財の現行年の数量でウエイトをつけて，全体的な物価水準を計算する．もうひとつの指数である**ラスパイレス指数**は各価格にその財の基準年次の数量でウエイトをつける．実質 GDP をより正確にして矛盾なく計算するために，アメリカ商務省は今日，（幾何平均を利用して）これら 2 つのタイプの指数を毎年平均する**連鎖タイプ**の物価指数を使っている．

産出高-所得関係は会計恒等式（定義によって真である等式）によって表わすことができる．産出高は労働所得（賃金・俸給）プラス利潤から成っている．もし労働者 1 人当りの名目賃金を表わすのに W，労働者数を表わすのに N，実質タームで利潤を表わすのに Π が使われるならば，次のような**産出高-所得恒等式**が得られる．

$$PY = WN + P\Pi \tag{1.1}$$

等式 (1.1) は GDP を計算するために使うことができるし，実際，アメリカ商務省の経済分析局で使われているひとつの方法である．

産出高-所得恒等式を実質タームで表現するために P で全体を割ることもできる．物価水準で割った賃金（W/P）は**実質生産物賃金**（あるいは実質賃金もしくは生産物賃金）と呼ばれる．なぜなら，それは労働者が自分の賃金でどれだけの生産物が購入できるかを示しているからである．名目賃金 W は実質賃

金と区別するために**貨幣賃金**とも呼ばれる．実質賃金を表わすのに w という記号を使うと，次式が得られる．

$$Y = wN + \Pi$$

　われわれは実質 GDP の決定因に焦点を合わせる．なぜなら，生産水準は一国の経済的な健康状態を規定する上できわめて重要な役割を演じるからであり，またしたがって経済政策の目標だからである．マクロ経済理論がなぜ必要かというと，現代経済における政策立案者たちがその政策の効果を理解するのに役立つ実行可能な経済モデルを手に入れるためである．政策立案者，とりわけ中央銀行当局に直接関係する物価水準の持続的上昇であるインフレーションに関連して，物価水準の決定因に焦点が合わせられるだろう．

　本書では，ある特定変数に関係する期間を識別する必要がしばしばあるだろう．時間は1年のようなある適当な長さの不連続な間隔で入ってくると仮定される．経済におけるあらゆる決定はその期の始めになされると仮定され，次期の始めにのみ変えることができる．この時間の取り扱いは明らかに粗雑ではあるが，より洗練された取り扱いをすればただちに厄介な問題をひき起こす可能性が生じる．

　Y_0 は0期の GDP を表わし，Yt は t 期の GDP を表わす，等々というように，ある変数に対する期間は下付き文字で識別される．（下付き文字が時間を示さない若干の例外がみられる．）$t-1$ 期における価値のように，ある変数の遅れをともなう価値を識別する必要があるとき，Y_{-1} と書いて記号が省略される．同様に，時間を示す下付き文字が文脈から明白あるいは不適切であるとき，単純に，煩雑さを避けるためにそれを暗黙のものとする．

1.2　所得と支出

　企業は販売したいために産出物を生産するので，最終的な財貨・サービスへ

の総支出を測定する必要がある．付加価値会計は，支出を測定する場合，産出高や所得に等しくなるような形で，測定することが有用である，ということを示唆している．すでにみられたように，最終的な財貨・サービスへの支出は消費支出 C か，投資支出 I から構成され，そのいずれもが実質タームで測定されている（対応する名目値は PC と PI である）．消費支出はまさに消費財への実質支出の合計である．家計は関連する期間内に購入したすべての消費財を完全に消費することができると仮定される．したがって，現実の消費は計画された消費に等しくなる．実際，公式の国民所得計算書における消費には1年以上存続する耐久財への支出が含まれている．技術的に，これらの財は投資財の属性をいくつかもっている．

マクロ経済理論では，投資は経済の生産能力を増大させる新たに生産された財への支出を指している[3]．投資という用語に対するこの感覚は日常的な投資感覚とは異なる．家計は既存資本に対する所有権を表わす株式を含む実物資産や金融資産の購入を通して，その私的な富を増やすことができる．日常的な感覚では，こうした購入のいずれもが投資と呼ばれるかもしれないが，マクロ経済的な視点からすれば，既存の生産能力に対する所有権の移転はなんら新たな社会的富を創出しないため，投資支出とはみなされないことになる．

私的な投資支出は具体的には三種類の支出から構成される．すなわち企業によるプラント・設備の購入，家計による居住用住宅の購入，そして最後に，**在庫投資**と呼ばれる企業の在庫の変化である．最初の二種類は自明であるが，在庫投資は多少の追加説明が必要である．もし企業がその全年間産出量を販売できないならば，一部の財は在庫品とされ，倉庫に保管されるだろう．在庫のこのプラスの変化は投資支出行動とみなされる．なぜなら，これらの財は将来の利用に役立つという投資の技術的な定義を満たすからである．たとえ貨幣の所有者が変わらなかったとしても，これは投資支出と呼ばれる．それはあたかも企業が自分自身からこれらの財を購入したかのようである．企業が過少生産したために，その在庫を取り崩して需要を満たす逆のケースの場合，在庫のマイ

ナスの変化はマイナス投資あるいは負の投資支出とみなされる.

投資についてこのような定義を使うことは潜在的な混乱をひき起こす. なぜなら, 在庫が予期した以上に増加あるいは減少する場合に, 企業は望んだものよりも大きなあるいは小さな投資支出をしてしまう羽目になるかもしれないからである. 現行の (時として**事後の**あるいは "after the fact" と呼ばれる) 投資水準は, 計画された (時として**事前の**あるいは "before the fact" と呼ばれる) 投資水準を上回ったり下回ったりすることがある. 在庫の予想外の変化が両者の乖離を生み出すのである. 現行の投資と計画された投資との区別がきわめて重要な意味をもつことは明らかである. 投資支出の理論は企業が投資支出水準をどのように計画するかに注目する. 現行の投資支出水準は個々の企業によって決定できることではない. なぜなら, それは煎じ詰めると彼らがどれだけ販売できるかにかかっているからである. 実際, これがマクロ経済理論の中心問題なのである.

しかしながら, この区別をさほど紛らわしいものにはしない単純な事実が存在する. 企業が在庫を拡大したり縮小したりしているとき, それは企業が売上高水準の予想を間違ったということを意味する. 企業はどんな均衡状態にもいない. なぜなら, 企業は生産水準を適切なところに調整しながら間違いに対応するだろうからである. たとえば, 企業が過剰に生産したならば, 企業は一部の産出量を倉庫に保管しなければならない. これは二度と同じ間違いをしないように生産を削減せよというシグナルを企業経営者に送る. 経済が均衡産出量水準を達成する場合にのみ, 経営者は生産水準を変える誘引をもたない. だが, そのとき在庫に予想外の変化は起こらない. したがって, 現行の投資は計画された投資に正確に一致することになる.

現行の投資支出を表わすために記号 I を使うと, 会計上の定義の問題として明らかに真であるのは, 最終的な財貨・サービスの産出高は支出額に等しくなるということであり, 次式で示される.

$$Y = C+I \qquad (1.2)$$

これは，**所得-支出恒等式**と呼ばれる．

　大部分のマクロ経済学教科書や公式の政府国民所得・生産物会計は第3の種類の支出として，財貨・サービスに対する政府支出を区別している．技術的に言えば，政府支出は特別な種類の支出ではない．なぜなら，それは消費（たとえば政府が消防サービスを供給するとき）として，あるいは投資（たとえば政府が新しい学校を建設するとき）として分類できるからである．しかしながら，政府支出水準は租税の変更とともに，きわめて重要な財政政策手段であったことから，G で表わされる政府消費に注意を集中するとともに公共投資を I に含めることによって，この種の支出を分離するほうが便利である．公式に報告される政府支出のすべてが消費を表わしているわけではないということを忘れない限り，そうすることに害はない．この慣例に従えば，所得-支出恒等式は次のようになる．

$$Y = C+I+G \qquad (1.3)$$

　財貨・サービスへの政府支出には，**移転支払い**と呼ばれる失業保険や社会保障のような計画に対する支払いは含まれない，ということを認識することは重要である．なぜなら，それらは納税者から受領者に資金を移転するだけだからである．移転支払いは実際に重要なものであり，現実の財政政策において大きな役割を演じているが，もしマクロ経済学の基礎理論を構築するにあたってそれらを無視するならば，わずかな犠牲で大きな単純性が得られることになる．

1.3　貯蓄と投資

　貯蓄は支出されない所得として消極的に定義される．これは投資支出の積極的な性質とは対照的であり，またマクロ経済理論の重要問題は貯蓄と投資が互

いにどのように関係しているかである．

　政府の所得はその徴税から成る．単純化のために，政府は T で表わされる定額税を全家計に課すものと仮定される．政府の貯蓄はまさに $T-G$ である．これは**公共貯蓄**とも呼ばれる．多くの議論において，公共貯蓄は政府予算黒字あるいは財政黒字と呼ばれている．予算赤字は負の公共貯蓄を表わしている．

　すべての政府支出を消費とみなす慣行は政府投資を無視することによって公共貯蓄の本当の大きさを過小評価している，ということに注意しよう．専門家のなかには，法人・その他の営利企業が行っているように政府が投資を消費から区別する**資本予算**を採用することを推奨してきた人たちがいる．

　家計は賃金や俸給からの所得と利潤や利子のような財産所得を稼ぐが，彼らが消費できるのは税引き後の所得あるいは**可処分所得** $Y-T$ だけである．したがって，彼らの貯蓄は $Y-T-C$ に等しい．また，これは**個人貯蓄**と呼ばれる．もし公共貯蓄と個人貯蓄の定義を (1.3) 式によって与えられる所得-支出恒等式に代入するならば，もうひとつの重要なマクロ経済的会計関係である次の**投資-貯蓄恒等式**が得られる．

$$I = S + (T-G) \qquad (1.4)$$

　この恒等式の右辺は**国民貯蓄**と呼ばれ，個人貯蓄と公共貯蓄の総額である．それは国内で生み出される総貯蓄を表わしている．経済が開放されていない限り，投資はこの額を超えることはできない．経済が開放されている場合，以下にみられるように，国はその投資資金の一部を調達するために他国から借り入れをすることができるだろう．

1.4　開放経済における会計

　同じ基本的な会計の定義が他国と取引する開放経済に容易に適用される．所得-支出恒等式は，一定年度に生産された財貨・サービスの一部を他国が輸出

X の形で購入する，ということを認識する必要がある．さらに，消費や投資の支出の一部は記号 Q によって表わされる輸入に向けられる．なぜなら，輸入財に適当な選択肢があるなら，その輸入財が使われるだろうからである．さしあたり，ある輸入財は国内で生産されたある財と交換することによって購入することができると仮定しよう．したがって，Q と X は両者とも同じ単位で，すなわち国内で生産された最終的な財貨・サービスの不変ドルで測定できる．輸入に対する輸出の超過 $X-Q$ は**純輸出**[4)]と呼ばれ，NX で表わされる．純輸出は一国の貿易収支を測定し，純輸出がプラスであるかマイナスであるかによって貿易収支の黒字あるいは貿易収支の赤字と呼ばれる．これらの定義に従えば，所得-支出恒等式は次のようになる．

$$Y = C+I+G+(X-Q) = C+I+G+NX \qquad (1.5)$$

公共貯蓄と個人貯蓄の定義を (1.5) 式に代入するならば，次のような投資-貯蓄恒等式の開放経済版が得られる．

$$I = S+(T-G)+(Q-X) = S+(T-G)-NX \qquad (1.6)$$

閉鎖経済の場合と同様に，(1.6) 式は一国の投資支出が利用可能な貯蓄の総額に等しくならなければならないということを示している．開放経済は国民貯蓄（公共貯蓄プラス個人貯蓄に等しくなることが思い起こされるだろう）を当てにするだけでなく，他国から借り入れることもできる．(1.6) 式の最後の項，あるいは $(Q-X)$ は**純資本移動**を表わしている．より精確には，純資本流入といえるであろう．したがって，この式は次のことを示している．すなわち，一国の投資はその個人貯蓄プラス公共貯蓄プラス他国からの純資本移動を通して，つまり国民貯蓄プラス純資本移動を通して資金調達される，ということである．他国に貸し付ける国は，自身の投資水準によって必要とされる以上の国民貯蓄があるために，貸し付けるのである．

貿易収支の赤字を出している（すなわち負の純輸出となっている）国は設備

資金の流入を経験しているに違いない，つまり事実上，他国から借入れをしているに違いない，ということを(1.6)式は意味していることに注意しよう．反対に，貿易収支の黒字は他国に貸し付けていることを意味する．貨幣だけが金融資産である場合を想定することによって，なぜそうなるのかをはっきりとさせることができる．貿易収支の赤字を出す国はそれ自身の通貨で超過輸入に対する代金を払う．それを他国は支払い金として受け取る．これは他国があたかも資金を貸し付けたかのように，この国の将来の産出物に対する請求権を築き上げていることを意味している．むろん，外国資本に頼っている現実の経済は株式や債券のような金融負債を発行したり，物的財産の所有権を売ったりしている．

対外資産の購入に向けられる資本流出を考察することも有用である．純輸出は対外資産の純購入，あるいは**対外純投資** NFI に等しくならなければならない．等式 $NFI = NX$ を使えば，投資-貯蓄恒等式を書き改めて，一国の国民貯蓄は国内投資と対外純投資によって吸収される，ということを表わすようにすることができる．

$$S+(T-G) = I+NFI$$

むろん，世界全体のレベルで考えれば，貿易収支の赤字と黒字はすべて互いに相殺される．世界全体は閉鎖体系（月との貿易を依然として開始していない限り！）である．

実際，国民所得会計はきわめて複雑なものになる可能性がある．幸いにも，基本的なマクロ経済理論を理解するには産出高-所得，所得-支出，および投資-貯蓄の恒等式で十分である．

1.5 ストックとフロー

国民所得，消費，投資，貯蓄，等々は**フロー**の例，すなわち1年当りのドル，

あるいは1年（あるいはその他の時間単位）当りの不変ドルで測定される変数の例である．会計用語でいえば，フローは企業の損益計算書に記録される．

マクロ経済理論は**ストック**，すなわちいかなる時間単位もなしに任意の時点において，ドルあるいは不変ドルで測定される変数も扱う．例には貨幣，資本ストック，債券，および銀行準備金が含まれる．会計用語では，ストックは企業あるいは家計の貸借対照表に記録される．（ストックという用語はこれとは関係のない意味でも使われており，アメリカでは証券取引所で取引される会社発行の株式を指し示すために，また，イギリスでは在庫品を指し示すために使われている．）

貸借対照表は一会計単位の資産と負債の完全なリストを記録する．資産はその単位が所有しているものであり，負債はその単位が負っているものである．貸借対照表の左側には資産を載せ，右側には負債を記録する．貸借対照表は複式簿記を使用する会計装置であり，資産は定義によって負債と等しくならなければならない．たとえば，小切手勘定（要求払い預金と呼ばれる），通貨，および債券において残高を保有すると共に，債権者にローン（住宅抵当貸付け，自動車ローン，あるいは学生ローン）の借りがある典型的な家計に対する会計を考えてみよう．

<table>
<tr><th colspan="2">家　計</th></tr>
<tr><th>資産(A)</th><th>負債(L)</th></tr>
<tr><td>要求払い預金
通貨
債券</td><td>ローン

純財産 = A － L</td></tr>
</table>

資産と負債の差は純財産と呼ばれ，自己負債（何か貴方が貴方自身に借りがある）として取り扱われる．

1.6 マネーサプライ

1.6.1 連動する貸借対照表

閉鎖経済の場合，全会計単位の貸借対照表は，連動する貸借対照表のネットワークを形成しながら，互いに一致するに違いない．なぜなら，ある単位の負債は別の単位の資産となるからである．表 1.1 は銀行組織の働きと金融政策行動に関わりをもつ主要な経済部門の勘定を示している．アメリカ連邦準備制度理事会は主要な経済部門の貸借対照表に関する統計を編纂し，それらを『アメリカ資金循環勘定』で報告している．

政府部門は租税を徴収し，他方で，財貨・サービスへの支出と国債の形をとる債務残高についての利子に対する支払いをしている．**第 1 次財政黒字**は租税収入と非金利支出との差額である．将来の全第 1 次黒字の割引現在価値は政府の主要な資産を構成する．[5)]

中央銀行		銀　行	
資産	負債	資産	負債
国債	準備金	準備金	要求払い預金
外国為替	通貨	通貨	
		国債	
		貸付金	

政　府		銀行以外の民間	
資産	負債	資産	負債
将来第 1 次黒字	国債	要求払い預金	ローン
		通貨	将来第 1 次黒字
		国債	

表 1.1　閉鎖体系における全会計単位の貸借対照表は連動する．なぜならある主体の資産は別の主体の負債となるからである．

銀行以外の民間部門は家計と企業から成る．彼らは銀行に通貨と預金の形で貨幣を所有すると共に，銀行に対して過去に借り入れたローンの返済義務がある．彼らは政府のローンである国債も所有している．彼らはこの負債をまかな

う租税を最終的に支払うので，政府の将来第1次黒字の割引現在価値は民間部門の負債を表わす．

民間銀行は**銀行準備**と呼ばれる，中央銀行に保有される預金を所有する．これらの特別勘定は負債，すなわち銀行以外の部門の預金である民間銀行の負債を支援するために使われる．**部分準備**銀行制度においては，銀行は預金債務の一部に等しいだけの準備積立金を保有する．中央銀行は最低の法定預金準備率を設定する．実際上，アメリカの銀行は安全範囲で営業することが多く，準備積立金に不足するとき，彼らは**フェデラル・ファンド**市場で準備金が超過している銀行から借り入れる．これらの翌日物貸付金利は**フェデラル・ファンド・レート**と呼ばれる．銀行はアメリカで**割引率**と呼ばれる利子率を支払って，中央銀行から借り入れをすることもできる．単純化のために，銀行は所期の固定された望ましい預金準備率で営業すると仮定される．

銀行は企業と家計に対するローンの拡大に従事している．彼らはこれによって利潤を獲得する．これらのローンは国債の保有と並んで，銀行制度において利益を生み出す資産である．準備目的に必要とされないすべての資金は**超過準備**と呼ばれ，貸し出されるだろう．銀行はまた手許現金の形で通貨を保有する．

中央銀行	
△資産	△負債
＋国債	＋準備金 ＋通貨

銀　行	
△資産	△負債
＋準備金 －国債 ＋ローン	＋要求払い預金

政　府	
△資産	△負債

銀行以外の民間	
△資産	△負債
＋要求払い預金 ＋通貨	＋ローン

表 1.2 公開市場買操作はハイパワード・マネーの供給と厳密な意味でのマネーサプライを増加させる．T型勘定は資産あるいは負債の変化を表わしている．変化しない貸借対照表の項目は示されていない．

中央銀行の負債はその国の通貨（これに対する責任を中央銀行は引き受けて

いる）と銀行準備金（中央銀行は銀行の銀行である）である．中央銀行の最重要資産は保有している政府債務である．開放経済の場合，中央銀行は外国為替や，時として**対外準備**と呼ばれる外貨建て流動資産も保有する．

アメリカ連邦準備銀行のような中央銀行は国債の売買を意味する**公開市場操作**を通じてマネーサプライを統制する．国債について幅広い深く浸透した市場をもっている国の場合，中央銀行はもっぱら公開市場操作を利用することができる．原則として，通貨当局は預金準備率や割引率を変えることができるが，これらは主要な金融政策手段というほどには利用されない．資産と負債の変化（＋と－で示される）を表わす貸借対照表は **T 型勘定**と呼ばれる．表 1.2 に示されている T 型勘定を検討することによって，ある銀行からの公開市場買操作が貨幣をどのように創出するかを知ることができる．中央銀行は債券を売る民間銀行に準備資金を支払う．準備資金は必要とされないので，その民間銀行は直ちにその資金を貸し出す．ローンは今度はその準備資金が渡る家計あるいは会社に別の銀行に預金を作らせる．この二番目の銀行はいまや預金と準備の同時的な増加を経験するが，新しい準備の一部だけを保有しさえすればいいので，その超過準備を貸し出す．もう一度，ローンはどこか他に新たな預金を生み出し，それが超過準備を創出し，そしてまた別のローンが．これは貨幣乗数過程と呼ばれる．企業あるいは家計が要求払い預金よりもむしろ通貨の保有を選択するとき，一部の資金は乗数過程から漏れ出すことになる．

1.6.2　貨幣乗数

貨幣乗数はどのような大きさなのか．簡単なモデルでこれに応えることができる．準備率を $\theta = R/D$ で表わそう．ここで R は銀行準備金を示し，D は要求払い預金を示している．民間部門で選択される通貨比率を $c = CU/D$ で表わそう．ここで CU は通貨を示している．その場合，中央銀行の負債額は $H = CU + R = cD + \theta D = (c+\theta)D$ と書くことができる．ここで，H はしばしば**ハイパワード・マネー**あるいは**ベース・マネー**と呼ばれる．マネーサプラ

イそれ自体は通貨プラス要求払い預金，あるいは $M = CU+D$ と定義される．この定義に，$D = H/(c+\theta)$ と $CU = cD$ を代入すると，次式が得られる．

$$M = \left(\frac{1+c}{c+\theta}\right)H$$

この等式に差分演算記号を使うと，次のような貨幣乗数が得られる[6]．

$$\Delta M = \left(\frac{1+c}{c+\theta}\right)\Delta H$$

　アメリカの場合，通貨比率は約 0.5 で，準備率は約 0.1 であることから，貨幣乗数 $(1+c)/(c+\theta)$ は約 2.5 である．連邦準備制度が 100 ドルの債券を買うたびに，アメリカのマネーサプライは 250 ドル増加することになるのである．公開市場操作を決定する連邦準備制度の部局は連邦公開市場委員会であるが，ニューヨーク連邦準備銀行のトレーディング・デスクが実際には，この市場に参加する特権を与えられたプライマリー・ディーラーと呼ばれるえり抜きの大銀行集団との取引を通して，FOMC（連邦公開市場委員会）の指示を実行している．こうした活動は金融市場によって細かに観察される．というのも，何百万ドルもの貨幣の動きが公開市場操作によって影響を与えられる短期利子率における各ベーシス・ポイント（1 パーセントの 100 分の 1）にかかっているからである．

　実際，貨幣の定義は自明のことではなく，中央銀行はいくつかの異なる貨幣総量の概算値を発表している．アメリカの場合，もっとも狭い貨幣定義は M1 と呼ばれ，通貨プラス小切手を振り出せる預金から成るが，より広い定義は M2 や M3 と呼ばれ，現金よりは流動性が低いとはいえ，現金にすばやく，しかも容易に換金できるその他のさまざまな金融手段（たとえば貯蓄性預金や短期金融市場預金勘定）をも含んでいる．

1.7 交換方程式

貨幣ストックと所得フローを結合するひとつの重要な会計恒等式,すなわち**交換方程式**がある.それは**貨幣の所得速度**を次のように定義することで得られる恒等式である.

$$V = \frac{PY}{M}$$

貨幣速度について考える最良の方法は測定単位という観点からである.変数 x の次元 (dimension) を表わすために $\dim x$ を使うと,次のように書くことができる.[7]

$$\dim V = \frac{\dim(PY)}{\dim M} = \frac{\$/年}{\$} = \frac{[1]}{年}$$

貨幣速度は1年当りのある純粋な数として測定される.なぜなら,それはある回数,すなわち最終的な財貨・サービスの販売をともなう取引[8]の結果として,平均的なドルが何回人々の手に渡るかという回数を示しているからである.貨幣速度の逆数をとると,$M/(PY)$,あるいは所得-貨幣残高比率が得られる.これは複数年で測定される.それが道理にかなっているのは,この比率が保有通貨を使用する支出に応じることのできる時間の長さを表わしているからである.これはまた,平均的なドルが支出される前に誰かある人の手元にとどまっている時間の長さとして概念化できる.もし人々が貨幣をより長い期間手放さないならば,平均的なドルはよりゆっくりと流通することになり,取引への参加も少なくなるだろう.

交換方程式は大抵の場合,速度の定義を再構成して,次のように描かれる.

$$MV = PY \qquad (1.7)$$

この方程式は,マネタリストの物価・インフレーション理論を理解するのに有用である.

1.8 マーシャル的短期

　最後の2つの章を除いて，本書のマクロ経済理論が利用されるのは，財政・金融政策が短期的に経済にどのような影響を与えるかを政策立案者に知らせるためである．それは失業やインフレーションのような安定化問題を取り扱うようできている．マーシャル的短期（イギリスの経済学者 A. マーシャル（Alfred Marshall）にちなんで名づけられた）は，資本ストックとその他の形態の富が不変にとどまるという仮定によって定義される期間である．この仮定の論理的根拠は，富の変化は非常に緩慢なので，短期を扱うときにそれを不変と仮定してもさほど問題にはならない，ということである．そのよいところは富の蓄積によって生じる複雑な問題に目をつぶることができるということである．

　この理論的手法はいくつかの潜在的な混乱の原因を生み出す．たとえば，家計は積極的に貯蓄している（その所得のすべてを消費してはいない）が，彼らの富は固定されたままである，と仮定される．むろん，これは経済的に不可能なことであるが，もし彼らの富の増加が緩慢であるならば，それは合理的なやり方である．富が固定されているという仮定は，貸借対照表上にどれだけの貨幣を維持すべきかについての家計の決定を理解するうえできわめて重要となる．もし家計の富の総額が不変であるならば，家計は何か他の資産を売り払うことでのみ，その現金残高を増やすことができる（あるいはその逆）からである．

　われわれが仮定したマーシャル的期間内では，経済的不均衡に対するさまざまな調整レベルが区別されねばならない．モデルが経済的不均衡に対して完全に調整されているとき，そのモデルは長期均衡の状態にあり，また一時的にのみ調整されているとき，短期均衡の状態にあるといわれる．

　成長モデルは，資本ストックとその他の形態の富が経済的環境に対して完全に調整されたという条件によって定義される期間である，真のマーシャル的長期における富の蓄積を研究するものである．財政赤字，社会保障，およびその他の政策の長期的インプリケーションがより明確になるにつれて，成長理論は

政策論議においてますますその意義を高めるようになった．国民貯蓄増加の長期的効果に焦点を合わせる成長理論に関する2つの章をもって，このマクロ経済理論概説は締めくくられる．

1.9 マクロ経済モデルの構成要素

　経済全体についてのどのようなモデルも最低限，マクロ経済を構成する主要な市場，すなわち生産物（財貨・サービス）市場，資産市場，および労働市場を説明しなければならない．経済は，生産物市場で労働者や家計に販売される財を生産するために，労働市場で労働者を雇用するとともに家計から資本財を賃借りする多数の企業（経営事業体）からなる，と想像される．企業はどれだけの労働者が雇用され，どれだけの労働者が失業するかを決定することになるある生産水準を選択する．家計と企業はその所得のうちのどれだけを消費や投資に支出し，どれだけを貯蓄するかを決定しなければならない．彼らはまた，その富のうちどれだけを流動的な貨幣形態で保有し，どれだけを利付債券の形で保有すべきかについて，ポートフォリオの決定を下さなければならない．こうした決定は金融資産，すなわち貨幣や債券のそれぞれの市場における需要を決定する．

　マクロ経済理論は一般均衡理論——あらゆるものは他のあらゆるものに依存する——であるため，単純なモデルから出発して，段階を追って徐々に複雑なモデルを構築することが賢明である．これがわれわれの戦略となるだろう．モデルがより複雑になるにつれて，複雑なモデルの特殊化された形態として，すなわち一定の仮定の下で有効なものとして，より単純な各モデルをふり返ってみることが常に可能である．本書においてさまざまなレベルの複雑性を分けている諸仮定に周到な注意を払っておこう．

　マクロ経済理論は生産物市場の基本モデルから出発する．このモデルでは他の市場の作用を排除する暗黙的な仮定がおかれている．次いで，最初に資産市

場が，その後に労働市場がその基本モデルに付け加えられる．資産市場は利子率と金融政策が生産物市場にどう影響するかについての洞察を与えてくれる．労働市場は賃金と物価がどのように決定されるかについての洞察を与えてくれる．これはインフレーションや失業を理解するうえで重要である．

現代マクロ経済理論は，しばしばマクロ経済学のミクロ経済的基礎と呼ばれる個々の企業，家計，労働者，および中央銀行のレベルでのこうした市場の基礎にある諸決定の理解において，大きな進歩を果たしてきた．この分野は本書のアプローチの犠牲になる部分であり，本書では，マクロ経済モデル全体がミクロ経済的基礎の詳しい説明を犠牲にしてどのように作用するか，ということに焦点が当てられる．編集室の床に打ち捨てられてきたもうひとつの論題はマクロ経済学における教義上の議論，すなわち競合する思想学派間の論争である．もっとも重要な争いは，主要な市場は不完全競争の状態にあると主張するニュー・ケインジアンの経済学者たちと，これらの市場は完全競争の状態にあると主張する新古典派の経済学者たちとの間にみられる[9]．本書はニュー・ケインジアンの経済学者たちの考えに従っている．なぜなら，彼らのほうが大学の外の世界における政策分析や意思決定に関してより大きな影響力をもっているように思われるからである．ここに提示されたマクロ経済理論はある種の科学的真理であるとみなされるべきではなく，学生たちはここで説明されている理論についてかなり懐疑的な態度をとるべきである．ポスト・ケインジアンからネオ・マルキストに至るまで多くの異端の経済学者たちがいることを覚えておこう．彼らは支配的な正統派に対する思慮深い批判と彼ら自身の伝統における明確なモデルをはっきりと表明してきた（Baiman et al., 2000 参照）．だが，あるマクロ経済理論を合理的に批判するには，その前に，その理論を理解する必要がある．さあ始めよう．

☞ 第1章の問題

1. 2つの産業からなる経済を想定しよう．産業Aは10人の労働者を雇用し，一人当り年50ドルを支払って，年1100ドル相当の中間財を生産し，自身の産出物100ドルを投入物（種トウモロコシのことを考えてみよう）として使っている．産業Bは産業Aから購入した原料1000ドルを使って年4000ドルの消費財を生産し，20人の労働者を雇用して，1人当り年50ドルを支払っている．(i)最終産出物の価値を測定して，(ii)総付加価値を測定して，GDPを計算しなさい．

2. 3つの最終財産業A，B，Cをもつ経済を考えよう．年度1と2において，年度毎のA，B，Cの単位当たりのドル価格（p）と産出単位数（q）は次の通りである．

産業	年度1 p	年度1 q	年度2 p	年度2 q
A	2.00	100	2.50	120
B	3.00	50	3.25	60
C	1.00	25	2.00	25

   (i)現行価格で，(ii)年度1の価格（年度1の不変ドル）で，2年間のそれぞれのGDPを計算しなさい．年度1を基準年次として，年度2に対するパーシェ物価指数を計算しなさい．経済は実質タームで何パーセント成長したか．物価は何パーセント上昇したか．

3. 現行価格で測定されたGDPは年10兆ドルである．年度2000で支配した価格で測定すると，GDPは年9兆不変ドルである．基準年次を2000とするパーシェ物価指数を計算しなさい．

4. ある閉鎖経済において，消費支出は年100ドル，政府支出は年50ドルであり，250ドル相当の最終的な財貨・サービスが実際に生産された．実際の投資の水準を計算しなさい．もし計画された投資支出が年75ドルであるならば，計画されなかった在庫変動を計算しなさい．

5. 年10兆ドルになるGDPをもつ開放経済が年2兆ドルの投資支出，年6.5兆ドルの消費支出，および年1.8兆ドルの政府支出を行っている．純対外投資額を計算しなさい．国民貯蓄水準を計算しなさい．

6. 支払準備率が0.2，通貨・預金比率が0.6，そして375ドルの通貨と125ドルの銀行支払準備金がある．マネーサプライを計算しなさい．もし中央銀行がある債券を100ドルで購入したならば，マネーサプライはどれだけ変化するであろうか．

7. 中央銀行による債券の売りオペ後の中央銀行，銀行部門，および銀行以外の民

間部門のT勘定を示しなさい．

8．『アメリカ資金循環勘定』における商業銀行と通貨当局の貸借対照表を使って，貨幣乗数の大きさを計算しなさい．

9．『大統領経済報告書』の統計付録を使って，閉鎖経済における所得−支出恒等式の各項のデータをみつけなさい．アメリカにおける実質GDPの時系列的な百分率構成を示すグラフを作りなさい．1970年から現在までにそれはどれだけ変化したか．

注

1）国民所得会計の詳細についての適切な議論は『現行事業調査』にみることができる．また，一般的なマクロ経済データの重要な出所は『大統領経済報告書』の統計付録である．

2）GDPには資本ストックの減価償却（の総額）が含まれている．したがって，利潤の適切な定義は減価償却を含む粗利潤あるいはキャッシュ・フローである．

3）より精確には，投資は減価した資本を更新するための支出を含めて測定される．更新投資を差し引くことによって純投資が得られるであろう．これがまさに資本ストックを増加させるのである．

4）この定義は実質為替相場が1に等しいということを暗黙的に仮定している．この仮定は本書の後のほうで緩められる（そして，実質為替相場が定義される）だろう．

5）割引は将来価値の流れを，割引率と呼ばれる収益率を稼ぐ流動資産としてその等価価値に変える．たとえば，翌年に支払われる100ドルは，もし割引率が年10％であるならば，現時点で90.91ドルの価値がある（の現在価値をもっている）．なぜなら，10％で投資された90.91ドルは1年後に100ドルになるからである．100ドルの支払いの2年間にわたる流れは，同じ割引率とすれば，現時点で173.55ドル，あるいは100ドル/0.1＋100ドル/$(1.1)^2$の価値がある．

6）あるいは，微分すると $dM = (1+c)/(c+\theta)dH$ が得られる．

7）もっとも単純なケースでさえ，経済変数の測定単位を分析することの意義を侮ってはならない．有名なポーランド人経済学者であるM.カレツキ(Michal Kalecki)はかつて，「マクロ経済学はストックとフローの混同の芸術である」と嘆いた．

8）この条件は必要である．なぜなら，まさに最終的な財貨・サービスをともなう取引ではない，あらゆる取引をともなう貨幣の取引速度も存在するからである．

9）競合するこれらの思想学派の優れたサーベイとそのミクロ経済的基礎はCarlin and Soskice (1990)とSnowdon et al. (1994)によって与えられている．ニュー・

ケインジアンの人々は時として「海水」経済学者と呼ばれる．なぜならハーバード，MIT，およびバークレーにある彼らの本拠地は海に近いからである．これに対して新古典派の人々は「淡水」経済学者と呼ばれる．なぜなら彼らはシカゴ，ミネソタ，およびロチェスターを支配しているからである．経済学者は人格に欠けているなどと誰が言っているのか．

第 2 章

価格と産出量

訳．渡部　茂

　経済好況時に，企業は自己の生産物に対する需要増加を経験する．その場合，企業はそれにどう対応するのか．価格を引き上げることによってなのか，あるいはより多くのものを生産することによってなのか，それともその両者の何らかの組み合わせによってなのか．本章では，単純な企業モデルでこの問題に答えることにする．このモデルでは，賃金が一定である限り，企業はその価格を変えずに，より多くの産出量を生産することによって対応するだろう．この対応を理解することは，このミクロ経済的基礎に依拠する完全なマクロ経済モデルを展開する以下の諸章にとってきわめて重要な意味をもつ．

　単純なマクロ経済モデルにおいては，すべての企業は同一であると仮定される．この場合，経済全体を理解するためには，ひとつの**代表的企業**を考察しさえすればよい．企業経営者は2つの基本的な決定をする．すなわち，いかなる産出量を生産し，いかなる価格を設定するかである．これらの決定がかなり複雑になりうることはミクロ経済理論で知られているところであるが，経済全体のモデルを構築するためには，細かなところは無視しなければならない．少なくとも短期的に現代経済にみられる価格設定行動にきわめて近いものは，不完全競争理論によって与えられている[1]．

2.1　価格設定

　ある個別企業の観点から物事をみているということを思い起こすために，i番目の企業を表わす下付き文字iが変数に添えられるだろう．（これは下付き

文字が時間を表わさないときの稀な例であることに注意しよう．）すべての企業は同一であるので，経済全体について有効な陳述をするためには，i という下付き文字を外しさえすればよい．これは時として対称性と呼ばれる．したがって，ひとたび代表的企業によって設定される価格 P_i が決定されるならば，経済全体に対する物価水準 P も決定されたことになる．

特に扱いやすい不完全競争の一形態は独占である．企業は**価格設定者**であることを意味する何らかの独占力をもっていると仮定されるだろう．完全競争下では，企業は**価格受容者**である．なぜなら，彼らはあまりにも小規模であるため，熾烈な競争に直面して価格を支配することができないからである．

2.1.1 生産費

代表的企業は，中間財を使わない最終産出物を生産する．労働だけが生産への可変的な投入物である．もっとも単純な短期の**生産関数**は労働に対する収穫不変を示す．したがって，産出量は労働投入量の一定倍数，$Y = yN$ である．定数 y は労働生産性あるいは労働一単位当たりの産出量を測定する．この倍数がちょうど 1 となるように労働単位を選択することによって記号を省くことができる．その場合，代表的企業の生産関数は単純に次式で示される．

$$Y_i = N_i$$

ここで，N_i は労働単位数を示しており，労働単位はその一単位が一単位の産出量を生産するように定義される[2]．たとえば，雇用された労働力が 100 人の労働者であり，産出量が年 1000 単位であるならば，現実の各労働者は 10 労働単位に等しいとみなされる．そこで，各労働単位はまさに年一単位の産出量を生産すると定義される．労働単位は，たとえ現実の一人格に等しくないかもしれないが，「労働者・年」あるいは単に「労働者」と呼ばれるだろう．

労働の費用は賃金 W であり，本書の最初の 6 つの章では不変とみなされる．その後で，労働市場に端を発する賃金駆動型インフレーション理論のために，

この仮定が外される．要は単純なものから出発し，徐々に仮定を緩めて現実性を高めながら，マクロ経済モデルをひとつずつ作り上げていくことである．

企業の費用についての仮定を簡潔に要約することができる．労働の限界生産物は不変である．これは労働の限界生産物がその平均生産物に等しいということを意味し，また両者は労働単位が選択されるたびに 1 に等しいとされる．追加一単位の産出量を生産するには労働者がもう 1 人必要である．すなわち，限界費用は賃金に等しい．

2.1.2 企業の産出物に対する需要

代表的企業は，$Y_i^d = D(P_i, Y)$ で表わされる自己の生産物に対する需要曲線に直面する．需要量 Y_i^d は価格 P_i と家計の総所得 Y の関数である．経済理論はこれが逆関数，あるいは需要曲線が右下がりであることを示唆する．なぜなら，一財の価格が上昇すると，消費者は代替財を探し出すだろうし，また，彼らは概して以前より貧しくなったと感じ，しかも，すべての型の財を供給できる可能性はより低くなったと感じるだろうからである．

企業に直面する需要曲線全体は経済が拡大する（Y が増大する）ときには右にシフトし，経済が縮小するときには左にシフトする，ということに注意しておこう．

代表的企業の産出物に対する需要は全価格範囲に対して，しかも全所得水準に対して不変の弾力性をもつ，というのは便利な仮定である．この仮定から，利潤最大化価格は限界費用に**マークアップ**を加えた価格となるだろう，ということが付録（あるいは中級レベルのミクロ経済学の教科書）にみられる証明によってわかる．われわれの仮定の下では，限界費用は賃金に等しくなるので，次式が得られる．

$$P_i = (1+\mu)W$$

ここで μ はマークアップ率を表わしている．マークアップ率は，生産物に

対する需要の弾力性に依存する．たとえば，より低い弾力性は消費者が価格にさほど敏感に反応しないということを意味することから，独占力をもつ企業は，販売量の低下がさらなる価格上昇を不利益なものにする点に到達するまで，より積極的に限界費用を超えて価格を引き上げることができるだろう．その理由は，需要の弾力性が低くなればなるほど，それだけマークアップ率は大きくなるだろうからである．

　企業はP_iの価格を受け入れ，Wの単位費用をもつので，販売単位当りの利潤はちょうどP_i-Wとなる．このマークアップは企業の総利潤，すなわち$(P_i-W)Y_i$を最大化する．総利潤はそれを企業の収入で割ることによって，産出分配分として表わすことができる．価格決定方程式を置き換えることによって，この**利潤分配率**は$\mu/(1+\mu)$に等しくなることがわかる．したがって，利潤分配率（あるいはちょうど1マイナス利潤分配率になる賃金分配率）に対するデータを使ってマークアップ率を算定すること，あるいはマークアップ率に対するデータを使って利潤分配率を算定することが可能である．

　マークアップ価格決定方程式は，独占という特殊なケースに限定されない．寡占や独占的競争といったその他の形態の不完全競争も類似の価格決定方程式を生み出す．

2.2　内生変数と外生変数

　マクロ経済モデルは，理論の数学的形式化である．理論はある変数が他の変数を左右する，あるいは決定するということを示唆しており，またモデルはこれらの決定に対する特定の数学的形態を指定する．モデルは方程式体系である．モデル内で決定される変数は**内生変数**と呼ばれる．これまでのところで取り上げられた内生変数の例のなかには物価水準，産出量水準，および雇用水準がある．一定であるとみなされ，モデル外で決定される変数は**外生変数**あるいは**パラメーター**と呼ばれる．マークアップ率μは外生変数の一例である．マクロ

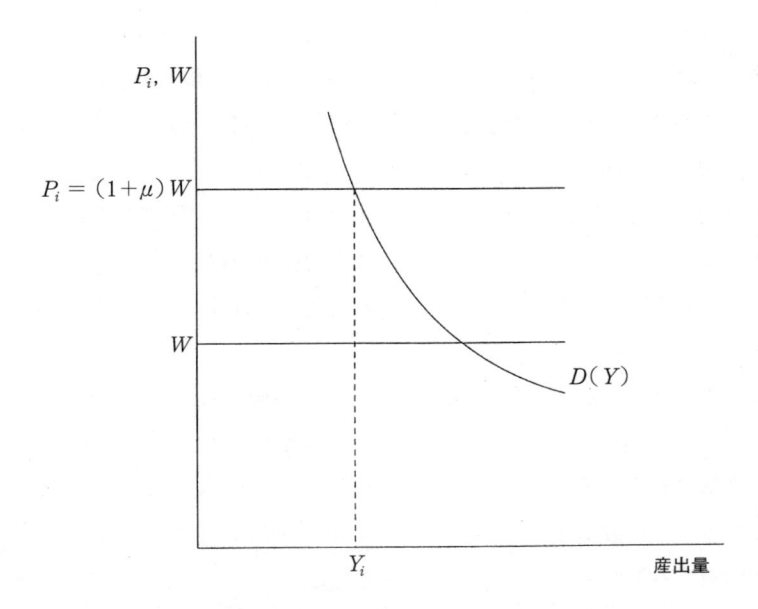

図 2.1 一定の生産物需要弾力性に直面する独占者は限界費用に一定のマークアップを加えたものとして価格を設定するだろう．ここで，限界費用は賃金に等しくなる．なぜなら，労働が唯一の投入物であり，また労働に関する収穫不変が支配しているからである

経済モデルによって，われわれは各パラメーターの変化がモデルの内生変数に与える効果を研究する．たとえば，明らかなことだが，マークアップ率の上昇は結果として物価上昇につながる．もし内生変数と外生的なパラメーターが注意深く区別されるならば，マクロ経済モデルを理解することはますますやさしいものとなる．

2.3 生産水準

限界費用にマークアップを加えて価格を設定する企業で，限界費用が一定であるとき，経営者の直接的な仕事は適切な生産水準を決定することである．彼らはすでに設定した価格で需要される数量を予測しさえすればよい．

もし経済が常にひとつの産出量水準で操業しているならば，経営者はこの問題を一度だけ解決しさえすればよいであろう．だが，現実の経済は変動状態にある．この状態こそマクロ経済理論の主要な分析対象である．全般的な活動水準の変動は代表的企業にどう影響するか．企業の産出物に対する需要曲線は価格と社会全体の所得水準 Y（注：下付き文字はない）の関数である，ということを思い起こそう．家計が経済拡大期に所得増加を経験するとき，家計はあらゆるものをさらに多く需要するため，代表的企業は直面する需要曲線が右にシフトすることがわかるだろう．

　この需要増加に応えようとして，企業はその価格を変更してはならない．なぜなら，置かれた仮定の下では，企業は限界費用に同じマークアップを加えた価格を常に設定するからである．しかしながら，企業の経営者はその価格で需要される新しい数量をみつけなければならないだろう．経営者は自分たちの生産物に対する需要曲線の位置を予測する必要がある．企業が専門的エコノミストにその GDP 予測に対する対価を支払おうとする理由はそこにある．

　この問題は図2.1を示すことによって視覚的にとらえることができる．そこからわかるのは，産出物に対する需要がどれほど大きかろうと小さかろうと，代表的企業は同じ価格を設定する，ということである．実際，企業の産出量に対して水平の「価格曲線」がみられる[3]．たとえば，もしその経済の所得 Y が増加したとすれば，消費者はもっと多くのものを購入できるようになるので，各企業の産出物に対する需要曲線は右にシフトするであろう．そこで，より多くの産出物が同じ価格で生産・販売されるであろう．

　すべての企業は同一であるため，この問題点を集計量の水準にまで引き上げて一般化することができる．われわれが置いた仮定，特に貨幣賃金は不変であるという仮定を満たす経済の場合，総価格決定曲線は水平となる．この曲線は**総供給曲線**として知られるようになってきた．また，たとえこの用語がさほど正確ではないとしても，それが採用されるだろう．水平の総供給曲線はきわめて重要な含みをもっている．需要水準の変化は，経営者が生産量を販売量に合

わせようとすることから，産出量の変化に完全に反映され，またしたがって価格変化をひき起こさないだろう．

むろん，この単純化された構図は置かれた特殊な仮定に依存する．だが，価格決定行動の経験的研究は，われわれの単純化された構図が現実への優れた第一次接近である，という立場を支持することがわかる．

2.4　総価格，総産出量，総雇用

個別企業に関して確認された結果の大部分は，すべての企業を集計するときにも引き継がれる．なぜなら，すべての企業は重要な側面で同一だからである．しかしながら，集計に耐えられないひとつの概念は需要曲線の概念である．その理由は単純である．ミクロ経済学的な需要曲線が存在するのは主として次のような理由からである．すなわち，**他のあらゆる価格を一定とすれば**，P_i の上昇は消費者を促してその代表的な財に対する代替財を探求させることになる，ということである．あらゆる財を集計するとき，われわれはあらゆる価格の同時的上昇を考えているので，あらゆる相対価格は不変のままである．総需要曲線があらゆる個別的需要曲線を単純に加えることによって形成できない理由はそこにある．後ほど次のことがわかるだろう．すなわち，それにもかかわらず，マクロ経済理論は総需要曲線の存在に対する純粋にマクロ経済的な性質をもつ理由を示唆しているが，個別需要曲線が通常の負の傾きをもつときでさえ，総需要曲線は垂直あるいは正の傾きにさえなることがある，ということである．これはマクロ経済学がミクロ経済学の単純な拡張を超えたものになる理由を例証している．全体は部分の総計とは異なることがよくある．

あらゆる企業についての価格決定方程式を集計すると，次のような総価格決定方程式が得られる．

$$P = (1+\mu)W$$

この式はもう一度，賃金が固定されている限り，企業は生産物に対してどれだけの需要を経験しようとも同じ価格を設定するだろう，ということを語っている．さらに，この方程式によって与えられる価格での水平線を総供給曲線と呼ぶことは便利である．とはいえ，これを総価格曲線と呼ぶほうがもっと正確であろう．後の章で賃金は不変であるという仮定が外されるとき，総供給曲線は右上がりの傾きをもつかもしれないことがわかるだろう．

　まさに企業レベルでマークアップから利潤分配率を算出することができるように，$\mu/(1+\mu)$ に等しくなる総利潤分配率 Π/Y も算出することができる．

　あらゆる企業について生産関数を集計すると，次のような総生産関数が得られる[4]．

$$Y = N$$

　明らかなことだが，企業は，もし産出量拡大を選択するならば，より多くの労働単位を雇用しなければならない．実際には，労働者1人当りの労働時間を引き延ばすことによって，もしくは新たな労働者を雇用することによって，そうすることができる．この議論を単純化するために，労働者1人当りの労働時間は不変であるので，労働投入量の変化は雇用される労働者数の変化に等しくなる，と仮定する．

　現代マクロ経済理論は，先進国の失業水準が25％以上に達し，政策立案者が仕事の創出方法を追い求めた1930年代の大恐慌に始まった．雇用増加の鍵は生産水準の上昇にある，ということを総生産関数は示している．次章は大恐慌の政治的・知的混乱から生まれたケインズ的産出量決定モデルを取り上げる．

☞ **第2章の問題**

1. もし2億人の労働者が年間10兆ドルの産出量を生産するなら，生産関数が $Y = N$ となるには，どんな単位で労働は測定されるべきか．

2. もし賃金が労働者1人当り5ドルで，各労働者は一単位の産出量を生産し，企業は限界費用に50％のマークアップをかけるなら，企業はいかなる価格を設定するだろうか．

3. 前問で述べられた企業は100単位の産出量を販売する．その総利潤，産出分配分としての利潤，および産出分配分としての賃金を計算しなさい．

4. 第2問で述べられた企業（企業i）は需要曲線が $Y_i^d = P_i^{-3} Y$（ここでYは総所得を表わしている）という形をとると考えている．この企業はGDP水準が年間1,000ドルになると予測している．企業はいかなる価格を設定するだろうか．また産出量が分割可能で，小数が許されるとすれば，どのくらい生産すべきであるのか．もしGDPが年間2,000ドルになると予測するならば，この企業は生産量をどのくらい増やすだろうか．

5. 前問の生産物需要の弾力性は3の値を取る．マークアップが50％になることを証明しなさい（付録参照）．

6. 『大統領経済報告書』の統計付録を使って，アメリカにおける非金融法人企業の価格と費用に関するデータをみつけなさい．この20年間における各年のマークアップ率，産出の賃金分配率，および産出の粗利潤分配率を計算しなさい．マークアップ率と利潤分配率はどれだけ安定しているか．

注

1） 不完全競争生産物市場を仮定したマクロ経済モデル構築の伝統はカレツキ（Kalecki, 1971）に始まる．価格設定に関する理論的・実証的研究のサーベイについては，Layard et al.(1991)をみよ．

2） 定数yの存在を思い起こす必要がある．なぜなら，それによって方程式の両辺が同じ単位で測定されるように次元が変換されるからである．

3） 不完全競争下では真の供給曲線は存在しない．なぜなら，企業はある所与の価格に応じてというよりも，むしろ需要曲線の特性に応じて価格を選択するからである．ここで選択される価格は一定である．なぜなら，生産物需要の弾力性が一定であると仮定されてきたからである．

4） 暗黙的なものとされている定数$y = 1$は，生産関数が次元的に一貫していることを保証するために，年間・労働者1人当り次元不変のドルをもつ．

第3章

ケインジアン理論

訳．蒋　安

マクロ経済学におけるケインジアン理論の中心的な考え方は，総（全体）需要の水準は所得水準に依存し，また，均衡においては，所得（産出高でもある）水準は需要の水準に等しくなるように調整されるというものである[1]．

3.1 総需要の内訳

われわれは，総需要の内訳の各項目を表わす方程式を書き留めて，それらの方程式を1つにまとめ，さらに総需要と総産出高を等しくさせるGDP水準を求めることによって，これらの考えをモデル化する．消費関数と投資関数は中心的な役割を果たす．

3.1.1 消費

消費関数は，家計の消費支出が可処分所得の変化にどのように反応するかを示す．それは，一般的な形で $C = C(Y, T)$ と描かれる．すなわち，消費は所得と租税に依存し，これら2つの変数は可処分所得 $Y-T$ を決定する．消費が所得 Y と正の相関があり，租税 T とは負の相関があると仮定することは賢明である．（質的な情報を表わす）一般的な形で議論するよりもむしろ，できるだけ具体的なマクロ経済モデルを作るために特定の形の消費関数（およびその他の関数）で議論がなされる．可能なかぎり常に線型関数を用いることにする．線型消費関数は次式で描かれる．

第3章 ケインジアン理論

$$C = c_0 + c_1(Y-T) \qquad (3.1)$$

ここで，c_0 と $c_1\,(0<c_1<1)$ は，**独立消費**と**限界消費性向**と呼ばれるパラメーターである[2]．たとえば独立消費はどのような可処分所得も必要としない．なぜなら，それは過去の累積された富から調達されるからである．限界消費性向は，可処分所得の各1ドルの増加に対して消費がどれだけ増えるかを示す．それは1よりも小さいことに注意しよう．

また，いくつかの消費理論が予測するように，おそらく消費支出は利子率，所得分配，あるいは富にも依存するだろう．しかし，われわれは方程式 (3.1) に表わされるようなもっとも単純なケースに固執したい．

貯蓄は消費されない可処分所得であると定義されるため，消費関数は暗黙的に相方の貯蓄関数，$S(Y, T)$ を定義する．(3.1) 式の相方は次のような貯蓄関数である．

$$S = -c_0 + (1-c_1)(Y-T) \qquad (3.2)$$

限界貯蓄性向は $1-c_1$ である．

3.1.2 投資

投資支出は実際には3つの主要な形をとる．すなわち，新規の工場や設備に対する企業による支出（企業の固定投資），家計による新規住宅支出（住宅固定投資），および在庫変動（在庫投資）である．投資支出は利子率の変化に反応するはずだと考えるのが合理的といえよう．もっとも明らかな例は，住宅投資である．すなわち，家計は住宅ローンの利子率が高い場合には住宅の新築（あるいは増築）をしたがらない．企業の固定投資もまた，いくつかの投資理論によって利子率に反応するとみられる．なぜなら，それは主要なプロジェクトに対する資金供給のための費用を表わすからである．たとえ事業拡大のための資金を借り入れる必要がなくても，企業は依然として利子率をその目的のために利用

される資金の機会費用とみなすだろう．なぜなら，企業はその利子率でそれらの資金を貸し付けることができただろうからである．投資は所得の変化に反応すると想定することも合理的であると思われる．所得の増加した家計のほうが住宅を新築しやすいからだ．より高い利潤を享受する企業は新規プロジェクトに利用できるより多くの資金をもっている．

これらの考え方は $I^p = I(Y, i)$ という一般的な形の投資関数で要約できる．ここで i は利子率を表わす．右肩の p の文字は，投資関数が計画された投資を示しているという印である．線型投資関数は次式で描かれる．

$$I^p = b_0 + b_1 Y - b_2 i \qquad (3.3)$$

ここで，b_0，b_1（$0 < b_1 < 1$），および b_2 はパラメーターであり，**独立投資**，**限界投資性向**，および**投資の利子感応性**と呼ばれる．独立投資は，少なくとも一部は政府投資支出を反映するものとして解釈されるかもしれない．政府投資支出は所得あるいは信用の状況にはさほど依存しない．

ケインジアン理論をもっとも基本的な用語で要約するために，本章で2つの制限的な仮定を設ける．第1に，利子率は一定であると仮定する．そうすることで投資を変化させる1つの可能性が除去される（これは，中央銀行が利子率を一定に維持するという基本的な仮定で合理的に説明できるかもしれない）．第2に，初めに パラメーター b_1 はゼロであると仮定する．投資を変化させる2つめの可能性を除くためである．言い換えれば，投資支出それ自体を一定と仮定し，定数を傍線（ ¯ ）の表記を用いて示すことにする．すなわち，

$$I^p = b_0 - b_2 \bar{i} = \bar{I}$$

となる．

ケインジアン・モデルにおける限界投資性向の効果については，本章で後ほど検討される．

3.1.3 政府

支出の最後の項目は政府支出である．それは，政府当局，たとえば，議会やアメリカ合衆国大統領などによって決められる．政府支出と租税は財政政策の道具である．これらは2つとも外生的に決定されると仮定しよう．実際には，政府支出と租税はいずれも経済活動水準の変化に反応するが，こうした細かいことは無視される．答えを求めたい1つの重要な問題は，どのようにして財政政策がGDPの水準とその他の内生変数に影響を与えるのかということである．

3.2 消費と投資の理論

消費に関するもっとも有力な説明は，**ライフサイクル理論**と**贈与理論**である．ライフサイクル理論（Modigliani and Brumberg, 1954）は，人は退職後の生活資金を得るために，働いている間は貯蓄するというものである．この場合，個人の限界消費性向は，あなたが何年退職生活を送り，何年働くつもりかに依存する．労働年数が短ければ短いほど，それだけ退職後の生活のための貯蓄の必要性は大きくなり，消費性向はそれだけ低下する．総限界消費性向は，ライフサイクルの異なった段階での家計の分布に依存している．若年家計が多くなればなるほど，それだけ総消費性向は低下する．（貯蓄を取り崩す）高齢家計よりも（貯蓄をする）若年家計の方が多いことを保証する人口の増加がなければ，総貯蓄はないだろう．

贈与理論は，人は自分の子供たちに対して利他的であり，彼らに相続財産を残すために貯蓄すると仮定する．贈与の動機は，リカードの等価学説（Barro, 1974），すなわち，**減税を受けた消費者は，実際には減税によって必要となった将来の増税**（大抵は将来の相続人が増税の影響を受けるときでさえ）**を予想して，減税分をすべて貯蓄する**という理論を支持するものである．租税よりも借金をするという政府の選択に対して，消費者が反応しないことから，負債と租税の効果はどちらも同じである．このことは，ある条件の下では，財政赤字

は需要を喚起するというケインジアンの理論と合わない．

　第3の消費理論は，貯蓄性向が社会階級によって異なるという古典派理論である (Kalecki, 1971 をみなさい)．古典派モデルでは，労働者は富をもたず賃金で生活をし，その所得の大部分あるいはすべてを消費する．一方，資本家は富を所有し，利潤型の所得で生活をし，労働者よりも小さい消費性向をもつ．資本家は，より多くの貯蓄をするので，利潤への所得の再分配は総消費性向を低下させる．本書では，一般に，実質賃金と所得分配は一定であると仮定される．それによってこれらの影響が抑えられるからである．

　もっとも有力な投資理論は**新古典派理論**である．それは，資本が連続的な収穫逓減を受けやすい労働と代替可能であるという仮定に基づいている．資本のコスト（たとえば，利子率）が低下するにつれて，より大きな資本ストックが企業にとって経済的となり，企業は投資の拡大によって応える．それは，実際に彼らの資本ストックを変化させる．もうひとつの理論では，企業は期待される販売量水準に基づいて投資必要量を計画するというものである．この**加速度理論**は，投資が GDP の期待される変化の関数であると予想する．資本と労働は代替物というよりはむしろ補完物であると考える経済学者にとって，新古典派理論と加速度理論は統合可能である，あるいは加速度理論は，自立可能である．第3の投資理論は，投資支出の資金調達面でキャッシュフロー（利潤に減価償却を加えたもの）が演じる役割を強調する．この理論は，利潤が投資に対する**信用制限**を克服し，それによって企業がより多くの利潤を稼げば稼ぐほど，ますます多くの投資支出の資金調達が可能となるという仮説に立っている．この理論は，投資を GDP（そのうちの大部分は利潤である）に依存させることで認められる．

　投資計画は将来に対する一種の賭けである．そして，これが実際の理論的な問題を引き起こす．新工場を建設するとか新製品を開発するといった判断は，しばしば将来に対する大きな不確実性の下に行われる．工場が完成した時に，あるいは新製品が売り出された時に需要があるだろうか．ケインズ (Keynes,

1936)は，この決定を，特徴がハッキリとしている競合製品間での消費者選択を記述するために用いられたのと同じ理論的な道具で取り扱うのは意味がないと示唆した．彼は，投資が，少なくとも一部は自ら**アニマル・スピリッツ**と呼んだ企業経営者や企業家の精神に依存すると唱えた．かなりの部分で，この考え方は，本書で対象とされる形式的で数学的なモデルにとっては抵抗がある．この考え方をこれらのモデルに組み入れるための最良の方法は，投資家のアニマル・スピリットの変化によって投資関数が極めて不安定になるかもしれない，ということを認めることである．

3.3 総需要

総需要は消費，投資，および政府支出の合計である．一般に，総需要関数は $Z = Z(Y) = C(Y) + I(Y, i) + G$ と書かれる．ここで，Z は総需要を表わしている．消費と投資は共に所得水準の直接的な関数であるから，総需要は直接的に所得に関連すると予想される．第1次接近として，投資は一定であると仮定される．総需要方程式の線型形は，線型消費方程式と一定の投資水準をこの方程式に代入することで得られる．それは次式で描かれる．

$$Z = [c_0 - c_1 T + \bar{I} + G] + c_1 Y \tag{3.4}$$

総需要関数は上記で，切片と傾斜の形で示されていることに注意しよう．総需要関数の傾きは限界消費性向である．これは理にかなっている．なぜなら，消費支出は，限界投資性向がゼロと仮定した場合における，所得水準の変化に反応する唯一の支出だからである．

3.4 生産物市場における均衡

総需要関数は，所得または産出（これらが等しいことを想い起こそう）水準

の関数として計画されたすべての支出を表わす．経済は，諸企業が全体として需要水準にちょうど等しい産出水準の生産を選択した場合に均衡するだろう．数学的に，最終的な財貨・サービスが売買される生産物市場における均衡条件は次式で描かれる．

$$Z = Y \tag{3.5}$$

方程式 (3.4) をこの均衡条件に代入することで，1つの方程式に1つの未知数であるから，均衡産出水準を解くことができる．解は次のようになる．

$$Y^* = \left(\frac{1}{1-c_1}\right)[c_0 - c_1 T + \bar{I} + G] \tag{3.6}$$

右辺の始めの部分，すなわち括弧内の部分は，**乗数**と呼ばれる．γ 記号を用いて乗数を表わしてみよう．

$$\gamma = \frac{1}{1-c_1}$$

2番目の角カッコ内の部分は，GDPの水準とは独立したすべての支出を表わしており，**独立支出**と呼ばれる．ケインジアン理論では，経済は乗数倍に膨張ないし拡大した独立支出に等しい均衡GDP水準を達成する．

3.5 乗数

独立支出のどのような変化も均衡GDPの変化をもたらす．たとえば，政府支出が ΔG だけ増加したとする．ここで記号 Δ は，G の変化分を表わす．方程式 (3.6) から，次のようになることは明らかである．[3]

$$\Delta Y = \gamma \Delta G$$

仮に，限界消費性向が0.75であれば，乗数は4で，政府支出が1ドル増加した場合，均衡GDPは4ドル増加する．政府支出はGDPに対して乗数効果

をもつ．同様に，租税の減少も同じような効果をもつ（なお，減税の乗数効果は大きさとしては政府支出のそれより小さい）．乗数は，どのようにして財政政策が短期的に機能するかを理解するための基本的な分析道具である．独立消費支出の増加あるいは投資支出の増加もまた，GDPに対して乗数効果をもつ．これはまた，景気変動を理解するための基本的な分析道具である．消費支出の変化および，特に投資支出の変化は，それに対応するGDPの変化をもたらすが，量的にはGDPの変化のほうが大きい．この点に関して，投資支出のほうが実際上重要である．なぜなら，現代経済において投資支出はもっとも気まぐれな支出要素だからである．ある意味では，その乗数効果からして，投資支出は（GDPによって左右されるのではなく，逆にGDPを左右するという意味で）犬を振り回す尻尾のようなものである．

3.6 ケインジアン・クロス

われわれは，図によって基本的なケインジアンの総需要モデルを描くことができる．図3.1は，横軸に産出水準（所得でもある），縦軸に総需要水準を示している．原点を通る45度線は均衡条件を示しており，方程式(3.5)である．GDPの均衡水準はこの線上になければならない．

この線上に均衡GDPがあることを確認するために，方程式(3.4)の総需要関数を描く．この関数と垂直に交わる切片は独立支出，すなわち$[c_0 - c_1 T + \bar{I} + G]$であり，これに対して，関数の傾きは限界消費性向である，ということに注意しよう．それは次のような事実を反映している．すなわち，消費は，われわれが維持している仮定の下で，所得の変化に反応する唯一の支出である，ということである．

GDPの均衡水準，すなわちY^*は，総需要曲線が45度線と交わるところで生じる．明らかな理由により，この図は**ケインジアン・クロス**と呼ばれるようになった．

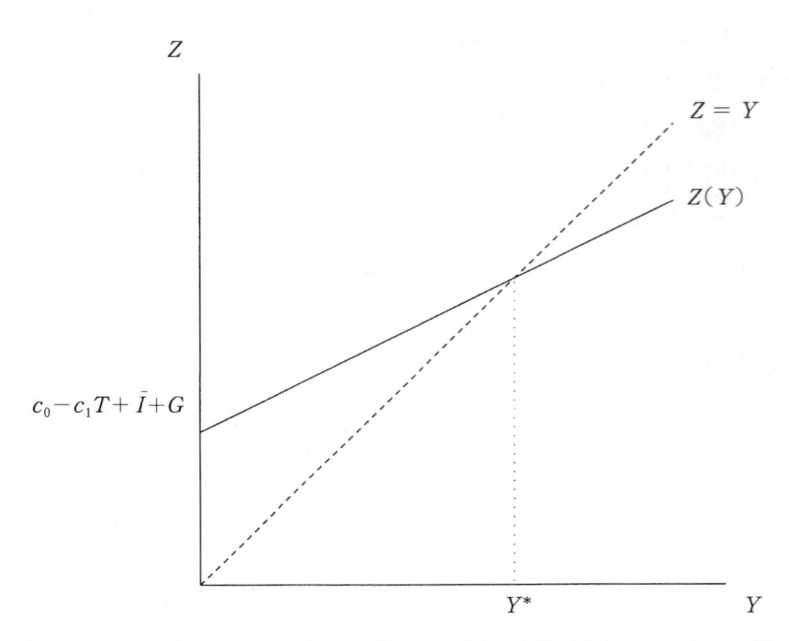

図 3.1 ケインジアン・クロス図は，総需要が産出量と等しくなる均衡産出水準を示している．均衡を上回る水準では，産出が需要を超過するため在庫が積み上がることになる．均衡を下回る水準では，需要が産出を超過するため在庫は減少する．これらの在庫変動は，経営者に対して産出水準を調整するためのシグナルを送ることになる．

3.7 投資-貯蓄の均衡

　投資-貯蓄恒等式は，均衡 GDP について考えるもうひとつの方法を提供する．この条件は，現実の投資が国民貯蓄に等しい，すなわち $I = S + (T - G)$ でなければならないということを示していることを思い起こそう．この恒等関係は，現実の投資が在庫のあらゆる変動を含むように定義されてきたという事実によって真実である．われわれのモデルでは，計画された投資は $\bar{I}$ によって表わされる．計画された投資と現実の投資との差は，在庫の予定外の変動である．均衡状態において，生産水準が正しく選択された時には，在庫の予定外の変動はない．計画された投資と国民貯蓄とが等しいということが均衡条件，す

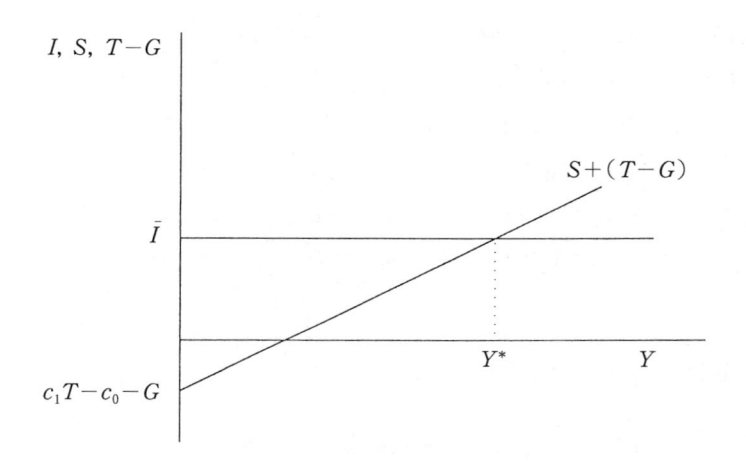

図 3.2 ケインジアン・モデルにおける均衡産出水準は，国民貯蓄と計画された投資とを等しくすることによっても得られる．これが，生産物市場における均衡が IS 均衡と呼ばれる理由である．

なわち方程式 (3.5) を表現するもうひとつの方法だというのはこのことからである．そこで，もうひとつの均衡条件を次のように書くことができる．

$$\bar{I} = S + (T-G) \tag{3.7}$$

この方程式におけるすべての項は，個人貯蓄 S を除いて外生的である．貯蓄関数 (3.2) 式を代入すれば，次のようになる．

$$\bar{I} = S + (T-G) = -c_0 + c_1 T - G + (1-c_1)Y \tag{3.8}$$

この方程式を解くと，以前に発見した均衡 GDP 式，すなわち方程式 (3.6) が得られる．均衡は，方程式 (3.8) の左辺の（事前に決定された）計画された投資支出額 $\bar{I}$ と，方程式 (3.8) の右辺に明記された国民貯蓄とが一致する GDP 水準で生じる．

これを図 3.2 で視覚化することができる．それは，GDP の均衡水準を表わすためのもう1つの方法を示している．右肩上がりの関数は，国民所得水準と共

に国民貯蓄が増加することを表わしている．なぜなら，個人貯蓄は可処分所得の関数だからである．横軸に水平な関数は，（仮定により）計画された投資が一定であることを示している．均衡 GDP は，これらの関数が交叉するところ，したがって計画された投資が国民貯蓄に等しいところで生じる．それが，生産物市場あるいは投資-貯蓄 (IS) 関係のいずれの点からも均衡を定義できる理由である．IS 記号を生産物市場均衡と同じ意味で用いることにしよう．

3.8 動学

GDP 水準に対するパラメーター変化の効果を分析する前に，このモデルが，いくぶんかの変動をともなって，均衡 GDP に回帰するということを証明する必要がある．第 1 に，経営者に生産水準を引き上げるか引き下げるかの信号を送る在庫変動に関して，われわれが知っていることを思い返してみよう．産出量と販売量（すなわち需要量）の差は在庫変動である．あるいは，数学的に表現するならば次のようになる．

$$\Delta 在庫 = Y - Z = C + I + G - (C + \bar{I} + G)$$

右辺の式を単純化して表わすと，現行の投資と計画された投資との差は，在庫変動としても表わすことができる．

$$\Delta 在庫 = Y - Z = I - \bar{I}$$

たとえば，均衡水準以下の GDP 水準を考えてみよう．この場合，図 3.1 から総需要水準 Z が，産出水準 Y を上回っていることは明らかである．なぜなら総需要関数が 45 度線（需要と産出が 45 度線上で一致する）より上にあるからである．この場合，企業は，自社の生産物に対する需要に関して過少生産したため，彼らは，在庫を削減し，新たに生産された財よりもむしろ倉庫にある財を販売することで彼らの顧客を満足させなければならない．この在庫減少が

企業経営者に対して，次期の生産水準を引き上げる信号になる，と仮定することは自然なことである．そこで，産出が均衡水準を下回っているかぎり，経営者は継続して産出量を増やすとみられ，これが経済を均衡水準に向かわせることになる．

一方，産出水準が均衡水準を上回ったならば，同じ推論から，企業は売れない生産物の望まれない在庫の山を経験することになる，ということにあなた方は確信をもつであろう．これは，経営者に対して，次の期間には減産するという信号となる．この推論は次のことを論証している．すなわち，GDPの均衡水準は確かに中心点であり，したがって，モデルは実際にやや変動した後に，均衡に引き寄せられるということである．

ケインジアン・クロス・モデルの動学に関する形式的な分析については，付録に示されている．

3.9 比較均衡分析

3.9.1 財政政策

ケインジアン・モデルの目的は，財政政策が経済活動水準に及ぼす効果を理解するのに役立つためにある．財政政策の効果，あるいは，他のパラメーターの変化の効果を理解する最良の方法は，パラメーターを1つだけ変化させて比較均衡分析を行うことである．たとえば，財政政策における租税や政府支出を変化させて，これがモデルの内性変数，特に均衡GDPの水準に与える効果を検討するのである．パラメーターを1つだけ変化させるということが重要なのである．そうすることで，それが内性変数に対して与える効果を分離することができる．

政府支出乗数

政府支出の増加は，明らかに傾きを示す項に影響を与えることなく，方程式

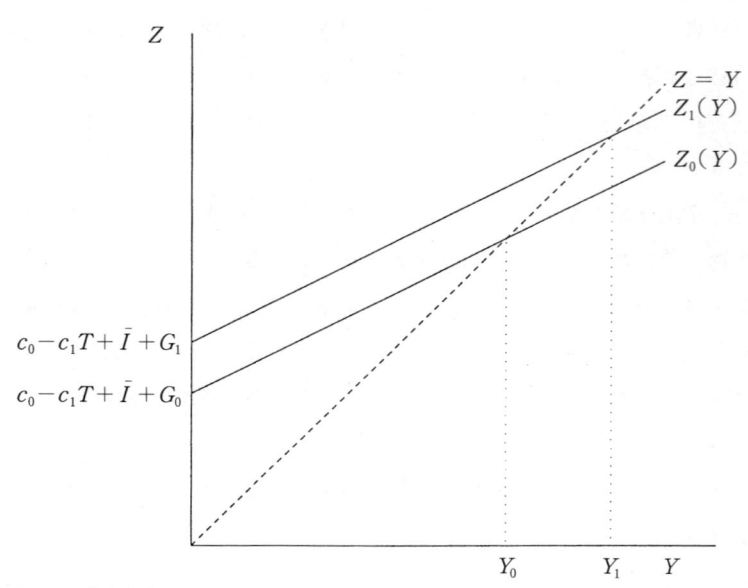

図 3.3 政府支出が G_0 から G_1 に増加すると，総需要関数は上方に移動し乗数効果が生み出される．産出の変化，すなわち $Y_1 - Y_0$ は，政府支出の変化を乗数倍したもの，すなわち $\gamma(G_1 - G_0)$ に等しい．

(3.4) の切片を増加させる．この財政政策は，総需要関数 $Z(Y)$ を上方にシフトさせる．図 3.3 にみるように，明らかに GDP の均衡水準は上昇する．すでにその変化の大きさは計算されてきた．政府支出の 1 ドルの増加は，GDP を γ ドル増加させる．ここで γ は乗数である．

乗数を理解するもうひとつの方法は，調整それ自身の動態過程によるものである．政府支出が 1 ドル（不変の 1 ドル）増加すると仮定しよう．第 1 年目，企業は 1 ドルに等しい需要増加を経験するだろう．それが企業の在庫を減少させる．これに応じて，2 年目には，企業は産出を 1 ドル増加させる．これは追加的な所得をもたらし，そのうちの c_1 ドルが支出される．しかし，このことは，またさらに需要の増加と在庫の減少をもたらす．これに応えて企業が c_1 ドル相当の追加的産出を行うと，再び同額だけ所得が引き上げられる．すると需要の追加的増加が生まれ，今度は，それは c_1^2 ドルとなる．経済は乗数過程

がどこまでも続くことを経験する．最終的な全産出増加を計算するためには，単に無限級数を加えさえすればよい[4]．

$$\Delta Y = 1 + c_1 + c_1^2 + \cdots = \frac{1}{1-c_1} = \gamma$$

安心したことに，これは他の方法を使って得られた乗数と同じ式である．この動態過程は，確かにあまりにも機械的すぎて現実的でないが，乗数の概念をしっかりと理解させるのに役立つはずである．

政府への資金供給

重要な問いは，政府は支出を増やすための資金をどこから得るのだろうかというものである．均衡予算 $G=T$ から始めるとすると，政府支出の増加は，その増加資金を供給するのに政府が借り入れをするということを要求する．ケインジアン・モデルにおいては暗黙のうちに，この借り入れが行える国債市場をもつ金融システムがその背後にある．しかし，それは別の問題を提起する．政府が借り入れる資金はどこから生まれるのか．答えはあなた方を驚かすかもしれない．経済は財政的刺激に反応して，個人部門での新たな貯蓄を生み出すことで，政府が借り入れるための資金を提供する．どういう風にしてそうなるのか，方程式 (3.7) に言及して理解することができる．それは，投資-貯蓄恒等式を用いた均衡決定のもうひとつの方法を示している．投資水準が一定であるかぎり，国民貯蓄水準もまた一定水準に止まらなければならない．そこで，政府貯蓄 ($T-G$) の減少は，それに対応して体系が個人貯蓄，S を増加させて反応することを意味する．個人貯蓄は GDP の水準に依存するため，GDP を増加させる乗数過程は，公共貯蓄の減少額と正確に同じ額だけ個人貯蓄を増加させる過程として理解することができる．

貯蓄についてのこの考え方は，ケインズ革命の主要な革新であった．ケインズ以前は，多くの経済学者は**セイの法則**を信奉していた．セイの法則はフランスの経済学者 J.B. セイ (Jean-Baptiste Say) に因んだ名前である．セイの法則

は，財の一般的な過剰生産はあり得ないと主張する．すなわち，供給は市場の外で作られたものであろうがなかろうが何でも，常に十分な総需要を生み出す（「供給はそれ自身の需要を生み出す」）．言い換えれば，もし人々がもっと貯蓄しようと考えれば，消費目的の需要をもっと少なくするが，そのことは彼らが直接的であれ間接的であれ，もっと多くの投資財を購入しなければならないということを意味する．このようにして貯蓄が投資を決定する．ケインズは，人々は貨幣のような金融資産をもっと得ることによって貯蓄することができるのであり，それがより多くの投資購入につながる必要はまったくないと異議を唱える．彼の基本的な洞察は，産出水準は貯蓄が事前に決定された投資支出額と同じになるように調整されるというものである．これは**有効需要の原理**と呼ばれている．それは投資が貯蓄を決定することを示唆している．

租税乗数

租税 T の減少もまた乗数効果をもつ．減税 ΔT は，消費者の支出を $c_1 \Delta T$ だけ増やすだろう．**租税乗数**は (3.6) 式から導き出すことができる．それは $\Delta Y / \Delta T = -c_1/(1-c_1) = -c_1 \gamma$ となるだろう．

3.9.2 倹約のパラドックス

もうひとつの興味深い問いは，どのようにして個人貯蓄の増加が GDP 水準に影響をおよぼすかである．ケインズ革命以前では，経済学者は一般的に経済成長と貯蓄の増加を結びつけていた．この考えの背後には，セイの法則によって貯蓄が自動的に投資を引き起こすという想定が暗にあった．しかし，有効需要の原理はまったく異なる関係を示唆している．

ケインジアン・モデルでは，家計の側の計画された貯蓄の増加は，実際には GDP の水準を引き下げるであろう．このことは (3.6) 式を調べるとわかる．貯蓄の増加は，c_0 か c_1 の減少によってもたらされ，そのいずれかの変化が明らかに均衡 GDP を減少させる．その理由は，貯蓄の増加は暗に消費者の需要減

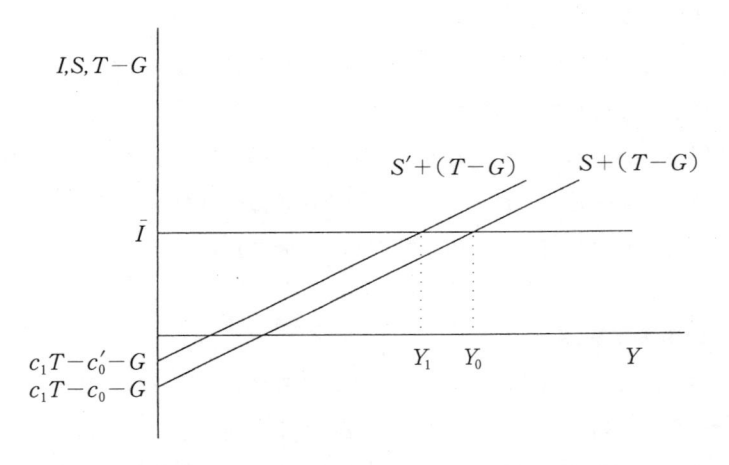

図 3.4　貯蓄の増加はケインジアン・モデルでは，貯蓄関数の上方シフトにより表わされ，国民貯蓄には効果を及ぼさない．これは，倹約のパラドックスと呼ばれる．ケインジアン・モデルでは，むしろ逆に投資の水準が貯蓄水準を決定する．投資水準が一定であるかぎり，家計あるいは政府は国民貯蓄水準を変化させることはできない．

少を意味し，それが企業の減産を引き起こすからである．

どうしてそうなるのかをみるためのもうひとつの方法は，図 3.4 におけるように投資・貯蓄関係を視覚化することである．それは，独立消費の減少（それは独立貯蓄の増加と同じである）がどのようにして，国民貯蓄関数を上方にシフトさせることで均衡に影響を与えるかということを示している．重要な点は，貯蓄額が計画された投資額——それは水平線の $\bar{I}$ の水準で表わされている——によって厳格に制限されているということである．家計が，それぞれの好みを考慮して，貯蓄を増やそうとすると，結果的に，彼らはその後の所得の減少によってその試みを阻まれることになる．この結果は，**倹約のパラドックス**と呼ばれる．ケインジアン・モデルでは，有効需要の原理を通して貯蓄を決定するのは投資であるから，貯蓄を増やそうという試みは失敗する運命にある．ケインズ以前の一般の通念——貯蓄が投資を決定するという理論に基礎をおいた通念——に真っ向から対立して，ケインジアン・モデルでは貯蓄の増加が実際に

は経済活動水準を低下させることになる．この追加的貯蓄を追加的な投資支出に転換するための金融市場の可能性についてのこの悲観主義が，ケインジアンの経済理論に浸透しているのである．[5]

　財政黒字という形での公共貯蓄の増加は倹約のパラドックスの一形態として解釈することもできる．たとえば，政府支出の減少は財政黒字に寄与し，上で議論した乗数過程を通じて産出水準を低下させるだろう．

3.9.3　均衡予算乗数

　われわれは政府支出乗数が γ であることをみてきた．それはまた，他のどの型の独立支出に対する乗数でもある．政府支出の増加は，それが個人貯蓄を増やし，政府に貸し付けることを可能にするという意味において，自己金融である．明らかに，政府の借り入れにはいくつかの限界がある．そこで，疑問が生じる．一度こうした政府借り入れの限界が認識されると，財政政策は効果があるのかという疑問である．ケインジアン・モデルで，支出増加に等しい租税収入の増加によって，政府予算を変えずにおくという財政政策が乗数効果をもつということは，驚くべきことである（これは，しばしば「源泉徴収方式の」資金調達と呼ばれ，PAYGO（pay as you go）と要約される）．言い換えれば，財政政策は赤字支出なしに景気を刺激することができる．

　この事実はケインジアン理論の初期の開拓者たち（Baumol and Preston, 1955）によって発見された．以前の経済学者たちは，ずっとそれに気づかなかった．なぜなら，彼らは，政府支出の増加は総需要を増加させるが，同じだけ増税をすると総需要を減少させることから，2つの効果はお互いに相殺される，と間違って考えていたからである．いまではこれが誤りであることがわかる．なぜなら租税増加のわずか一部分——限界消費性向——だけが消費支出を減少させるにすぎないからである．残りは貯蓄を減少させるのである．

　数学的には，租税によって資金調達される財政政策の乗数効果は，(3.6)式に差分演算子，Δ を適用することで決定することができる．すなわち，

$$\Delta Y = \left(\frac{1}{1-c_1}\right)[-c_1 \Delta T + \Delta G]$$

租税による資金調達の条件 $\Delta T = \Delta G$ を代入すると，次式が得られる．

$$\Delta Y = \Delta T = \Delta G$$

この驚くべき結果は，**均衡予算乗数定理**と呼ばれる．この用語はいくぶん誤解を招く．というのは，どんな支出の変化もそれと同額の租税の変化によって資金調達されるということにすぎないことから，予算が均衡する必要はないからである．それはむしろPAYGO乗数と呼ばれた方が良いかもしれない．均衡予算乗数は，たとえ限界消費性向がどのようなものであろうとも1に等しいものであることがわかる．とても素敵な結論である．

3.10 限界投資性向

限界投資性向を含めると，投資関数は生産物市場の均衡を表わす方程式をわずかに変化させる．第1に，引き続き利子率が一定と仮定しよう．投資支出は次のようになる．

$$I^p = b_0 + b_1 Y - b_2 \bar{i} \tag{3.9}$$

均衡条件に投資方程式と消費方程式を代入することによって均衡解を導き出す手順に従えば，次のような拡張版の均衡GDP式にいきつく．

$$Y = \left(\frac{1}{1-c_1-b_1}\right)[c_0 - c_1 T + b_0 - b_2 \bar{i} + G] \tag{3.10}$$

前述されたように，右辺の最初の項は乗数であり，次のように表記される．

$$\gamma = \frac{1}{1-c_1-b_1}$$

限界投資性向の存在が乗数を大きくしていることに留意しよう．それは経済

的な観点から十分意味がある．

負の乗数あるいは無限乗数となる不適当なモデルを避けるために，パラメーターに限界投資性向は限界貯蓄性向より小さいという制限を課さなければならない．すなわち，

$$b_1 < 1-c_1$$

である．

この適切な制限によって，ケインジアン・クロス・モデルの主要な結果は，若干の変更を加えるだけで支障なく当てはまる．主な違いは，いまや投資は変数であり，その水準は均衡GDP水準に依存するという点である．財政的拡大はGDPの全体的水準を高めることによって投資を増加させるだろう．倹約のパラドックスは，いっそう逆説的となる．なぜなら，**事前的個人貯蓄の増加は，実際，投資水準全体（したがって国民貯蓄）を引き下げるからである．**

3.11　ケインジアン・モデルの限界

多くの経済学者は，総需要のケインジアン・クロス・モデルを，現代市場経済の短期的な動きに対する有効な第一次接近法であるとみなしている．しかし，われわれが特殊な仮定によって課してきた制限を覚えておくことは重要である．

第1に，賃金と物価は一定であり，雇用や生産量が変化しても変らない，と仮定してきた．引き続きいくつかの章で，この仮定は維持される．

第2に，投資支出が利子率に敏感であるならば，所得水準が変化しても利子率は一定のままである，と仮定してきた．次章でこの仮定は緩められる．そうすると，われわれの結論が利子率の役割を考慮に入れるよう修正されなければならないことがわかる．実際，本書全体を通じて，特定の仮定を緩めることは，構築されつつあるマクロ経済理論をますます「ケインジアン的」でなく，「前ケインジアン的」に変形させることになる，ということがわかるだろう．この

ことはさらに複雑なモデルに進むにつれ，政府支出乗数と倹約のパラドックスの意義を確認することによってわかるだろう．

☞ 第3章の問題

以下の問題において，仮想経済に対して次のようなデータを利用する．
$$C = 140 + 0.6(Y-T)$$
$$\bar{I} = 200$$
$$G = 150$$
$$T = 150$$

すべての変数は年当り，不変ドル単位でありドル（$）で表わす．問題で特に指摘しない限り，常にこれらの元のデータを用いることとする．

1. 均衡産出水準を計算しなさい．

2. 総需要方程式を導出しなさい．年間の産出が500ドルの場合，需要水準および計画されない在庫変動を計算しなさい．また，供給側の反応を説明しなさい．年間の産出が1200ドルの場合，同じ計算をしなさい．

3. ケインジアン・クロス図を描き，前述の2つの問題で説明された点を確認しなさい．

4. 政府はGDPを250ドル増加させたい．必要な政府支出水準を計算しなさい．

5. 前の質問で，政府が財政政策に対する資金をどこで調達するかを説明するために投資-貯蓄恒等式を利用しなさい．財政赤字は国民貯蓄にどう作用したか？

6. 元のデータに戻るが，上述した投資方程式を $I^p = 100 + 0.1Y$ に置き換え，国民貯蓄水準を計算しなさい．いま，家計が彼らの所得のさらに多くを貯蓄しようとしていると仮定するなら，消費関数は $C = 100 + 0.6(Y-T)$ にシフトする．新しい国民貯蓄水準を計算し，何が起こったのかを説明しなさい．

7. スプレッドシートをセット・アップして，実験的にケインジアン・モデルのパラメーターを変化させなさい．スプレッドシートにモデルの2つのコピーを用意し，1つは，（元のパラメーターの値で）統制手段として利用し，他方を，1つのパラメーターの変化をテストするために利用しよう．ケインジアン・クロスを視覚的にとらえるため，均衡条件 $Z=Y$ に沿った統制用とテスト用のモデルから総需要方程式のグラフを描きなさい．スプレッドシートを用いて前の問題に対

するあなたの答えを検証し，あなた自身が考えた比較均衡実験を行いなさい．

※スプレッドシート＝表計算ソフトなどに代表されるマトリックス精算表のこと．

注
1) この理論は，もちろんケインズの独創的な研究（Keynes, 1936）に始まるが，カレツキの独立した発見（Kalecki, 1971）とも一致する．
2) パラメーターの下付き数字は識別のために用いるのであって，諸変数に用いる時間を表わすものではないことに注意しなさい．
3) (3.6)式を微分することによって同一結果に達することができ，$dY/dG = \gamma$ あるいは $dY = \gamma dG$ となる．乗数はカーン（Kahn, 1931）によって導入された．
4) この級数を合計するために，有限級数 $V_n = 1 + c_1 + c_1^2 + \cdots c_1^n$ と書く．両辺に c_1 を掛けて，元の式から引くと $V_n - c_1 V_n = 1 - c_1^{n+1}$，あるいは $V_n = (1 - c_1^{n+1})/(1 - c_1)$ となる．次いで極限を求めよう（また $c_1 < 1$ であることを思い起こそう）．すると，$\lim_{n \to \infty} V_n = 1/1 - c_1$ となる．
5) 倹約のパラドックスの変種は所得の利潤への再配分によって生じる．古典派の消費関数では，これは総消費性向を低下させ，さらに産出量水準を低下させる．別の言い方をすれば，実質賃金の低下は，それが総需要へ及ぼす影響を通じて，実際に仕事をなくしてしまう．詳細は，Foley and Michl（1999）を参照しなさい．

第 4 章

IS 曲線

訳．丸山　航也

　前章で，利子率一定という仮定のもとでの均衡 GDP の水準に関する簡潔なケインジアン・モデルが展開された．この章では，この仮定を緩めて，GDP の均衡水準に対する（たとえば金融政策によってひき起こされる）利子率の変化の効果が検討される．IS 曲線は，利子率と均衡水準との間の関係を表わしている．IS 曲線と，次章において展開される LM 曲線（利子率決定の理論を説明する）をあわせることにより，マクロ経済理論の中核を成す IS-LM 体系が構築される．

4.1　総需要に対する利子率の効果

　いまや，利子率が GDP の水準にどのように影響を与えるのかを検討する準備ができた．中央銀行が利子率を操作すると仮定しよう．利子率の引き下げは GDP に影響するであろうか．最初にこの影響を図式的にとらえ，それから数学的にとらえる（言うまでもなく，利子率上昇がどのように作用するかを容易に問うことができるであろうし，そうすることが読者にとってよりよい訓練となる）．

4.1.1　IS 曲線の視覚化

　利子率の引き下げは，投資支出を増加させる．投資支出の主要な構成要素の 1 つである住宅固定資本投資がより低い利子率に反応するということにはほとんど議論の余地はない．家計が住宅ローンの利子率が下がるのを知るとき，住

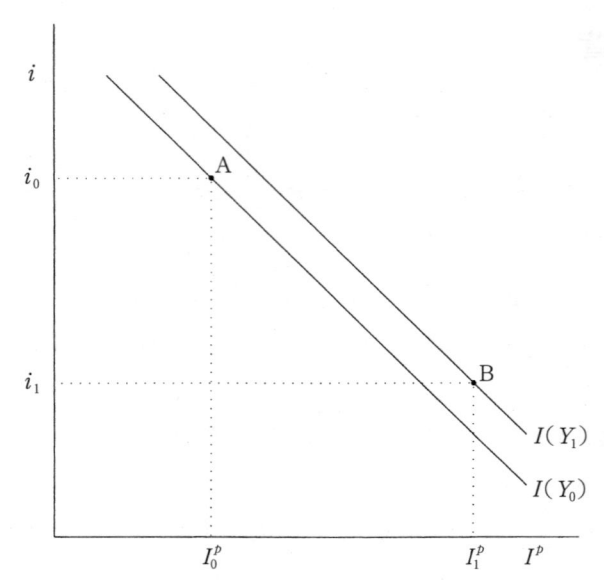

図 4.1 投資関数は，利子率が低下したときに計画投資が増加することを示している．このことは，投資需要を左右する能力を中央銀行に与える．ここで，利子率低下は，投資計画を右方へシフトさせる GDP の拡大を引き起こした．なぜなら，$I = I(Y, i)$ であり，支出効果が拡大したからである．

宅の新築あるいは増築計画をはじめやすくなる．企業の固定資本投資が利子率に大きく反応するか，あるいは完全に反応するかどうかについては議論がある．

i_0 から i_1 への利子率の低下について考えてみよう．図 4.1 は利子率を縦軸に，投資を横軸にとって，投資関数，すなわち (3.9) 式を示している．投資関数の位置は，所得水準に依存する．GDP が変化せず利子率が下がるならば，投資は $I(Y_0)$ で示される曲線に沿って増加するであろう．しかし，後にみられるように，この投資の増加は，所得水準を引き上げる乗数効果を生み出し，投資関数を $I(Y_1)$ で示される位置にシフトさせる．

利子率低下がどのようにして乗数効果を生み出すのかを視覚化するために，図 4.2 は利子率の低下によって引き起こされる投資の増加が，ケインジアン・クロス図にどう影響を与えるのかを示している．所得に関係しない投資支出部

第 4 章　IS 曲線

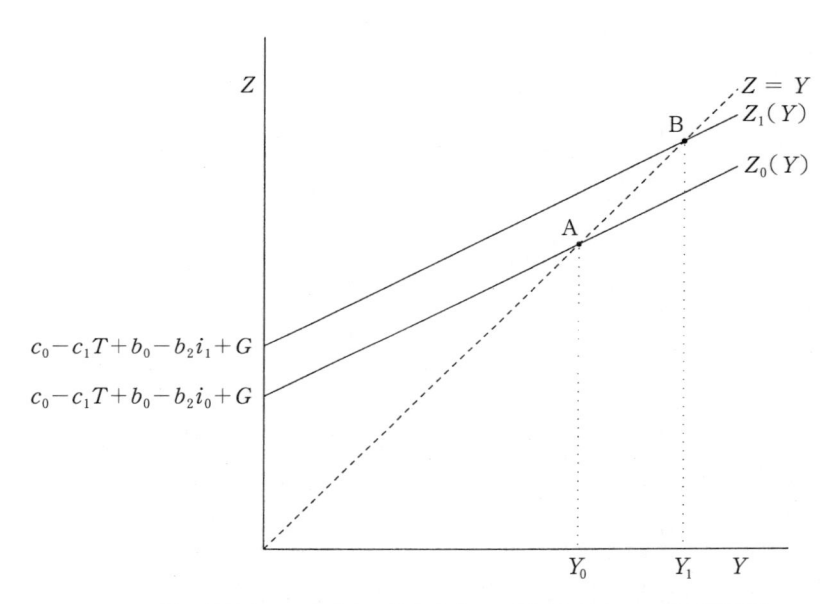

図 4.2　より低い利子率は，利子率の投資支出への効果を通じて，総需要関数の上方へのシフトを引き起こす．投資支出の増加は，経済に対して乗数効果をもつ．

分，すなわち $b_0 - b_2 i$ を増加させる利子率の引き下げは，総需要関数を上方へシフトさせ，GDP の拡大を促進する．投資は，限界投資性向を通じて GDP の水準にも依存しているために，投資水準は，所得から投資へのフィードバックの結果として，乗数過程の間にさらに増加するであろう．今や，図 4.1 に示される投資関数がなぜ外側にシフトするのかが理解できる．

図 4.3 は，こうした情報をすべて集めて，(Y, i) 空間における元の均衡と新しい均衡を表わしている．利子率の低下は生産物市場における均衡 GDP の水準の上昇に関連しているということをみてとることができる．生産物市場の均衡は，計画投資が国民貯蓄と等しくなることを必要としているので，生産物市場の均衡を満たす点の集合は **IS 曲線**と呼ばれている．

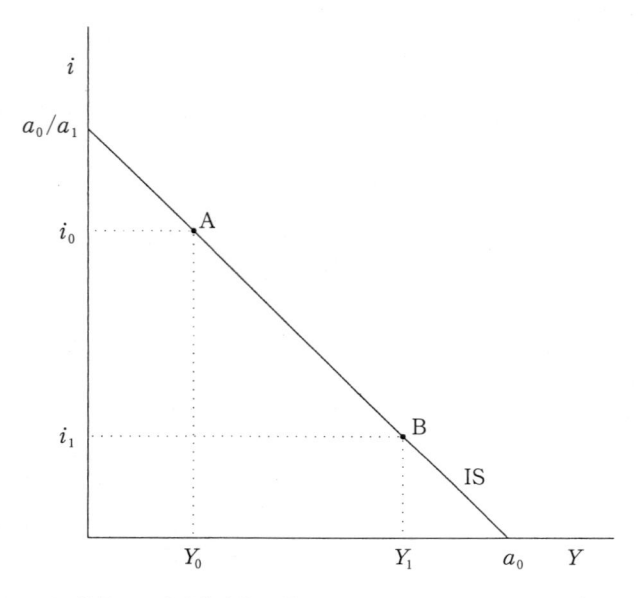

図 4.3 IS 曲線は，生産物市場が均衡するためのすべての GDP 水準を示している．IS 曲線は，下方に傾斜する．なぜなら，より低い利子率は，より多くの投資とより多くの総需要，それゆえより多くの産出と関係するからである．図 4.1〜4.3 の A 点と B 点は，互いに対応している．これら 3 つの図を注意深く検討しよう．

4.1.2　IS 曲線の導出

すでにみてきたように，消費関数と投資関数は次のように描かれる．

$$C = c_0 + c_1(Y-T)$$

$$I = b_0 + b_1 Y - b_2 i$$

これらの方程式において，c_1 や b_2 のような項のことを**構造パラメーター**と呼ぶ．

これらの方程式を，$Z = C + I + G$ に代入し，均衡条件 $Z = Y$ を使い IS 曲線を導出すると次のようになる．

第 4 章　IS 曲線

$$Y = \frac{1}{1-c_1-b_1}(c_0-c_1T+b_0+G) - \frac{b_2}{1-c_1-b_1}i$$

いくつかの手ごろな**統合パラメーター**を次のように定義することにより，表記上の複雑さを除去する助けとなる[1]．

$$a_0 = \frac{1}{1-c_1-b_1}(c_0-c_1T+b_0+G) = \gamma(c_0-c_1T+b_0+G)$$

$$a_1 = \frac{b_2}{1-c_1-b_1} = \gamma b_2$$

いまや IS 曲線は，その単純な線型構造を強調するために，簡潔に次式のように書くことができる．

$$Y = a_0 - a_1 i \tag{4.1}$$

このような形で描かれたとしても，IS 曲線は，依然として利子率の変化が投資支出の変化を引き起こし，次いでこの後者の変化が総需要と総産出量の変化を引き起こす，という理論に基づくその因果的構造に変わりはない．読者はこの因果的構造を必ず理解しなければならない．なぜなら，それは IS 曲線がなぜ一般に下向きに傾斜するのかを説明するからである[2]．

i を縦軸にとって IS 曲線をグラフ化しているので，i を従属関数として IS 曲線を再整理することも有用であろう．

$$i = \frac{c_0-c_1T+b_0+G}{b_2} - \frac{1-c_1-b_1}{b_2}Y \tag{4.2}$$

この形の IS 曲線は，IS 曲線の特性を熟知するのに適したものである．図 4.3 において，IS 曲線の縦軸の切片は統合パラメーターを用いると a_0/a_1 であるのに対して，横軸の切片は a_0 となることに注意しよう．

4.2 IS 曲線の特性

IS 曲線の傾きと切片に対する構造パラメーターの変化の効果をよく知ることは重要である．そうするために，(4.2)式に立ち戻り，構造パラメーターの変化が IS 曲線の傾きと切片にどのように影響するのかをみていこう．

4.2.1 財政政策

政府支出の増加と減税はともに，曲線の傾きを変えることなしに，IS 曲線の縦軸と横軸の切片を外側へシフトさせる．言い換えれば，財政政策は IS 曲線の平行移動を引き起こすのである．IS 曲線を用いた財政政策のあらゆる比較均衡分析は，IS 曲線を外側へシフトさせる（財政拡大による）か，あるいは内側へシフトさせる（財政縮小による）ことから始まるだろう．

こうした分析は，利子率が一定であると仮定して例証される（図 4.4）．政府支出の増加は，IS 曲線を右側にシフトさせる．均衡 GDP 水準は Y_0 から Y_1 へ増加する．われわれは，まさに GDP がどれくらい増加するのかを明確にすることができる．利子率が一定であるため，利子率に誘発される投資の変化は起こらない．したがって，前章で展開されたケインジアン・クロス・モデルを用いてこのケースを分析することができる．GDP の増加は，まさに政府支出の増加の乗数効果[3]，すなわち $\Delta Y = Y_1 - Y_0 = \gamma \Delta G$ である．このことは，後の諸章において IS-LM モデルを研究する際に有用であろう．

4.2.2 IS 曲線の傾き

IS 曲線の傾きの変化の経済的意味をより深く理解することは，因果関係を指し示す矢印を使って表わされる IS 曲線の基本的な因果的構造を考察する助けとなる．

$$\Delta i \Rightarrow \Delta I \Rightarrow \Delta Z \Rightarrow \Delta Y$$

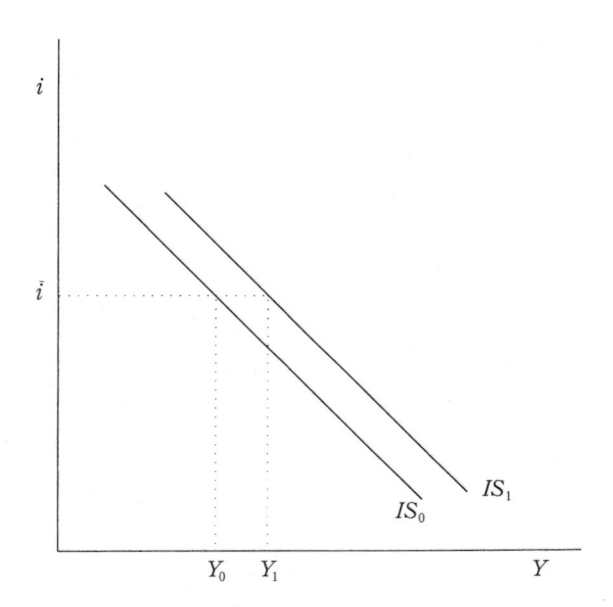

図 4.4 政府支出の増加は IS 曲線を右方にシフトさせる．ここで示された一定の利子率に対して，シフトは，支出増加の乗数効果，あるいは $Y_1 - Y_0 = \gamma \Delta G$ とちょうど等しくなる．

たとえば，利子率低下は投資の増加を引き起こし，その大きさは投資の利子感応性 b_2 に依存する．次いで投資の増加は総需要曲線の上方へのシフトを引き起こす．それは均衡 GDP に対して乗数効果をもち，その大きさは乗数に依存する．こうして，一定の（利子）率低下は，投資の利子感応性が大きくなればなるほど，そして，あるいは，乗数が大きくなればなるほど，GDP のより大きな増加を最終的に引き起こす．直線の傾きの定義を用いれば，一定の利子率低下に対する GDP のより大きな増加は，IS 曲線のよりゆるやかな傾き（$\Delta i / \Delta Y$）を意味している．

消費性向もしくは投資性向

限界消費性向あるいは限界投資性向の増加は，いずれも乗数を増加させるだ

```
        i
        │                    IS
        │                    │
        │                    │
        │                    │
        │                    │
        │                    │
        │                    │
        └────────────────────┴─────────── Y
              γ(c_0 − c_1 T + b_0 + G)
```

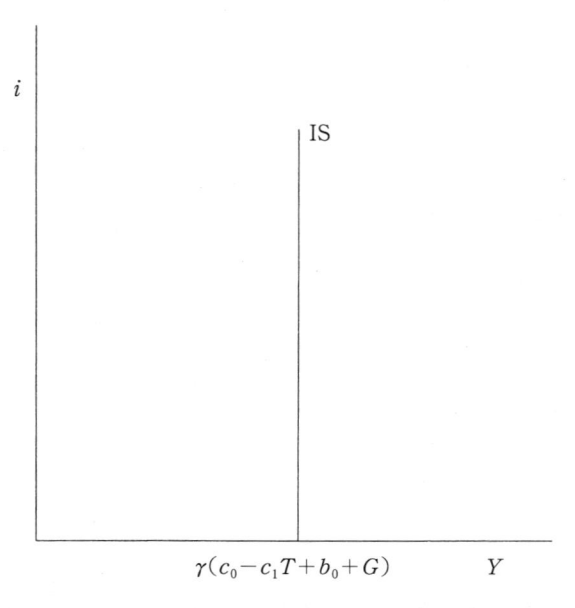

図 4.5 投資が利子率に対してまったく非感応的であるとき，IS 曲線は垂直になる．

ろう．それは IS 曲線の傾きを低下させる．このことは，ごくあたりまえのことである．投資の利子感応性が同じである 2 つの経済を比較してみよう．同じ利子率低下は，それぞれの経済において，同じ大きさだけ投資支出を増加させ，総需要関数を同じ大きさだけ引き上げる．だが，消費（あるいは投資）性向がより大きな経済の場合，初期の刺激がより大きな消費支出（あるいは投資支出）を誘発するために，一層活発な乗数過程がみられるだろう．その経済はそれだけ大きく拡大するだろう．また，この経済の IS 曲線はよりゆるやかな傾きをもつ．

投資の利子感応性

　投資の利子感応性の変化も同様に IS 曲線の傾きに影響を与える．同じ乗数

をもつ2つの経済を考えてみよう．一定の利子率低下は，より大きな投資の利子感応性をもつ経済において，投資支出のより大きな初期増加と総需要関数の上方へのシフトをひき起こす．したがって，その経済は均衡産出量のより大きな拡大を経験するだろう．それは IS 曲線のよりゆるやかな傾きに現れている．

図 4.5 で例証されている特殊なケースが存在するが，これはとりわけ重要である．投資支出が利子率に対してまったく非感応的である時，すなわち $b_2 = 0$ の時，IS 曲線は垂直になる．このことをもっともよく理解するには，(4.1) 式において $b_2 = 0$ とすることである．これは次式のように変形される．

$$Y = a_0 = \gamma(c_0 - c_1 T + b_0 + G)$$

この場合，利子率が総需要に影響することは決してない．なぜなら，利子感応的であるような種類の支出が存在しないからである．経済学者のなかには，これが現実経済に当てはまると考えている人もいる．もし，それが正しいならば，単純なケインジアン・クロス・モデルは現実を表わす特に有用なモデルとなる．しかし，一部の支出，特に住宅投資（住宅建設）な利子感応的であると考える十分な根拠がある．

IS モデルは，利子率が総需要にどう影響与えるかに関する理論を提供するが，利子率それ自体がどのように決定されるのかに関する理論を与えるものではない．そこで，われわれは貨幣や債権のような金融資産市場に目を向けることにする．

☞ 第4章の問題

1. 投資方程式が $I^p = 50 + 0.2Y - 2000i$ という形をとるとする．$i = 0.05$（年）（年率 5 %），Y=1000 ドル（年）のときの，計画された投資支出を計算しなさい．同様に，$i = 0.05$（年）（年率 5 %）で Y=700 ドル（年）の場合についても計算しなさい．さらに，$i = 0.08$（年）（年率 8 %）で Y=700 ドル（年）の場合についても計算しなさい．

2．消費関数を $C = 120 + 0.6(Y - T)$ とし，ここで $T =$ 年 200 ドル，$G =$ 年間 250 ドルであるとする．また投資方程式は先の問題で与えられたものであるとする．IS 曲線を導出しなさい．

3．利子率が 0.08（年）で産出量水準が年 1000 ドルの時，生産物市場で均衡が達成できないのは，企業はあまりに多くの産出量を生産したためなのか，それともあまりに小さな産出量を生産したためなのかを，前の問題の IS 曲線を用いて決定しなさい．企業が経験する在庫の変動と彼らの供給反応を述べなさい．

4．政府支出が年 300 ドルまで増加する．このことは，問題 2．の IS 曲線にどのように影響するか．$i = 0.05$（年）のときの Y の変化を計算しなさい．

5．問題 1．の投資方程式をグラフで表わしなさい．問題 1．の投資方程式上の諸点が問題 2．の IS 曲線上でどこに位置するかを決定しなさい．図 4.1 を参照しなさい．

6．IS 曲線の傾きを急にするパラメーターの変化を列挙し，経済学的な理論的根拠を説明しなさい．

注
1）本書全体を通じて，統合パラメーターが形成される．もし，これらの定義を調べる必要があるならば，索引のなかにみつけることができる．
2）IS 曲線が右上がりになることは，技術的に可能である．しかし，われわれはパラメーターがこのことを妨げる範囲にあると仮定する．IS 曲線は，もし限界投資性向が限界貯蓄性向を超えるならば，上向きに傾斜する．
3）乗数はケインジアン・クロス・モデルの完全版で限界消費性向と限界投資性向に依存しているということを忘れてはならない．

第 5 章

LM 曲線

訳．丸山　航也

　本書のこの点までは，所得と支出の**フロー**が問題とされてきた．フローは年当りドルのような単位で測定される．利子率は，ドルのような無時間の単位で測定される**ストック**である金融資産の市場で決定される．たとえば，私が今年末に所有している不動産の価値はストックである．2つの資産，すなわち貨幣と債券だけが利用可能な経済を考察することによって，現実はかなり単純化される．

5.1 貨幣と債券

　まず，貨幣と債券について述べ，それから家計が貨幣と債券の間でその富を配分する際に決定するポートフォリオの選択について説明する．

5.1.1 貨幣

　貨幣は，流動性とゼロ利子を際立った特徴とする金融資産である．流動性は，あらゆる型の取引決済をする際に，支払手段として貨幣が広く受容されることを示している．貨幣は，その所有者に，利子なしという犠牲を払って流動性の利点を提供する．なぜなら，それと同じ富が，利子を得る債券という形で保有できるだろうからである．したがって，利子率は貨幣保有の機会費用を表わしている．現実経済においては，証券総合口座のような，なんらかの利子が得られるが，同時に高い流動性をもつ多くの金融資産がある．とはいえ，より大きな流動性に対しては常に利子の損失が存在する．われわれのモデルでは，貨幣

は通貨の形をとる．

5.1.2 債券

　債券は，企業あるいは政府が民間部門から借り入れる時に生じる金融手段である．企業あるいは政府は，債券の所有者に，毎年この貸金の利子を支払うのに足りる一定量の貨幣（クーポンと呼ばれる）と，それに加えて債券が満期を迎えるとき元本の一回の返済分を支払うことに同意する．現実経済では，金融資産の範囲は，企業の所有権を与える株式から，さまざまな満期や危険性をもつ債券にまでわたっており非常に大きなものである．これらの資産は，幅広い収益あるいは利回りを提供している．同じ性質をもつ債券の満期が長くなるにつれて，利回りも高くなる傾向がある．**利回り曲線**と呼ばれるこのパターンは，金融市場で綿密に注視されている．なぜなら，それは将来利子率の期待に依存すると考えられているからである．激しい論争を招きそうな金融界を，単一の収益率，利子率をもつ便宜上，債券と呼ばれる一万能資産へと集約することによって，かなり単純化する．利回り曲線からの抽象化は現実主義をいくらか犠牲にして，モデルを操作可能にする．

　われわれのモデルでは，債券は非流動的である．なぜなら，取引を決済するために，行為者は，まず債券市場において貨幣と引き換えに彼らの債券を売却しなければならないからである．債券市場は，新規貸付市場あるいは新規発行債券市場と混同されるべきでない．債券市場は，まだ満期に達していない債券が売買される中古市場である．債券の所有者は，貨幣を借り入れる企業あるいは政府によって債券が発行された時にその債券を購入した人物ではないかもしれない．利子率は債券市場で決定される．

　このことがどのように作用するのか理解するために，1年満期の債券について考えてみよう．この債券の所有者は，1年後に利子の支払に相当する固定クーポンと元本の初期返済を受け取る．したがって，t年時の債券は，1年後に既知の額，あるいは $P^B_{t+1} = \bar{P}$ の価値に相当するだろう．名目利子率は，現行価

格 P_t^B で債券を購入するために前払いされる資金の利回りとして定義され次式で示される．

$$i = \frac{\bar{P} - P_t^B}{P_t^B}$$

この方程式を再整理してみよう．すると，債券価格と利子率との関係がはっきりと浮かび上がってくる．

$$P_t^B = \frac{\bar{P}}{1+i}$$

　これらの式から，債券価格と利子率が逆相関の関係にあることが明確になるはずである[1]．より低い債券価格は，その債券の購入による総収益 $\bar{P} - P_t^B$ がより大きくなることを意味し，またしたがって，債券価格の一比率として表わされる収益である利子率も，定義によって同様に，より大きくならなければならない．新聞の金融記事は，慣例的に債券価格（たとえば，「昨日債券価格が下落した」）と利子率（たとえば，「昨日利回りが上昇した」）をかわるがわる取り上げている．なぜなら，これらは同一の金融事象を説明する同じ2つの方法だからである．債券価格と利子率との間の逆相関関係は，あらゆる満期やあらゆるリスクの水準に対して一般化される．

　この基本的な金融上の事実を利用すれば，貨幣市場と債券市場がどのように相互作用するかを視覚化することができる．たとえば，もし人々が彼らの債券を流動化（売却）しようとするならば，突然の供給増加は債券価格を押し下げ，利子率を引き上げるだろう．

5.1.3　ポートフォリオ選択

　現実経済においては，ポートフォリオ選択という考え方は，金融商品のテレビコマーシャルの主題となるほどによく知られるようになった．ポートフォリオ選択の好例は，アメリカ教職員保険年金協会（TIAA-CREF）の退職基金を，さまざまな金融手段の間でどう配分するかを選択する大学教授にみられる．わ

れわれの単純化された経済界では，金融資産は貨幣と債券から成る．われわれのモデルは短期モデルであり，厳密に言えば，ここで研究されている期間は，富の量を一定であると問題なくみなすことができるほど短いということを意味している．典型的（あるいは代表的）な家計は，彼らの富を貨幣と債券との間に配分することを選択する．代表的な家計の富の総量は決して変化しないが，その構成は変化を受けやすいと考えることは重要である．個別家計は，たとえば債券から貨幣にシフトすることによって，彼らのポートフォリオを再配分する選択を行うことができる（これは，人々が彼らの債券を流動化するときに起こることである）．

　しかしながら，貨幣の量と債券の量は，総水準で固定されている．貨幣量は中央銀行によって決定される．債券量は過去から受け継いだ債券を表わしている．したがって，ある行為者が自らの債券を売ることができるのは，他の行為者が自分のポートフォリオにそれらの債券を受け入れようとしている場合だけである．だが，すべての行為者は同一であると仮定されており，この非対称性は除外される．もし，ある行為者が合理的に行動し，債券を売却するならば，他のすべての行為者も同じように行動しようとするだろう．どのようにしてこのジレンマを解決するのか．

　その答えは以下のようになる．すなわち，（この例が続くとして）債券を売ろうとしている人々は，貨幣を獲得しようとしているので，貨幣と債券の総供給 $M+B$ は，貨幣と債券の総需要 M^d+B^d に等しくならなければならない，ということである．貨幣と債券の需要は，望ましいポートフォリオの配分を表わしている．したがって，次のように書くことができる．

$$M+B = M^d+B^d$$

次いで，この恒等式を再整理すると次式が得られる．

$$(M^d-M)+(B^d-B) = 0$$

この式は，貨幣の超過需要プラス債券の超過需要は合計ゼロにならなければならないことを示している．人々が彼らの富を債券から貨幣へとシフトしようとしているとき，彼らは彼らのポートフォリオにより多くの貨幣を望み，したがって彼らは貨幣の超過需要をもつことになる．もし貨幣の超過需要が存在するならば，それに等しい逆の債券の超過需要（すなわち，超過供給）が存在していなければならない．同様に，貨幣の超過供給は債券の超過需要を意味する．

貨幣の超過需要がゼロになるとき，人々は彼らが望ましい富の配分を達成したので，債券の超過需要もまたゼロになるだろう．このことを説明するもうひとつのやり方は，貨幣市場が清算される（すなわち，需要量と供給量が等しくなる）とき，債券市場もまた清算されるだろう，ということである．これは，n 市場の閉鎖需要体系において，$n-1$ の市場が清算されるとき，n 番目の市場もまた均衡を達成する，ということを述べる**ワルラスの法則**の（ささやかではあるが）一例である（ここでは，$n=2$ である）．ワルラスの法則は，2つの資産の一方にまったく注意を払わずに資産市場を分析させてくれる．したがって，貨幣市場に焦点を当てることを選択して，債券市場の出来事を暗黙的なものとしておく方が便利である．

たとえば，貨幣の超過需要が存在することに気づくと仮定しよう．このことは，債券の超過供給を意味することがわかる．人々はみな自らの債券を流動化しようとする．これは，債券価格に下方への圧力をかけ，また，利子率に上方への圧力をかけるだろう．なぜなら，利子率は債券価格とは常に逆方向へ動くからである．利子率の変化は均衡化の潜在的な源泉である．

5.2 貨幣需要

日常言語において，貨幣という言葉は大雑把に使われている．マクロ経済学理論においては，貨幣は精確な意味をもっている．貨幣はもっとも流動的な金融資産の量で，ある特定の期日（たとえば今年）にドルで測定されたストック

である．これは年あたりドルで測定されたフローである所得と決して混同してはならない．日常言語で，たとえしばしば「ビル・ゲイツは多くのお金をもうけている」と言われるにしても，実際上，「彼は大きな所得を得ている」と言うべきである．同様に，「ビル・ゲイツは，彼が金持ちであるという事実を伝える多くの貨幣をもっている」とも言えるだろう．彼の所得の大部分は，貨幣，株式，債券およびその他の資産からなる彼の実質的な富に対する利子や配当の形で入ってくる．

　代表的な家計は単純な資産配分問題に直面する．家計の富が固定されているとすれば，家計のポートフォリオのなかの貨幣量を増加させるいかなる決定も，債券を減少させる（流動化する）という決定を意味するに違いない．既存の貨幣需要理論はすべて，ポートフォリオの決定が，2つの変数，すなわち所得と利子率に依存すると結論する．

　所得は貨幣需要に影響を与える．なぜなら，支出を支えるために貨幣が必要とされるからである．これは**取引動機**と呼ばれる．貨幣需要のこの部分は貨幣の取引需要と呼ばれる．もし，所得が増加していくならば，消費財へより多くのものが支出され，したがって，現金あるいは当座預金残高の形で利用可能な流動性を保有する必要があるだろう．

　利子率は貨幣需要に影響を与える．なぜなら，貨幣の形で保有されるどのような富も，利子を得ることができないからである．利子率は流動的な形で富を保有することに対する機会費用，あるいはペナルティーである．利子率は流動性の費用であるので，利子率が上昇するにつれて，最適なポートフォリオにより少ない貨幣とより多くの債券が望まれる．これは貨幣保有の**資産動機**，あるいは**投機的動機**であり，貨幣需要のこの部分は投機的需要と呼ばれる（投機的という独特の用語がなぜ使われるのかは後ほど説明する）．

　一般に，貨幣需要は $M^d = PL(Y, i)$ という関数として書かれる．ここで，PY は名目所得を表わしている．L という記号は，この関数が流動性に対する需要を示しているという事実に由来しており，資産市場へのこのアプローチは

流動性選好理論と呼ばれる．貨幣需要のもっとも単純な線型形は次式で示される．

$$M^d = P(d_1 Y - d_2 i)$$

物価水準は，経済理論にしたがって括弧の外側に出る．もし，（たとえば）物価が2倍になるならば，貨幣需要もまた2倍になるはずである．d_1 と d_2 という2つのパラメーターは，貨幣需要の**所得感応性**と**利子感応性**と呼ばれるだろう．経済理論によれば，これらの値は家計の基本的選好と，企業組織や金融システムの制度的内容に依存する．

実質タームでの貨幣需要は，**実質残高**需要とも呼ばれる．線形の貨幣需要の項を単純に再構成すると，次式のように書かれる．

$$\frac{M^d}{P} = d_1 Y - d_2 i \qquad (5.1)$$

実質残高に対する需給を取り扱うことがはるかに容易になることがわかる．

経済主体が貨幣需要を選択するとき，同時に彼らは貨幣速度も選択している．たとえば，(5.1)式の場合，貨幣速度は $V = PY/M = Y/(d_1 Y - d_2 i)$ によって定義されるであろう．一般に，貨幣速度は実質所得と利子率の関数，すなわち $V = V(Y, i)$ である．この事実は，後の章において貨幣数量説を理解する手助けとなる．

貨幣需要に関する（少なくとも）二種類の有力な理論があり，それらは強調される貨幣保有動機によって区別される．**在庫理論的**アプローチ (Baumol, 1952 ; Tobin, 1956) は，貨幣保有の取引動機を強調する．この理論の基本的な考え方は，放棄される利子によって測定される貨幣保有の費用と，非貨幣的な（利子を生み出す）形での富の蓄積が取引費用を負わせるために生じる利益とをつりあわせる，ということである．もし，利子率が上昇するならば，利子を生み出す形により多くの富を向けることが価値あるものになる．たとえ，それによって貯蓄銀行や財務管理者へより足繁く通うような，高い取引費用を負うことに

なったとしても，である．貨幣需要の**ポートフォリオ理論**（Tobin, 1958）は，貨幣保有の投機的動機，あるいは資産動機に注目する．貨幣は，きわめてリスクが低いものではあるが，収益がゼロである富の蓄積であると考えることができる．危険回避的な投資家は，自分のポートフォリオにおけるより危険の大きな資産を分散化させるために，あるいはそうした資産と釣り合いを取るために，彼の富の一部をこのような安全な資産に向けようとするだろう．これらの理論はいずれも，実質貨幣残高需要が所得と正の相関関係にあり，利子率と負の相関関係にあるということを予測している．

5.3 貨幣供給

貨幣供給 M は，民間部門によって保有される流動資産の量を示している．中央銀行が貨幣供給を管理すると仮定される．したがって，貨幣供給の変化は金融政策の主要な手段である．

実際，アメリカやその他の豊かな国々の中央銀行は，公開市場操作——政府債券を売買すること——を通じて貨幣供給を操作している．中央銀行が債券を購入するとき，中央銀行は新しい債務を発行することにより，売却者（通常，巨大マネー・センター・バンク）に支払いをする．貨幣供給（現金と要求払い預金）は中央銀行の負債である．したがって，公開市場買い操作は，民間部門のポートフォリオのなかの債券を貨幣と交換することにより，貨幣供給を増加させるのである．公開市場売り操作は，民間部門のポートフォリオのなかの貨幣を債券と交換することにより，貨幣供給を減少させる．実際には，中央銀行はコンピュータの若干のキー操作により，貨幣を「印刷する」権力をもっている．

しかしながら，ここで構築されている理論的なモデルにおいて，銀行は何の役割も演じていない[2]．貨幣供給はすべて通貨から成っている．公開市場買い操作は，新しい通貨を発行し一対一を基準に貨幣供給を増加させる中央銀行によって達成され，公開市場売り操作は貨幣供給を減少させる．このようにして，中

央銀行は名目タームでの貨幣供給 M を統制することができる.

しかしながら，実質残高供給，すなわち M/P は，2つの変動要因をもっている．第1に，金融政策は，公開市場操作を通じて名目貨幣供給 M を変えることができる．第2に，物価水準 P の変化は，既存の貨幣量の購買力に対して効果をもつ．一般的な物価上昇は，貨幣供給の購買力を減少させ，実質貨幣供給の低下を引き起こすことになる．反対に，物価の低下は実質貨幣供給を増加させる．これらの変動要因は，物価が一定であるという仮定を緩めるとき，重要になる．

二種類の金融政策が考察される．中央銀行が貨幣供給を決めるとき，中央銀行は，一定の貨幣供給に経済を適合させる本質的に受動的な金融政策を採用する．これは，LM 曲線を導出し使用するときに用いられる主要な仮定となるだろう．インフレーションが研究されるとき，この仮定は修正されて，中央銀行が貨幣供給の一定の成長率を決めることになるだろう．いずれの場合でも，中央銀行は貨幣供給を目標とする．中央銀行が貨幣供給を目標にしていると主張したとき，ちょっとしたエピソードがあったけれども，この仮定はさほど現実的ではない．この仮定の主要な利点は，それによって経済に対する金融政策の効果が分離されることにある．

中央銀行が経済条件，特に失業とインフレーションに対応して貨幣供給を変える場合，中央銀行は積極的な金融政策を採用している．アメリカの中央銀行の行動を研究する計量経済学者（統計分析に特化している経済学者）は，**連邦準備制度反応関数**によってそれを説明している．現代の中央銀行の多くが，ある種の目標インフレ率を採用してきた．インフレ率が目標率を上回るとき，経済を減速させるために，中央銀行は，貨幣供給を減少させることによって利子率を引き上げる．インフレ目標設定やその他の反応関数は，貨幣量目標設定よりも現実的である．インフレーションについて十分な理解を得たときにのみ，モデルはこうしたものにまで拡張されるだろう．

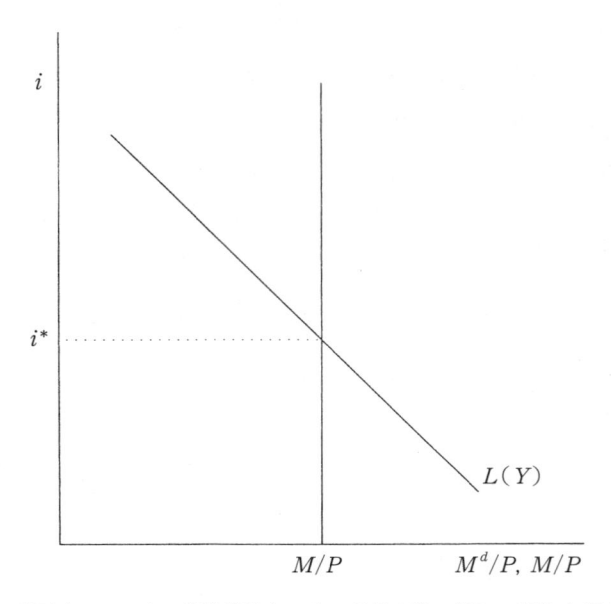

図 5.1 利子率は，一定の貨幣供給と一定の所得水準に対して貨幣市場を清算する．より高い利子率では，人々はより多くの富を債券へ替えようとするので，超過貨幣供給が存在するだろう．このことは，債券価格を押し上げ，利子率を押し下げる．より低い利子率では，人々は富を貨幣に替えようとするので，債券価格は引き下げられ，利子率は押し上げられる．

5.4 資産市場の均衡

ワルラスの法則を通じて，債券市場を背後に残しながら貨幣市場を研究することにより，資産市場を理解することができる．図 5.1 は，実質残高需要を利子率の減少関数として示している．利子率の低下は流動性の費用を減少させるとともに，人々がその債券を流動化しようとするにつれて，貨幣の需要曲線に沿った動きを促す．図 5.1 は実質貨幣供給を垂直な線で示している．なぜなら，名目貨幣供給は金融当局によって外生的に選択され，しかも物価水準は一定だからである．[3]

需要曲線の形状は所得水準 Y に依存することに注意しよう．したがって，

示された需要曲線はある特定の GDP 水準に対してのみ当てはまるものである．明らかに，この特定の GDP 水準に対して，貨幣市場を清算する，すなわち貨幣需要と貨幣供給を均等させる 1 つの利子率が存在する．この均衡利子率は，貨幣市場と債券市場の双方の資産市場を清算する．

利子率がこの均衡水準以下に低下するならば，一体何が起こるだろうか．図 5.1 から明らかなことだが，低い利子率は貨幣の超過需要を引き起こす（需要曲線によって与えられる貨幣需要は貨幣供給の右側にある）．これは，債券の超過供給が存在するに違いないことを意味している．人々は，このような低い利子率では実質残高を増やすために債券を流動化しようとする．人々が債券を売却するにつれて，債券価格は下落し利子率は上昇するに違いない．だが，これは，まさしく貨幣の超過需要を取り除くために必要とされる変化なのである．いずれ，利子率は均衡水準にまで上昇するだろう．同様の推論によって，利子率が均衡水準以上で出発するとき，利子率は下落するということをあなたは納得するはずである．たとえ利子率が債券市場において債券価格によって技術的に決定されるとしても，われわれの注意は，ワルラスの法則によって貨幣市場に向けることができる．

前節で述べられた調整過程は，現実経済においては即座に生じる．金融市場は情報を電子的なスピードで動かす．資産市場で均衡を達成するためにかかる時間が，生産物市場で均衡を達成するためにかかる時間（在庫のシグナルに呼応した生産水準の変化を含む）と比較して少ないと考えることは合理的である．あらゆる実践的な目的のために，経済は資産市場の均衡を即時的に達成すると仮定される．

5.5 所得の変動と利子率

図 5.1 で示された資産市場均衡は，そこで仮定された特定の GDP 水準に対して当てはまる．一般に，可能なそれぞれの GDP 水準について，ただひとつ

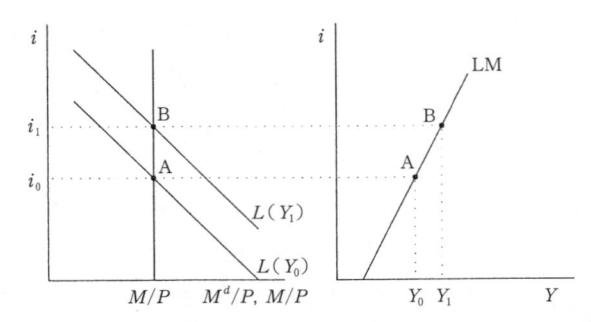

図 5.2 LM 曲線は，可能なそれぞれの所得水準に対して貨幣市場を清算するあらゆる利子率から成っている．所得が増加するにつれ，人々は，取引目的のために，自らのポートフォリオのなかにより多くの貨幣を保有しようとする．貨幣供給が一定であるために，利子率は結果として上昇する．

の均衡利子率が存在するだろう．関連する方程式を導出する前に，まず，この点をグラフで展開しよう．さしあたり，なぜ所得水準が増加したのかは無視しておいて，所得増加が資産市場にどう影響するかを考察しよう．

5.5.1 LM 曲線の視覚化

図 5.2 は，GDP の水準が Y_0 から Y_1 へ増加するとき，均衡利子率に何が起こるのかを示している．所得の増加は，貨幣の需要曲線を外側へシフトさせる．より大きな貨幣の取引需要が存在する．貨幣供給は仮定によって一定にとどまる．需要がより大きくなり，供給は固定されているので，当然均衡利子率（これは流動性の費用である）は上昇するはずである．

所得が最初に増加するとき，貨幣の需要曲線の外側へのシフトは貨幣の超過需要を生み出す．貨幣の超過需要は，債券価格の下落と利子率の上昇を引き起こす債券の超過供給を意味していることをすでにみてきた．均衡化へのプロセスは少しも不可解なことではない．所得の増加は，新しい均衡を達成するまで利子率を上昇させるだろう．

図 5.2 の右側の図において，資産市場が清算される (Y, i) 空間上の点が確認されてきた．各 GDP 水準はそれ自身のただひとつの均衡利子率と結びつい

ているので，そのような点の軌跡が存在するだろう．また，この軌跡は，流動性の需要 (L) と貨幣の供給 (M) が等しいことを意味しているために，**LM 曲線** と呼ばれる．

5.5.2 LM 曲線の導出

LM 曲線を代数的に導出するには，定義によって，それは資産市場が清算される状況を示している，ということを認めさえすればよい．ワルラスの法則によって，次のことが知られている．すなわち，貨幣市場が清算されるとき，すなわち $M^d/P = M/P$ であるとき，債券市場も同様に需給均衡にある，ということである．方程式 (5.1) をこの均衡条件のなかに代入することにより，次のような LM 曲線の方程式が得られる．

$$i = \left(\frac{-M}{d_2}\right)\frac{1}{P} + \left(\frac{d_1}{d_2}\right)Y$$

もう一度，統合パラメーターを次のように定義しよう．

$$a_2 = \frac{1}{d_2} \quad a_3 = \frac{d_1}{d_2}$$

これにより，LM 曲線を簡潔に書いて，その線型形を強調することができる．

$$i = -a_2(M/P) + a_3 Y \tag{5.2}$$

この形は，所得の増加（あるいは減少）が貨幣需要の増加（あるいは減少）を引き起こし，次いで利子率を上昇させるということを示す LM 曲線の背後にある理論に，依然として当てはまる．LM 曲線は，その特性の理解を容易にする切片-傾きという形で描かれてきたことに注意しよう．

変数 M と P を統合パラメーター図式から外す理由は，総需要を物価水準の関数として学ぶときに明らかになる．

5.6 LM 曲線の特性

5.6.1 金融政策

　金融当局が貨幣供給量を決定してきたために，また物価は仮定によって一定であるために，実質貨幣供給 M/P は一定であるという想定の下に LM 曲線が導出された．貨幣供給の増加は，垂直の貨幣供給を右方にシフトさせる．各 GDP 水準は，貨幣供給が増加する前よりも低い均衡利子率と結び付けられるだろう．拡張的な金融政策は LM 曲線を右方にシフトさせる．

　数学的に，貨幣供給の増加は，方程式 (5.2) における LM 曲線の垂直の切片を低下させる．貨幣供給の増加は，LM 曲線を右方にシフトさせるが，これに対して貨幣供給の減少は LM 曲線を左方にシフトさせる．われわれの線型モデルでは，こうしたシフトは LM 曲線の傾きを変えない平行シフトである．

　物価水準 P の下落は，まさに名目貨幣供給 M の増加と同じ効果をもつ．いずれの場合にも，実質貨幣供給は増加し，LM 曲線を右方にシフトする．明らかに，物価水準の下落は LM 曲線を左方にシフトさせる．金融政策と物価変動との間のこの顕著な異種同形が，後章で広く利用されるだろう．

5.6.2 LM 曲線の傾き

　LM 曲線の傾きは，貨幣需要の所得感応性と利子感応性に依存する．LM 曲線の背後にある理論の因果的構造は，矢印を使ってうまく表わすことができる．

$$\Delta Y \to \Delta L \to \Delta i$$

経済の拡大は，貨幣需要の増加を引き起こす．この効果の大きさは貨幣需要が所得に対してどれくらい感応的であるかに依存する．貨幣需要の増加は，利子率の上昇を引き起こす．貨幣供給は固定されているので，利子率は，より高い貨幣の取引需要にもかかわらず，人々を納得させて実際にポートフォリオの構成をまったく変えようと思わなくなるほど十分に上昇しなければならない．利

子率がどれくらい上昇するかは，貨幣需要の利子感応性に依存する．

したがって，一定の所得増加は，貨幣の所得感応性が大きくなればなるほど，貨幣需要の利子感応性が低くなればなるほど，それだけ利子率の上昇が大きくなる，という結果をもたらすだろう．LM 曲線の傾きは貨幣需要の所得感応性と正の相関関係にあり，貨幣需要の利子感応性とは逆相関関係にある．

5.6.3 貨幣需要の利子感応性

LM 曲線に関係するもっとも重要な問題は，貨幣需要の利子感応性に関することである．理論的かつ，おそらく実践的な意味をもつ 2 つの特殊なケースが存在する．

第 1 に，貨幣需要が利子率に完全に非感応的である場合，LM 曲線は垂直になるだろう．(5.2) 式に $d_2 = 0$ を代入することによって，このことが理解できる．(5.2) 式は次のように変形される．

$$Y = (1/d_1)\frac{M}{P}$$

この場合，図 5.3 で例証されているように，あらゆる利子率水準においても，貨幣需要と貨幣供給との間の均等をもたらすただ 1 つの GDP の水準が存在する．垂直な貨幣需要曲線の形状は GDP 水準によって決定され，また，それはもっぱらただ 1 つの GDP 水準で垂直な供給曲線と一致するだろう．

第 2 に，貨幣需要が利子に対して無限に弾力的であるとき，図 5.4 に例証されているように，LM 曲線は水平となるだろう．[4] 無限の弾力性はパラメーター d_2 が無限大（∞）に近づくときに生じ，貨幣の需要曲線は水平となる．式は次のような形となる．

$$i = \bar{i}$$

ここで，$\bar{i}$ は需要曲線の水準である．弾力性が無限であった場合，家計はその利子率ではどんな貨幣量をも手放さないことを望んでおり，したがって，すべ

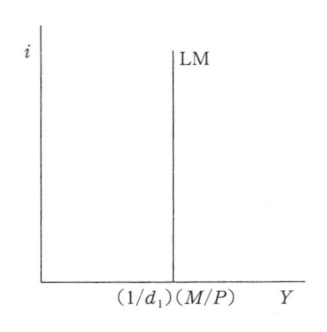

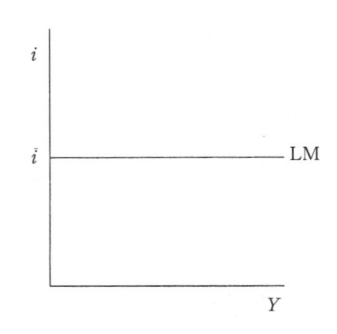

図 5.3 貨幣需要が利子率に対して完全に非感応的であるとき，LM 曲線は垂直になる．貨幣市場の均衡は，ただひとつの独特な GDP 水準でのみ，達成されうる．

図 5.4 貨幣需要が無限の利子感応性に達したとき，LM 曲線は水平になる．この場合，貨幣供給の変化は，LM 曲線の位置に影響を与えない．ケインズはこのケースを流動性のわなと呼んだ．

ての債券を手放そうとするだろう．この場合，資産市場は決して清算されない．なぜなら，債券供給が，すべての価格と利子率で債券需要を超過してしまうからである．

　ケインズはこの事態を，**流動性のわな**と呼んだ．彼の説明は次のとおりであった．すなわち，深刻な景気後退，あるいは不況のときにみられるように，利子率がある極めて低い水準に到達するとき，家計は，利子率がやがて正常な水準に戻るだろうと確信するようになる，ということである．この場合，彼らは利子率リスク――彼らが所有する債券の価格が暴落し，利子率が上昇したときに，彼らがキャピタルロスを経験するという可能性――に心を奪われることになるだろう．ケインズは次のように主張した．すなわち，正常な状況下では，債券価格の将来の経路についての意見は分かれるであろうが，流動性のわなにおいては，金融市場は，債券価格がやがて上昇するという推測で一致するようになる，ということである（このことが，貨幣保有の資産動機が投機的動機とも呼ばれる理由である）．中央銀行が経済を刺激するために利子率を下げようとするとき，人々が既存の債券価格と利子率で債券を貨幣と交換しようとするために，中央銀行は，通常は債券価格を押し上げ利子率を引き下げる公開市場買い

操作がまったく効果をもたないということに気づく．ポートフォリオは，中央銀行が印刷するあらゆる貨幣に対してわなとなり，利子率を下げる手段としての金融政策を無効にする．

これは，かつては理論的にあまりありえないことと考えられてきたけれども，多くの論者が，1990年代における日本の経済は流動性のわなに陥ったと主張してきた．

5.7 誰の視点か

LM曲線は，利子率が利用可能な貨幣供給と所得水準によってどのように決定されるかを明らかにする．ある意味で，LM曲線は世界が貨幣供給を統制する中央銀行をどうみているかを示している．中央銀行は，貨幣供給を増加させるならば利子率は低下し，一方，もし貨幣供給を減少させるならば，利子率は上昇する，ということを知っている．中央銀行はLM曲線の位置を支配し，それを使って経済を操作することができる．本書の大部分において，経済が任意所与の貨幣供給にどう反応するのかを問うことによって，この世界観が採用されるだろう．より技術的な用語で言えば，中央銀行は貨幣供給を目標にすると仮定される．しかし，ある経済学者の崇高な視点からすると，中央銀行の行動はまさに任意の他行為者の行動のようにモデル化することができる．中央銀行は，積極的に貨幣供給を変化させることにより，失業，インフレーションおよびその他の変数の変化に反応する．第11章で，われわれは結局次のことに気づくだろう．すなわち，このもうひとつの視点は，中央銀行が失業やインフレ率の変化に呼応して利子率を政策手段として用いるときに，経済がどのように作用するのかについての有力なモデルを生み出すということである．

☞ 第5章の問題

1. 貨幣需要は $M^d = P(2Y - 8000i)$ である．$i = 0.05$（年）で $Y =$ 年 1000 ドルのとき，実質残高需要を算出しなさい．同様に，$i = 0.08$（年）で $Y =$ 年 1000 ドルのときについても調べなさい．また，$i = 0.08$（年）で $Y =$ 年 1120 ドルのときについても調べなさい．

2. 貨幣供給は 1600 ドルで，物価水準は 1 である．前の問題の貨幣需要を用いて，LM 曲線を導出しなさい．

3. 前の 2 つの問題の LM 曲線を用いて，利子率が 0.08（年）で所得水準が年 1000 ドルのとき，行為者は彼らの貨幣保有について，超過供給と超過需要のどちらを経験するか，判断しなさい．また，債券市場における彼らの反応と，このことが債券価格と利子率に対してもつ影響を説明しなさい．

4. 中央銀行が公開市場操作で債券を 500 ドル売却した．銀行は存在せず，したがって，マネーサプライは通貨のみで成り立っている．問題 2. の LM 曲線を用いて，LM 曲線のシフトを計算し，その方向を綿密に述べなさい．

5. LM 曲線の傾きをより急なものにするパラメーターの変化をすべて列挙し，経済学的な理論的根拠を説明しなさい．

注

1) 債券の現行価格は，その債券の満期日の価格の現在割引価値である，と金融アナリストは言うであろう．

2) 多くの経済学者が銀行の役割を無視するマクロ経済学をあまりに単純化しすぎたものとして考えている．H. ミンスキー（Hyman Minsky, 1982）によって展開されたもうひとつのアプローチは，マクロ経済の不確実性が生み出されるときの不確実性，投資，および信用との間の相互作用を強調している．ミンスキー（1975）は，彼の理論と IS-LM モデルとの間の差異を素描するとともに，IS-LM モデルによってはうまくとらえられないケインズマクロ経済理論の微妙な部分についてすばらしい説明を与えている．

3) 明示的な銀行部門を含むモデルにおいては，貨幣供給は利子率と正の相関関係をもつかもしれない．なぜなら，利子率がより高くなる場合，銀行にとっては法的に要求されない準備金を貸し出すことが魅力的になるからである．このことは貨幣乗数を増大させる．ハイパワード・マネーの供給が一定である場合，貨幣供

給は利子率が上昇するにつれて拡大する．
4）もし貨幣供給が利子率について無限に弾力的で，貨幣の供給曲線を水平にするならば，LM 曲線もまた水平になりうる．これは，中央銀行が実際にマネーサプライを操作すると主張する，**内生的貨幣**理論のひとつである．内生的貨幣は，金融革新が可能な信用制度の施行から生じる．

第 6 章

IS-LM モデル

訳．河口　雄司

　IS 曲線は，生産物市場が均衡している状態を示している．IS 曲線上では，各利子率で生産水準と総需要水準が一致しており，さらに計画された投資水準は国民貯蓄水準に対応している．しかし，IS 曲線は利子率がいかにして決定されるかは説明しない．つまり，資産市場については何も語っていない．LM 曲線は，資産市場（貨幣・債券市場）が清算される状態を示している．LM 曲線上では，各産出量水準は，利用可能なマネーサプライが家計のポートフォリオに受け入れられるようにするただひとつの均衡利子率を生み出している．しかし，LM 曲線は GDP 水準がいかにして決定されるかを説明しない．すなわち，生産物市場については何も語っていない．IS-LM 体系は，生産物市場，貨幣市場および債券市場（ただし，労働市場は除外する）が同時に清算される近似的一般均衡を示すために 2 つの下位体系を結合する．IS-LM 体系によって，モデルの基礎をなすパラメーターを変化させる金融政策，財政政策およびさまざまな衝撃が重要な内生変数の均衡値にいかにして影響を与えるのかについて，経済学者は精確に述べることができるようになった．基本的な IS-LM モデルにおいては IS 曲線を通じて財政政策が作用し，LM 曲線を通じて金融政策が作用するのである．IS-LM 体系は，ヒックス（Hicks, 1937）によって初めて導入されたケインジアン・モデルの精緻化である．

6.1　IS-LM 式

　第 4 章と第 5 章から，IS-LM 体系は 1 組の線形方程式として描けるという

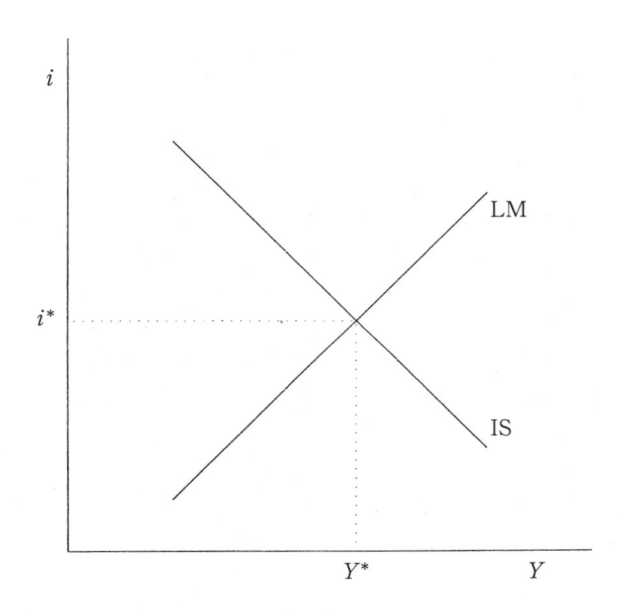

図 6.1 IS 曲線は，生産物市場が清算される状態を表わしている．LM 曲線は，資産市場が清算される状態を表わしている．IS 曲線と LM 曲線の交点は，一般均衡を表わしており，生産物市場，貨幣市場および債券市場が同時に清算される．

ことを学んだ．複雑にしないために先に導入した統合パラメーターを用いると，これらは次式のようになる．

$$Y = a_0 - a_1 i$$
$$i = -a_2(M/P) + a_3 Y$$

これらの方程式は，IS-LM モデルの**構造方程式**と呼ばれる．構造方程式は，独立変数 $Y \cdot i$ を相互の関数として示していることに注意しよう．それらは，均衡解をみつけるために同時に解かなければならない．均衡解は代入法を用いるか，あるいは付録に示されているようなクラーメルの法則を用いることで求めることができる．その解は，**誘導形方程式**の形をとる．つまり，次式になる．

$$Y^* = \frac{a_0}{1+a_1a_3} + \frac{a_1a_2}{1+a_1a_3}(M/P) \qquad (6.1)$$

$$i^* = \frac{a_0a_3}{1+a_1a_3} - \frac{a_2}{1+a_1a_3}(M/P) \qquad (6.2)$$

　誘導形方程式は，外生変数とパラメーターの関数として内生変数を示している．アステリスク（*）は，変数の均衡値を表わしている．統合パラメーターを使うことで複雑化は避けられるが，基礎をなすパラメーターがこれらの解にどう影響を与えるのかということに関して直接的な理解が失われる，ということに注意しよう．統合パラメーターと誘導形方程式に対する重要な外生変数の変化の影響を解明することは，良い勉強になる．

　図 6.1 における IS-LM 均衡を IS 曲線と LM 曲線の交点として視覚的にとらえることができる．

6.2　IS-LM モデルにおける動学

　比較均衡分析を行う前に，IS-LM 均衡は安定的であると確信する必要がある．体系がある任意の GDP 水準から始まるならば，それは均衡 GDP 水準と均衡利子率へ引き寄せられるのだろうか？　IS 曲線上の点は生産物市場の均衡を表わしているのに対して，LM 曲線上の点は資産市場の均衡を表わしていることを思い起こそう．図 6.2 における Y_0 のようなある任意の GDP 水準では，体系は IS 曲線上にあるのか，LM 曲線上にあるのか，それともいずれにもないのであろうか？

　金融市場における調整速度は，瞬時であるとみなされるに十分な速さであると前章において論じた．つまり，もし，貨幣の超過需要が存在するならば，人々はおそらくインターネットを通じて自分たちの金融機関と接触して，債券を売るよう依頼するであろうし，それは遅滞なく行われることだろう．それに対して，もし生産物市場が均衡から外れているならば，不均衡の度合いが経営者に

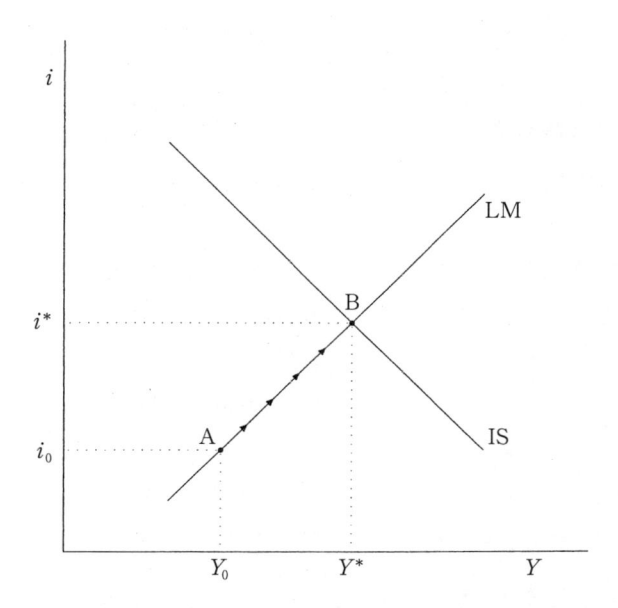

図6.2 資産市場は，生産物市場よりも早く清算されると考えるほうが合理的である．資産市場が瞬時に清算されると仮定すると，経済は常にLM曲線上にあるだろう．ここでは，GDPの初期水準は低い．結果的に生じる低い利子率は投資支出を刺激して，拡大を引き起こしている．つまり，経済はIS曲線の下方に位置することになり，そのため財の超過需要が存在する．経時的に，経済は矢印に従ってLM曲線上を動き，一般均衡に到達する．

認識される時点と経営者が労働者を雇用する，あるいは解雇することにより産出量水準を調整する時点との間には，タイムラグが存在するだろう．そのために，図6.2で示されているように，経済は常にLM曲線上にある，という仮定は合理的なのである．GDPがY_0であるとき，利子率i_0で資産市場は清算される．この利子率では，経済は過少生産であるためにIS均衡を達成することはできない．生産物市場では，企業は予期せぬ在庫の蓄積によってシグナルが送られる超過需要を認識する．

別の言い方をすれば，計画された投資水準は，国民貯蓄水準を超過しているともいえるだろう．したがって投資の超過需要がみられる．企業経営者は，満たされない需要を満たすために生産を増加させることによって在庫の変化から

のシグナルに対応する．このような経路で経済が拡大していくにつれ，産出水準や所得水準は経時的に増加する．ある経済の動きを経時的に説明するモデルは**動学（あるいは動学的）モデル**と呼ばれる．ここでの動学モデルは，数学的にそれを形式化する差し迫った必要性はないので，もっぱら非形式的なままである．

経時的に経済が拡大するにつれ，所得の増加は資産市場にフィードバックし，貨幣需要の増加を引き起こす，そのため需要曲線を外側にシフトさせる．これらの衝撃は，金融市場によって素早く吸収され，金融市場は絶えずどうにか均衡にとどまる．したがって，経済の軌跡（経時的な経済の経路）はLM曲線に沿っており，経済が拡大するにつれ利子率は上昇する．この軌跡は経済をその均衡状態 (Y^*, i^*) へ移行させることになる．生産物市場における超過需要がもはや存在しなくなるまで，利子率は上昇するだろう．したがって，経営者には産出量水準を変化させる動機がない．

均衡水準を越える任意の GDP 水準から始まるこの思考実験を繰り返すならば，軌跡は経済を LM 曲線に沿って下方に向かう，ということがわかるだろう．したがって，均衡は安定的である[1]．IS-LM モデルの主要な応用例である比較均衡分析に支障なく取り組むことができる．

6.3 財政政策

比較均衡の問題では，ひとつのパラメーターを変化させ，新たな均衡と変化前の古い均衡を比較する．この純粋静学分析は，古い均衡から新たな均衡へ向かって体系がとる正確な経路を予測しない．

政府支出の増加という形での財政的な刺激は，IS 曲線を外側にシフトさせる．図 6.3 にみられるように，経済は，新たな均衡 (Y_1, i_1) でより高い所得水準を得るが，より高い利子率も経験する．一般に，政策立案者が逃れたがる厳しい景気後退に経済が陥ったとき，財政的な刺激の目的は，産出量や雇用の水

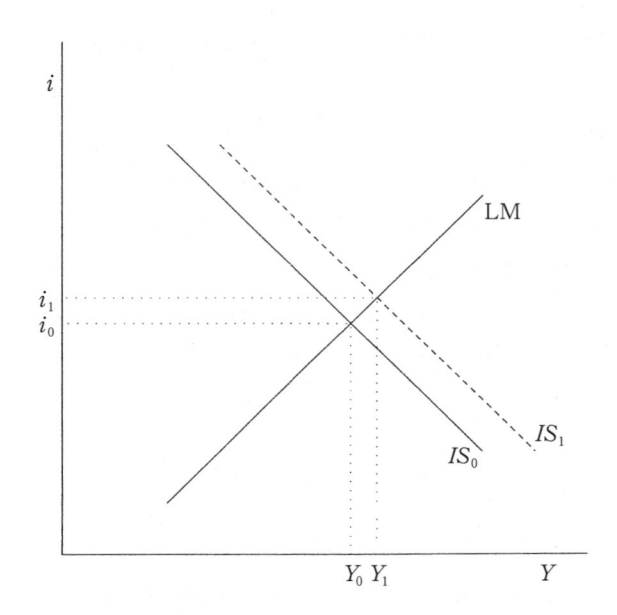

図 6.3 刺激的な財政政策は，IS 曲線を右方にシフトさせる．利子率が上昇するために，GDP の変化は，政府支出増加の完全な乗数効果よりも小さくなるだろう．図に示されている財政政策は，債券によって資金調達される財政赤字である．

準を引き上げることである．この計画はうまくいくのであろうか？

　LM 曲線の傾きがさほど急でない限り，財政的な刺激が GDP の拡大を生み出すことに成功するのは，図 6.3 から明らかである．利子率の上昇は，投資支出を抑制させるであろう．しかしながら，投資支出は限界投資性向を通じて所得水準にも依存しているので，GDP の拡大は投資を促進するだろう．これらの反作用し合う影響力のいずれが優位であるかは，関連するパラメーターの大きさに依存するので，先験的に決定できることではない．

　政府支出の増加が投資支出の低下を引き起こすときには，これは**クラウディング・アウト**と呼ばれる．政府支出の増加が投資支出の上昇を引き起こすときは，**クラウディング・イン**と呼ばれる．IS-LM モデルでは，原理上，クラウディング・アウト，またはクラウディング・インのいずれの可能性がより大き

いかという問題を決定することはできない．クラウドする方向は，LM曲線とIS曲線の傾きに依存する．

均衡予算を出発点とすると仮定した場合，政府はその支出増加の資金をいかにして調達するのか？　政府は，民間に直接販売される債券を発行する，または中央銀行に債券を売る，といういずれかを通じた借入れによって財政赤字の資金を調達することができる．第1章で学んだように，債券が中央銀行に販売されるならば，ハイパワード・マネーの供給が増加し，しかもそれが最終的にマネーサプライそれ自体を増加させるだろう．したがって，政府の**財政制約式**は，

$$G - T = \Delta B + \Delta M$$

になる．ここで，Δは変数の変化分を表わしている．[2] この制約式は，次のことを示している．すなわち，政府は**債券による資金調達**か**貨幣による資金調達**によって赤字を資金調達することができる，ということである．債券によって資金調達される赤字の場合，$\Delta M = 0$になる．一方，貨幣によって資金調達される赤字の場合，$\Delta B = 0$になる．債券によって資金調達される赤字は，純然たる財政政策であり，図6.3におけるようにIS曲線だけをシフトさせる．本節では，この理由から債券によって資金調達される赤字にこだわる．財政・金融政策の組み合わせを論じるときには，貨幣によって資金調達される赤字の問題へ立ち戻るだろう．

6.3.1　財政政策の有効性とLM曲線

政策立案者は，財政政策が産出量，雇用およびその他のマクロ経済の変数の水準に影響を与えるのにどれほど有効であるかを決定することに，既得権を有している．その答えは，LM曲線とIS曲線の基礎をなすパラメーターに依存する．

利子率に対する貨幣需要の感応性が基本的に欠如することによって引き起こ

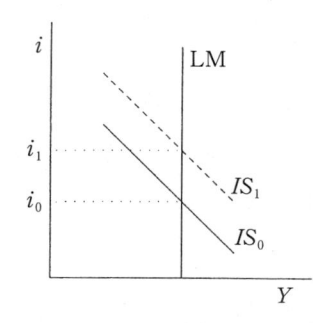

図 6.4 LM 曲線が垂直であるとき，財政政策は GDP に影響を与えない．利子率は，財政的な刺激の全額に相当する投資をクラウド・アウトするに十分な大きさの上昇をみる．

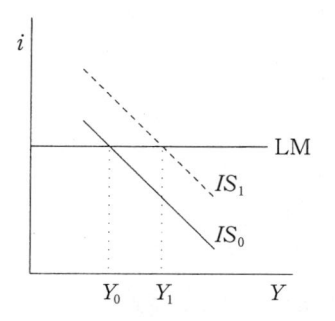

図 6.5 LM 曲線が水平であるとき，財政政策は GDP に対して力強い効果をもつ．利子率は上昇しないので，投資のクラウディング・アウトは起こらないだろう．

される垂直的 LM 曲線という極端な場合には，クラウディング・アウトが生じ，しかもそれは完全なものとなろう．クラウディング・アウトが完全であるとき，投資支出は政府支出と 1 対 1 の割合で減少する．つまり，$\Delta I = -\Delta G$ である．図 6.4 は，クラウディング・アウトが完全であるときの IS-LM 図表を示している．この場合，GDP は増加しないので，投資に影響を与える唯一の要因は利子率の上昇である．所得-支出恒等式である $Y = C + I + G$ を用いることによって，クラウディング・アウトは完全であると推論することができる．所得は変化しなかったので，消費（消費は可処分所得の関数である）は依然一定のままである．C と Y が一定であるとき，G の増加が対応する I の減少を引き起こしたということになる．

1930 年代に，経済学者たちは次のように忠告していた．すなわち，政府支出を通じて得られた仕事は，クラウディング・アウトを通じた投資財産業で失われた仕事と相殺されるので，財政政策を通じて仕事を創出するための政府計画は，失業にうまく対応できそうにない，ということである．

イギリスでは，この悲観的な評価は**大蔵省見解**と呼ばれた．IS-LM モデルにおいて，大蔵省見解は垂直的な LM 曲線を要求する．この場合，政府支出

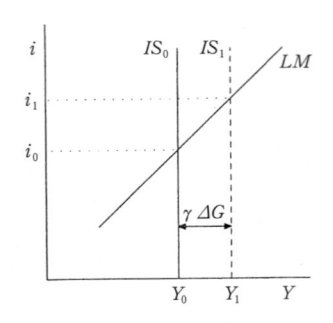

図 6.6 IS 曲線が垂直であるとき，政府支出の増加による財政的な刺激はクラウディング・アウトを引き起こさない．クラウディング・アウトによる障害がないため，需要は財政政策の完全な乗数効果分だけ増加する．

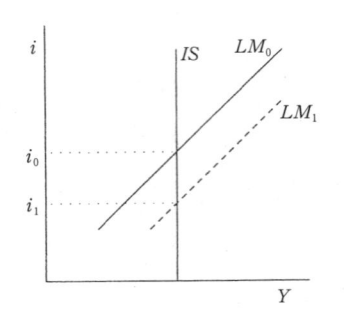

図 6.7 IS 曲線が垂直であるとき，金融政策は総需要水準を変化させることができない．金融政策は，それを成功させるのに，多少とも利子感応的な支出の存在に依存する．

の増加はそれに相当する投資支出の減少を引き起こすが，それはその経済に実物資源が不足しているからではない．実際，財政的な刺激を必要としている景気後退期の経済が暗黙的に仮定されている．経済は貨幣不足によって制約されている．財政当局が政府支出を増加させると同時に，金融当局がマネーサプライを増加させるならば，クラウディング・アウトはもはや問題になりそうもないであろう．

それとは対極に，図の6.5のように流動性のわなにかかっている経済においてはクラウディング・アウトは起こりそうもない．この場合，貨幣需要は無限に弾力的であり，また貨幣需要曲線とLM曲線はともに水平である．財政的な刺激は利子率に対して何の効果もない．このため，経済が流動性のわなに陥っているとき，財政的な刺激は政府支出増加の完全な乗数効果をもたらす．つまり，$\Delta Y = \gamma \Delta G$になる．この場合，財政政策は金融政策からのあらゆる追加的助成がなくても明らかに有効である．

現実経済は，おそらくこれらの両極のどこかにある．しかし，政策立案者は，次のような事実を知る必要がある．すなわち，貨幣需要の利子感応性が低いということは，財政的拡大がクラウディング・アウトに形を変えていく可能性を

増大させることによりその財政的な拡大の有効性を低下させることがある，ということである．

6.3.2 財政政策の有効性と IS 曲線

クラウディング・アウトを左右するもうひとつの要因は，投資支出の利子感応性によって決定される IS 曲線の傾きである．その極端なケースは，利子率に対して完全に非感応的である投資関数を反映する垂直の IS 曲線である．このケースは，図 6.6 に例証されている．LM 曲線が水平でない限り，IS 曲線は外側へシフトし，利子率の上昇を引き起こす．しかし，この場合，投資支出は利子率の上昇に反応しないので，利子率の上昇は無害である．クラウディング・インが存在するだろう．再び政府支出増加の完全な乗数効果が生じる結果となる．つまり，$\Delta Y = \gamma \Delta G$ になる．なぜなら，これは IS 曲線が右方へシフトした幅であることが知られているからである．要約すれば，IS 曲線の傾きが投資の低い利子感応性により急であるならば，財政政策は大きなクラウディング・アウトを引き起こすことなく，需要を刺激する有効な手段となるだろう．

付録は，財政政策の有効性に関するあらゆる結果についてより深い理解を求める読者のために，そうした結果の形式的（数学的）な導出を示している．

6.4 金融政策

金融政策は LM 曲線をシフトさせる．拡張的な金融政策は LM 曲線を右方にシフトさせる．マネーサプライの増加が均衡利子率を低下させ，GDP 水準を増加させるということは図 6.8 から明らかである．

IS-LM モデルにおいて，金融政策に対する**効果波及経路**は，利子率に対するマネーサプライの効果を通じて作用する．この経路は，時に**貨幣の伝達経路**[3]と呼ばれる．因果関係を示す矢印を用いることで貨幣の伝達経路を視覚的にと

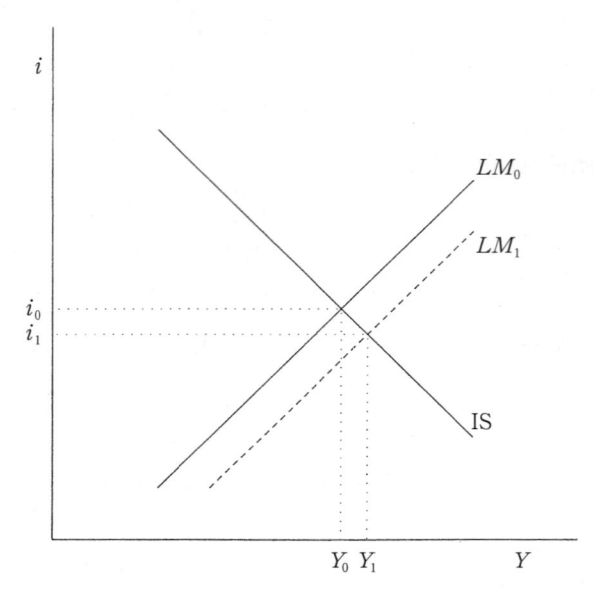

図 6.8 拡張的な金融政策は LM 曲線を右方にシフトさせ，さらに利子率を低下させて投資を促進することによって総需要を刺激する．

らえることができる．

$$\Delta M \to \Delta i \to \Delta I \to \Delta Y$$

経済を刺激する手段としての金融政策の有効性は，それぞれの因果関係の強さに依存する．

6.4.1 金融政策の有効性と IS 曲線

　金融政策は，利子率を通じて作用するので，明らかに次のことを要求する．すなわち，通常は投資であるとみなされるある支出項目が利子率に感応的であるということである．これは，貨幣の伝達経路の 2 つ目の連鎖である．

　投資支出が利子率に非感応的であるという極端なケースでは，IS 曲線は垂直である．この場合，図 6.7 で例証されるように，たとえ金融当局がうまく利

子率を低下させるにしても，それは，投資支出あるいは総需要を刺激するという点では有効でない．

経済学者のなかには，投資支出は厳しい景気後退期には利子率低下にさほど反応しないが，利子率の上昇は，景気上昇期でさえ企業活動に対して抑制効果をもつ，と考える者がいる．この見解は，「金融政策は紐を押すようなものである」という格言によって受け止められてきた．金融の引き締めを通じて，経済を景気後退のなかへ引き込むことができるが，景気回復には財政的な刺激と金融的な刺激の熟慮した組み合わせが必要である．

6.4.2　金融政策の有効性とLM曲線

利子率に対する金融政策の効果—貨幣の伝達経路における最初の連鎖である—は，貨幣需要のパラメーター，特にその利子感応性に依存する．もっとも極端なケースでは，貨幣需要は無限に弾力的で，LM曲線は水平になり，経済は流動性のわなに陥っている．すでにみてきたように，流動性のわなに陥っている場合，マネーサプライを増加させることにより利子率を低下させようとすることは，無益なことである．マネーサプライが増加するとき，LM曲線は，依然，そのままの状態である．したがって，流動性のわなに陥っている場合，たとえ投資支出が利子率に反応するとしても，金融政策はGDP水準に対して効果をもちえない．

貨幣需要が利子率に対してより非弾力的になる，あるいはより非感応的になるにつれ，金融政策は総需要を刺激するいっそう有効な手段となるだろう．

付録は，金融政策の有効性に関するこうした結論の形式的な扱いをあらわしている．

6.4.3　金融政策と利回り曲線

金融政策に対する重要な実際的制約は，公開市場操作が短期利子率（たとえば，フェデラル・ファンド・レート）のみ直接的に影響を与えるということで

ある．満期がより長期である金融商品に対する利子率は，将来の短期利子率に関する期待の変化を通じて間接的に影響される．しかし，投資支出は短期利子率よりもはるかにこうした長期利子率に対して感応的である．なぜなら通常，投資計画は完成するのにかなりの年数を費やすからである．したがって，中央銀行はもっとも重要である利子率に対してほぼ支配力をもたない．金融政策は，通常，利回り曲線のロングエンドを変化させる以上にショートエンドを変化させる．これこそ，金融政策がラグをもって作用する理由のひとつである．

6.4.4 金融政策の目標

金融政策を導くことができる2つのまったく異なる方法がある．**貨幣量目標設定**のもとでは，中央銀行はマネーサプライに焦点をあわせる．これは次のことを意味する．すなわち，各期において，中央銀行はLM曲線の形状を固定しようとし，IS曲線の形状で経済の均衡状態を決定させる，ということである．**利子率目標設定**のもとでは，中央銀行は利子率に焦点をあわせる．これは次のことを意味する．すなわち，各期において，中央銀行はその利子率目標を達成するためにマネーサプライを調整し，LM曲線の形状をそれに従って変化させる，ということである．

あるとしてもごくまれだが，中央銀行が貨幣量目標設定を追求する限り，この政策によって，特にIS-LMモデルを分析的枠組みとして利用する方法を学習することが容易になる．この教育的な理由から，本章以降において，中央銀行は貨幣量目標設定を追求すると仮定する．インフレに関するマクロ経済理論の深い理解を得たときにはじめて，もうひとつの利子率目標設定という戦略を理解することができるだろう．

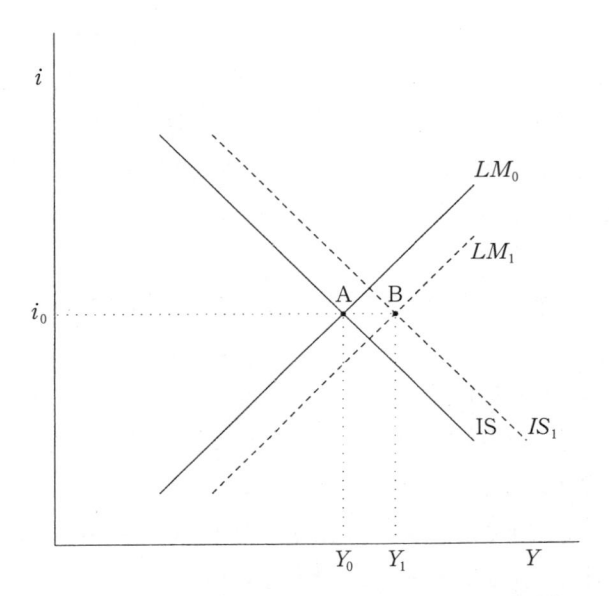

図 6.9 ポリシーミックスが適切である場合,刺激を与える財政政策は,クラウディング・アウトの影響を被ることなしに完全な乗数効果を生み出すだろう.

6.5 ポリシーミックス

かつて経済学者たちは,経済安定化手段として財政政策と金融政策の相対的メリットを論じたが,それらを競合するものとしてみる必要はない.財政政策と金融政策は,適切なポリシーミックスの選択によって,共同して望まれる効果を達成することができる.

たとえば,図 6.9 に例証されているように,財政的な拡大 ("緩和的な財政政策") が対応する ("緩和的な") 金融政策と結ばれるならば,不要なクラウディング・アウトを被ることなくして GDP 水準を引き上げることができる.政策立案者が IS-LM モデルのパラメーターの大きさを知っているならば,彼らはこのようなポリシーミックスを策定することができる.

ポリシーミックスの必要性が生じるのは,政策手段の数が政策目的あるいは

目標の数と同数でなければならないという**ティンバーゲンの法則**のためである。ティンバーゲンの法則は，IS-LM モデルが同時方程式体系であるという数学的事実に由来する。もし政策立案者が望ましい GDP 水準と同様に望ましい投資水準（たとえば，少なくとも現行水準と同水準）を達成しようとするならば，通常，財政政策と金融政策を結びつけたポリシーミックスを追及しなければならない。

　財政赤字が貨幣によって資金調達されるとき，緩和的な財政政策と緩和的な金融政策のポリシーミックスが自動的に生じる。中央銀行による資産（この場合，政府債券）のあらゆる購入がマネーサプライの増加を招くということを思い起こそう。赤字が中央銀行からの借り入れによって資金調達されるとき，それは**貨幣化される**と言われる。アメリカの場合，中央銀行は政府に貨幣を直接貸し出すことを法律で禁じられているが，それでも，多かれ少なかれ債券が発行された直後に，民間からそれらの債券を購入することによって赤字を貨幣化することができる。

6.6　倹約のパラドックス

　最終的な比較均衡の問題として，独立消費の減少（たとえば，独立貯蓄の増加）によって引き起こされる民間貯蓄増加の効果を考察しよう。単純なケインジアン・モデルの場合，このような民間貯蓄の増加は，計画された投資の大きさによって制限される国民貯蓄に対してまったく影響を与えない。単純なケインジアン・モデルの際立った特徴のひとつは，計画された投資が一定であるということである。限界投資性向の存在を所得から認識することによってケインジアン・モデルを精緻化することは，ただ倹約のパラドックスを深化させるだけである。この場合，独立貯蓄の増加は全般的な投資・貯蓄水準を実際に低下させる。

　IS-LM モデルでは，ある条件のもとでは，利子率に対する投資の依存性は

倹約のパラドックスを克服する可能性を生み出す．独立貯蓄の増加は，IS 曲線を左方へシフトさせる．LM 曲線が水平でなければ，利子率を低下させ，投資を促進するだろう．だが，GDP が減少すると，それが投資を抑制するために，投資支出に対する純効果は，まさに財政政策の場合にそうであったように不確定なのである．

　LM 曲線が垂直となる特殊なケースでは，投資に対する利子率の効果だけが作用し，独立貯蓄の増加はドル対ドルで投資支出の増加を引き起こすだろう．したがって，GDP の構成は消費から投資へシフトする．つまり，ここでは倹約のパラドックスは存在しない．財政政策からのクラウディング・アウトを促進する同じような基本的条件も倹約のパラドックスの中立化の方向に作用する．

6.7　政策目標

　これまでの分析は財政政策と金融政策がどう作用するかを示しているが，こうした政策が実際にどう行われるのかは語ってない．特に，意思決定者が追求する政策目標について何も語ってこなかった．これまでの分析は，いずれの政策も関連するパラメーターの値に依存しながら需要水準を操作するために使用でき，しかも，金融政策と財政政策のポリシーミックスがうまく作用するということを教えている．IS-LM モデルは，高い GDP 水準で達成される完全雇用，または高水準の雇用の方向に政策立案者を導くことを目的としたものである．これまでの議論における暗黙の仮定は，経済がこの望ましい GDP 水準よりも低い水準で機能しており，そのため経済は景気拡大を必要としている，ということである．

　IS-LM モデルは，総需要の不安定な変動という点から景気の拡大と縮小の景気循環を解釈させようとする．需要の衝撃が起こりうるのは，IS 曲線に影響を及ぼす投資支出あるいは消費支出が変化するためか，LM 曲線へ影響を及ぼす貨幣需要，あるいは貨幣供給の特性が変化するためである．

本来，景気循環には2つの基本的な見方がある．もともとのケインジアンの見方では，現代経済はその完全な能力の値以下に産出量を絶えず低下させる非対称的な，あるいは一方的な衝撃を受けやすいということである．特に，ケインズは，投資支出が完全雇用を継続的に生み出すに十分な活力（企業家のアニマル・スピリッツについて彼が語ったことを思い起こそう）を維持する可能性については，極めて悲観的であった．この見方は，現行の産出量と能力とのあいだのギャップを埋めるための政策論を構築する．このようなギャップを埋める政策は，意思決定者がある前もって決められた方式に従わずに，あらゆる状況に反応する**裁量的政策**の一例である．

　より現代的な（必ずしも正しいわけではないけれども）見方は，衝撃が時として景気の縮小を引き起こし，また時として景気の拡大を引き起こす対称的なものであり，しかも，経済の供給サイドに生じる強力な自己均衡力（後章の主題）が存在する，ということである．この見方は，次のような考え方をもたらした．すなわち，特に（政策過程が極めて緩慢でありうる）財政政策と（利子率への反応が現れるのに，しばしば6ヵ月から2年かかる）金融政策の両者に関連する長期・可変的なラグを考える場合，裁量的政策は事態を悪化させるかもしれない，ということである．現代的な見方は，政策立案者が経時的に経済を安定化させる**政策ルール**を採用することを推奨する．

　初期の金融政策ルールは，M. フリードマン（Milton Friedman, 1956）によって示唆された．彼は，経済成長を考慮に入れると年2％程度増加する厳密なマネーサプライ目標を提唱している．財政政策ルールの適例は，所得税以下の財政余剰によって与えられる．経済が拡大するとき，税収は増加し，財政予算は余剰の方向へ動く．需要が縮小するとき，税収は減少し，財政赤字は拡大する．この種の財政政策は，政策立案者による裁量的判断を求めることなしにGDP水準の変動を抑制する．このような政策は**自動安定化装置**と呼ばれる．自動安定化装置として機能するその他の計画には失業保険や福祉が含まれる．

☞ 第6章の問題

以下の問題は，仮想経済である次のデータを使用する．

$$C = 120 + 0.6(Y - T)$$
$$I = 50 + 0.2Y - 2000i$$
$$G = 250$$
$$T = 200$$
$$M^d = P(2Y - 8000i)$$
$$M = 1600$$
$$P = 1$$

すべての変数（Pを除く）は，＄の記号で表記する不変ドル（フローに対して年当り）の単位で表わされる．問題が別に述べられていない限り，これらの最初のデータに常に戻ろう．

1. この経済の IS 曲線と LM 曲線を導出しなさい．

2. 均衡 GDP 水準と利子率を計算しなさい．

3. 政府は支出を 200 ドル増加させる．新たな GDP 水準と利子率を計算しなさい．

4. 中央銀行はマネーサプライを 280 ドル増加させる．新たな GDP 水準と利子率を計算しなさい．

5. 問題3．でクラウディング・アウトとクラウディング・インのいずれが起こるかを決定しなさい．

6. この経済における投資方程式が $I = 50 + 0.2Y$ であるならば，安定化手段として金融政策と財政政策のいずれがより効果的であるだろうか？

7. この経済における貨幣需要が $M^d = P(2Y)$ であるならば，安定化手段として金融政策と財政政策のいずれがより効果的であるだろうか？

8. 財政政策と金融政策のなんらかの組み合わせを用いて，GDP 水準を変化させることなしに国民貯蓄を増加させる政策計画を策定しなさい．

9. IS-LM モデルのパラメーターを実験的に変化させるスプレッドシートを準備しなさい．そのスプレッドシートにモデルのコピーを2つ作りなさい．ひとつは，（最初のパラメーターの値で）統制手段として使用するために，もうひとつは，ひとつのパラメーターの変化をテストするためにである．この統制モデルとテストモデルから IS-LM の方程式をグラフに示しなさい．スプレッドシートを用い

て，先の問題に対するあなたの答えを確かめ，さらに，あなた自身が策定した比較均衡実験を行いなさい．

10. 減税をあらわす IS-LM 図表を描きなさい．きちんとした図を描いて，所得-支出恒等式と投資-貯蓄恒等式の変数のそれぞれに対する減税効果を説明しなさい．

11. 金融引き締めを表わす IS-LM 図表を描きなさい．きちんとした図を描いて，所得-支出恒等式と投資-貯蓄恒等式の変数のそれぞれに対する引き締め効果を説明しなさい．

12. 『大統領経済報告書』の統計付録を使って，1980年代のアメリカにおける投資水準に対する財政政策の効果を算定しなさい．1970年から1990年までの各年の消費，投資及び政府購入からなる実質 GDP のパーセンテージを示すグラフと政府の財政余剰と民間投資を示す別のグラフを作成しなさい．クラウディング・アウトが起こったのか，それともクラウディング・インが起こったのか？

注

1）IS 曲線は右上がりであると単純に仮定しても，この分析はかなり複雑になる．このケースでは，IS 曲線が上方から LM 曲線を切るならば（たとえば，IS 曲線が LM 曲線よりも傾きが緩やかであるならば），モデルはようやく安定する，ということが示されている．

2）左辺は，政府の債務残高に関する利子率について考慮していない，ということに注意深い読者は気づくだろう．より厳密な分析ではそうするであろうが，より高度な扱いに委ねられるのが一番よい動学的な問題をもたらすことになる．債券による資金調達対貨幣による資金調達の含みは，ブラインダーとソロー（Blinder and Solow, 1973）によって研究されている．

3）金融システムに関する理論のなかには，**信用経路**あるいは**銀行貸出経路**の存在を示唆するものがあり，この経路は，利子率よりもむしろ信用のアベイラビリティを通じて作用するというものである．こうした理論では，次のことを仮定している．すなわち，企業は，望む借入額を担保として差し出すことができる資産価値の大きさによって制約されるということである．金融緩和は，企業の利潤を増加させ，担保としてより多くの資産価値を企業に与える．この理論では，LM 曲線と IS 曲線は共に，マネーサプライの増加後に外側にシフトする．

4）オランダの経済学者である J. ティンバーゲン（Jan Tinbergen, 1952）は IS-LM の誘導形を用いて最適な政策目標を達成する研究のパイオニアであった．

5) このモデルでは，$T = tY$ として所得税を形式化することができるであろう．ここで，税率 t は $0 < t < 1$ の間で表わされる．
6) もしアメリカが均衡予算を要求する最近提案された憲法修正案を通すならば，それは財政政策ルールを構成するが，そのルールは安定化しないであろう．実際に，不安定化するであろうという理由から，このような修正案を多くの経済学者が批判してきた．

第7章

総需要曲線

訳. 内藤　二郎

　本書では，ケインジアン・クロスから IS-LM モデルに至るマクロ経済理論において賃金と物価が一定であるとしてきた．さらに詳しく言えば，賃金は一定であると仮定し，物価は，労働コストにマークアップを加える不完全競争企業によって決定されると主張し，そしてその結果，賃金が一定であることの結果として物価が一定となった．ここでは，財，貨幣，資産市場をよりよく理解するために，労働市場は無視して賃金は所与としてきた．ここからはマクロ経済理論に労働市場も含めることにする．その際には以下のような疑問に直面する．すなわち，物価変動が総需要水準にどのように影響するか，という問題である．本章では，物価水準について説明するのではなく，むしろ物価水準の変化が総需要にどのように影響を与えるかを分析する．

7.1　AD 曲線の視覚化

　すでに検証してきたように，物価変動は IS-LM モデルにおいて金融政策と同じ効果をもっていた．両者は，実質マネーサプライを変化させ，LM 曲線をシフトさせる．この洞察は，総需要水準と物価水準の間の逆数関係につながり，総需要曲線 (aggregate demand curve : AD 曲線) と呼ばれる．一般的には，AD 曲線は $Y = Y(P)$ と表わされ，常に横軸に実質所得，縦軸に物価水準をとって AD 曲線のグラフを示す．

　AD 曲線は，図 7.1 の P_0，P_1 のような任意の 2 つの物価水準によって決定される 2 点を定めることによって示される．物価の上昇は，図の一番上に示され

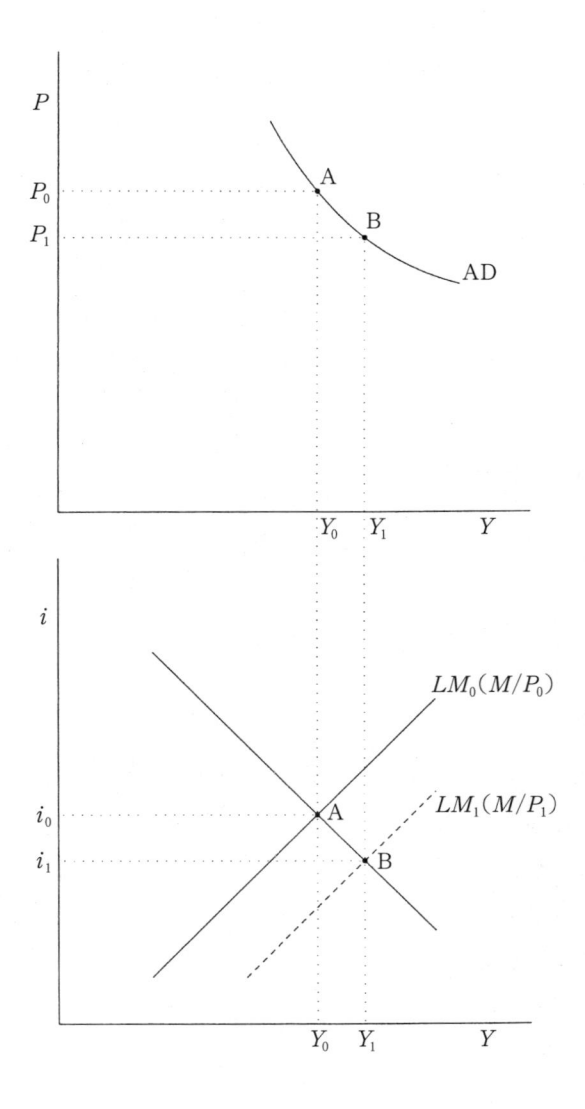

図 7.1 AD 曲線は，物価のより低い水準が実質マネーサプライのより高い水準と関連づけられ，したがって総需要はより高い水準となる．より低い物価水準と拡張的金融政策の間には分析的相違はない．

ているように，LM 曲線を左にシフトさせる．それは，所与のそれぞれの名目貨幣量に対して実質マネーサプライを減少させるからである．物価変動と金融政策の間のこの等価関係は，ケインズによってみいだされ，**ケインズ効果**として知られている．実質マネーサプライの減少は金利を上昇させ，これはまさに緊縮的な金融政策と同様に投資を抑制する．新たな IS-LM 均衡は，より低い GDP 水準 Y_0 において生じ，より高い物価水準に関連している．このように，物価の上昇は一般的に IS-LM 均衡によって決定される総需要の水準を低下させる．ここで，数式に忠実になるよう AD 曲線を非線形関数として示したが，この非線型は深い経済的意義をもたないため，以後は AD 曲線を線型で示す．

7.2 AD 曲線の導出

線型モデルを基礎とした総需要曲線の導出は，まさしく IS-LM モデルの誘導型の再解釈であり，総需要曲線として (6.1) 式に示されている．それに相当する誘導型方程式，

$$Y = \frac{a_0}{1+a_1 a_3} + \frac{a_1 a_2}{1+a_1 a_3}(M/P),$$

は，ここで AD 曲線として解釈される．AD 曲線は，物価水準が変化すると均衡所得に何が起こるかを厳密に示す．P を除く RHS のすべての項はパラメーターであることに注目しなければならない．ここで，なぜ P が統合パラメーターからはずされているかに注意する必要がある．この等式は，総需要の均衡水準が物価水準の逆関数であることを示している．

この等式の構造は，AD 曲線を描くためにパラメーターを結合することによって，さらに明確な形，

$$Y = a_4 + a_5 M(1/P) \tag{7.1}$$

にすることができる．

ここでの統合パラメーターは,

$$a_4 = \frac{a_0}{1+a_1a_3} = \frac{\gamma(c_0-c_1T+b_0+G)}{1+\gamma b_2(d_1/d_2)}$$

$$a_5 = \frac{a_1a_2}{1+a_1a_3} = \frac{\gamma(b_1/b_2)}{1+\gamma b_2(d_1/d_2)}$$

である.

所与で一定のマネーサプライに対しては,基礎となる IS-LM 方程式が線形であっても,この関数は直角双曲線となる.構造パラメーターの変化が総需要関数の傾きに及ぼす影響をどのように解釈するか,そして政策手段である G,T および M の変化が総需要関数にどのように影響するかを確認しておかなければならない.

7.3 AD 関数の特徴

AD 曲線は IS-LM モデルの事象を反映しているので,その特徴を理解することは難しくはないだろう.ここでは,AD 曲線のシフトと傾斜の変化について検討する.

7.3.1 政策変更と AD

積極的な財政・金融政策は AD 曲線を外側へシフトさせ,緊縮的な財政・金融政策は内側へシフトさせる.これは,総需要方程式の検証,あるいはグラフ化によって明らかとなる.AD 曲線の非線形型は実質的な経済的意義をもたないので,以後の章では便宜的に線形の AD 曲線を描くこととする.

一般的に,IS-LM モデルにおいて刺激となるどのパラメーターの変化も,AD 曲線を外側へシフトさせるし,また逆も同様である.

7.3.2　AD 曲線の傾斜

　AD 曲線は線型でないが，その傾斜を大まかに言及することは可能であり，物価変動と金融政策の間の同形型を利用することができる．金融政策をより効果的にするどのパラメーターの構成も，AD 曲線をより平らにする（P を縦軸にとる）．これらには，より大きな投資支出の利子感応性，より大きな乗数，そしてより小さな貨幣需要の利子感応性が含まれている．一方，金融政策をより非効果的にするどのパラメーターも AD 曲線の勾配を急にする．極端なケースとして，金利に対して完全に非感応的である投資支出，あるいは無限に弾力的な貨幣需要は，どちらも AD 曲線を垂直にする．前者の場合，IS 曲線が垂直であり，利子率の変化とは無関係になるからである．後者の場合，LM 曲線が水平であり，実質マネーサプライの増加が流動性のわなによって吸収されるからである．

7.4　AD 曲線に影響を与える他の要因

　われわれのテキストの IS-LM モデルでは，ケインズ効果が物価水準を需要水準に関連づける唯一の要素である．しかし，より緻密なモデルでは，他の効果もまた現れる．この種の効果でもっとも有名なのは資産と消費需要の関係について言及している**ピグー効果**（Pigou, 1943）である．ピグー効果が有効な場合には，より低い物価水準が，たとえば貨幣所有 M のような家計が所有する資産の実質的価値を高める．われわれは，消費需要の基本理論から，資産の増加によって消費の増加がもたらされることが期待できるということを知っている．したがって，より低い物価水準では，家計は実質残高（M/P）の価値が高まるので金持ちになった気になり，より多く消費する．ピグー効果は，物価が低下するにつれて IS 曲線を右にシフトさせる．これはケインズ効果と同じ方向に働き，総需要曲線の存在に寄与する．ピグー効果はまた**実質残高効果**としても知られている．

第7章　総需要曲線

　家計の資産の増加が消費支出を刺激することの根拠となると思われるが，その効果は限られたものである．多くの研究によれば，1ドルの富の増加が約 0.05 ドル消費を増加させる．この資産効果が，実体経済における株式市場の変動の効果を説明する際に，実用的応用を導き出す．

　ピグー効果は，経済学説の歴史上重要な役割を果たしてきた．不況時の物価の下落が最終的に完全雇用を回復するか，言い換えれば市場経済が自立的であるかどうかという大論争が，1940 年代に噴出した．ケインズは，投資が利子に非感応的であることによって IS 曲線が垂直になる時，ケインズ効果は経済を不況から完全雇用に回復させることができないと信じていた．(IS 曲線が垂直な時には AD 曲線も垂直となることを思い出しなさい)．ケインズは恒久的な不況を想定したが，それは活動者としての政府が財政的な救済を始める準備をしない場合のことであった．ピグー効果は，少なくとも原則的には，もし不況時に物価が下落すれば，そのことが最終的には AD 曲線に沿って完全雇用へ戻る動きを生じさせることを示すものだと多くの経済学者 (Patinkin, 1948) によって考えられた．

　この論争の問題は，ピグー効果やケインズ効果に対して機能する他の妥当な効果があることである．物価が下落すると，債務者にとって借入金の実質価値[1]が増加することから返済がより困難となる．もし債務者が破産すれば，債権者に対してもある種の連鎖反応を及ぼす．このような債務デフレーションの結果として生じる支出の減少を**フィッシャー効果**と呼ぶ．フィッシャー効果はピグー効果やケインズ効果に対し直接逆に作用する．もしその効果が十分に強ければ，総需要曲線を正に傾斜させる．これら3つの効果の相対的な重要度はマクロ経済学においては未解決の課題である (Tobin, 1980 を参照)．1990 年代の日本経済は，高い失業率と物価の下落を経験したが，いまだ回復しておらず，このことは強い債務デフレーションの圧力によって垂直か，またはより正に傾斜した総需要曲線が現れたことを示唆している．

7.5 予備的な AS-AD モデル

賃金が一定で,企業が労働コストに対して一定のマークアップを適用することによって物価を決定する場合に,現在の物価水準であらゆる需要水準を満たそうとする.この場合,総需供給曲線は,先の図2.1に示されているように水平になる.AD 曲線は基礎となる IS-LM モデルを反映しているに過ぎない.AS-AD 均衡は,すでによく知られている IS-LM 均衡の写像としてとらえることができる.本書におけるこれまでのすべての比較均衡の演習は,水平で不変の AS 曲線に沿った AD 曲線のシフトとしての AS-AD 図表で説明できる.これは,AS-AD モデルの背後にある重要性について学生達に警告する助けとなるはずである.特に,これらの曲線をミクロ経済の供給および需要曲線の集計版とみなさないようにしよう.われわれはこのモデルを一般化して,賃金(したがって価格)が産出量・生産・雇用水準に対応するという考え方を当てはめてみたい.

☞ 第7章の問題

問題1と2は,以下の仮説経済のデータを利用する.

$$C = 120 + 0.6(Y-T)$$
$$I = 50 + 0.2Y - 2000i$$
$$G = 250$$
$$T = 200$$
$$M^d = P(2Y - 8000i)$$
$$M = 1600$$

すべての変数(P を除く)は恒常ドル(年毎のフロー)の単位であり,$ の記号によって表す.

1. この経済において,価格水準 P = 1 の時の IS-LM 均衡点を求めなさい.同様に P = 2, P = 0.75 の時についても求めなさい.縦軸 P,横軸 Y としてこれら3点をグラフ上に示しなさい.

2．この経済の AD 曲線を導出しなさい．

3．一般的には，(すなわち，上記の仮説経済に関係ない場合)，いかなる 2 つの条件の下に AD 曲線は垂直になるか．1 つの条件は IS 曲線に関係があり，もう 1 つの条件は LM 曲線に関係がある．

注

1) ピグー効果は，価格下落が貸し手のなかに勝者を，借り手のなかに敗者を生み出すため，貸借を基にする富とは関係がない．したがって，ピグー効果に関連するマネーサプライはハイパワード・マネーの供給であり，これは経済主体の債務に基礎をおかない．経済学者は信用に基礎をおく「内部貨幣」と区別するために「外部貨幣」と呼ぶ．われわれが検証したように，IS-LM 経済は純粋な通貨システムであり，マネーサプライとハイパワード・マネーが一致する．これはまた，ケインズ効果が貨幣を含むが債券を含まないことを説明する．

第 8 章

総供給曲線

訳．内藤　二郎

　近代マクロ経済学の理論家たちは，労働市場は財市場のように不完全競争の仮説によってもっともよく説明されると信じるようになってきた．[1]

8.1 賃金設定モデル

　労働市場に関しては，二種類の不完全競争モデルがある．1つのモデルは，労働組合のもとでの賃金決定の動学を基礎としており，団体交渉力を強調するものである．もう1つのモデルは，企業の効率賃金モデルに基づいて，労働者個人の交渉力を強調するものである．2つのモデルは共に実質的に同じ結論に至る．すなわち，交渉によって成立した賃金は，生産水準がより高い（失業率がより低い）状況においてより高くなる傾向がある．

　これらのモデルは，いくつかの混乱させうる要因を生じる．はじめに，労働者は**貨幣賃金** W についてのみ交渉可能であり，それは労働単位あたりドルで測られるが，もし労働者が完全に合理的であれば，彼らは**実質賃金**，W/P に注目すべきであり，それは労働単位あたりの実質生産量によって測られる．合理的な労働者は**貨幣錯覚**や実質賃金と貨幣賃金の間の不明瞭さに悩まされることはない．[2] 実質賃金は貨幣賃金の購買力を説明する．労働者は実質賃金の認識に従って行動する．それは貨幣賃金を受け取る期間に彼らが支配的となると期待する物価水準に基づいている．賃金決定のマクロ経済理論は，価格期待の問題と真っ向から取り組まなければならないのだ．

　次に，労働者（あるいは労働組合のリーダー達）はミクロ経済レベルで交渉

し，相互に独立して機能する．各労働者あるいは労働組合は，他の労働力の賃金を所与と考える．しかし，すべての労働者や労働組合が同じように行動する場合には，彼らが所与と考えた賃金（そしてそれらの賃金が影響する物価）は，彼らの期待したものとは異なったものとなるかもしれない．このように，価格期待の問題は，個別には正しいものが全体としては必ずしも正しいとは限らない**結合の誤謬**と密接な関係がある．

8.1.1　労働組合のもとでの賃金決定

労働組合のもとでの賃金決定のモデルはたくさんあり，彼らが常に同意するとは限らないが，賃金引き上げに対する個々の組合の能力は全体的な失業率によって決定されると，彼らは一般的に予測する．理論的解釈は明確である．交渉の場面において，雇用者は長いストライキが起こった場合に抵抗するぞとおどすかもしれない．労働者は臨時の仕事を得た場合にしかもちこたえることができず，それは失業率が低いときにより生じやすい．雇用者は（アメリカではこれは合法であるが）ストライキをする労働者を非組合員と取り替えるとおどすかもしれないが，失業率が低いときにピケラインを越えるほど自暴自棄な労働者をみつけることはできそうにない．

8.1.2　効率賃金モデル

効率賃金モデルでは，賃金を単に労働投入の価格というよりは，むしろ企業の生産関数における独立変数とみなす．それにはいくつかの型がある．1つのよい例は労働回避モデル (shirking model) (Bowles, 1985) である．労働回避モデルでは，雇用者は労働者の努力に関して不完全情報しかもっていない．監督・監視には費用がかかる．一方，労働者は仕事に対して全力を発揮している時，それを完全に自覚している．その結果として，興味深い経済効果を生み出す情報の非対称性の構造が生じる．では雇用者は労働者からいかにして利益最大化の努力水準を引き出すのか．労働回避モデルでは，雇用者は賃金を誘因策とし

て用いる.労働者に留保賃金(労働者を仕事に惹き付ける賃金)よりも若干多く支払うことにより,雇用者は失職のコストを高めることができる.怠ける労働者は,みつかって解雇される危険をあえて冒す.もし解雇されれば,しばらくの間失業して職探しをした後にしか新しい仕事をみつけることができない.このように,失職のコストは賃金と失業率に依存している.より高い失業率が失職のコストを高め,雇用者がより低い賃金で労働者の努力を引き出すことを可能にする.

8.2 契約実質賃金曲線

いずれの場合にも,賃金交渉は失業率に依存している.交渉を団体で行おうと個別に行おうと,失業率が低いときには,労働者はより高い賃金を要求するのにより有利な立場にある.貨幣賃金の決定は,労働者が支配的になると期待する物価水準 P^e によって決まるので,**契約実質賃金曲線**,あるいは次の(Blanchflowe and Oswald, 1994)による,略して**賃金曲線**として賃金決定と失業率を関連付ける関数について言及しよう.賃金曲線の一般形は $W/P^e = F(u)$ と表わされ,ここでは $\partial F/\partial u < 0$ である.ここで線型の賃金曲線を考える,

$$\frac{W}{P^e} = n_0 - n_1 u \qquad (8.1)$$

パラメーター n_0 と n_1 は,賃金決定制度の特徴に基づいており,n_1 は賃金決定の労働市場要因に対する感応性を反映している.

この形の賃金曲線の不都合の1つは,賃金をGDPよりもむしろ失業率に関連づけていることであるが,これは容易に改善される.生産関数を $Y = N$ と仮定したということを思い出そう.ここで N は労働単位または労働者を指す.労働力 L は不変であると仮定し,労働の供給曲線は非弾力的(垂直)である.失業者の数はちょうど $L - N$ で,失業率は,次式,

第8章 総供給曲線

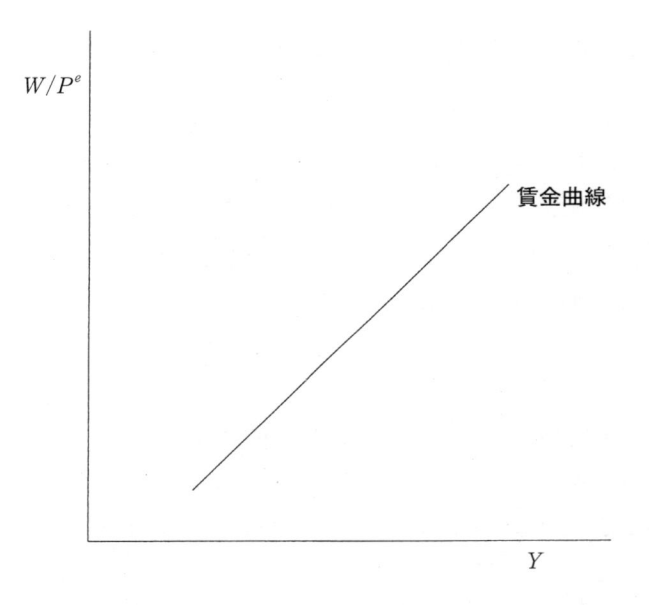

図 8.1 より低い失業率（より高い生産水準）において労働者はより強い交渉の立場にあり，雇用者から賃金に関して譲歩を引き出すことができるので，賃金曲線は，右上がりである．

$$u = \frac{L-N}{L}$$

によって定義される．

このように，$Y = N$ を用いて，賃金曲線を描くことができる．

$$\frac{W}{P^e} = (n_0 - n_1) + \frac{n_1}{L}N = m_0 + m_1 Y \tag{8.2}$$

ここでは，m_0 と m_1 は統合パラメーターである．賃金曲線は図 8.1 に描かれている．生産の増加が雇用の増加を必要とするので，この賃金曲線は右上がりである．そしてこのことが失業率を低下させ，労働者を交渉上より強い立場に置き，より高い賃金決定を勝ち取ることを可能にする．

8.3 価格によって決定される実質賃金

すでに第2章でみたように，企業は労働コストをマークアップすることにより，価格を決定する．より厳密に言えば，生産関数 $Y = N$ において，労働のみが可変費用なので，労働の限界生産物は1で限界生産費は貨幣賃金 W に等しい．ここでの企業は，需要の弾力性が一定の需要曲線に直面している独占企業である．利潤極大化価格は，

$$P = (1+\mu)W$$

であり，μ はマークアップ率であり，需要の弾力性の関数である．ここでの価格は実際価格であることに注意が必要である．企業が生産コスト（すなわち支払う賃金）を観察した後で価格を決定するという事実は，労働者が受け取る実質賃金に関して企業を有利な立場におく．

価格決定の等式を解くことで，支配的になるであろう実質賃金が導かれる．これは**価格によって決定される実質賃金**（price-determined real wage），またはPRWと呼ばれる．

$$\frac{W}{P} = \frac{1}{1+\mu} \tag{8.3}$$

価格によって決定される実質賃金は，雇用や生産の水準に依存せず，代表的な生産物の需要曲線のパラメーターを反映し，ゆえに一定であるマークアップのみに依存する．

ここでわれわれは，賃金と価格設定のタイミングについてある仮定をしており，それは重要な意味をもつ．物価は，賃金交渉直後に決定される．その結果，労働者は彼らが交渉によって成立した実質賃金がいかなるものであっても，常に価格によって決定される実質賃金を受け取ることになる．ここで企業は労働者よりもよりよい情報をもっていると暗黙のうちに仮定している．つまり企業は生産コストを知っているが，労働者は支配的となる物価水準を知らない．

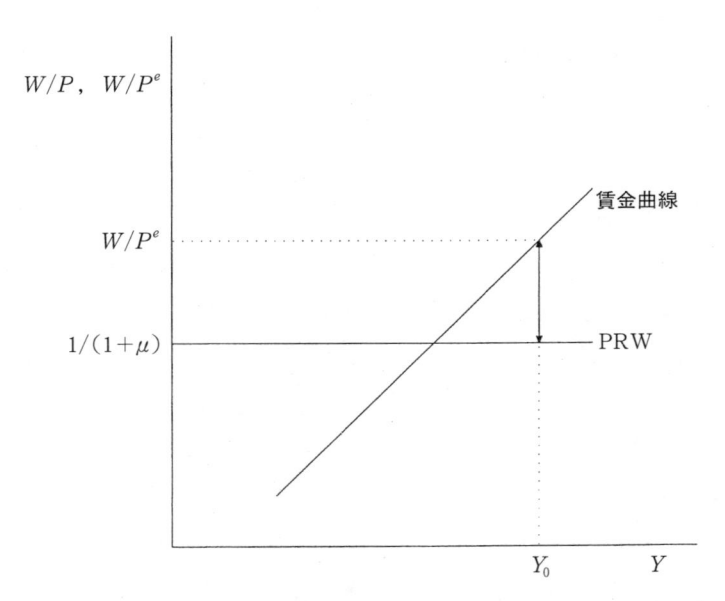

図 8.2 生産水準が高いとき,労働者は最終的に受け取るであろう賃金を上回る実質賃金を交渉する.企業が価格を設定するので,実際の賃金は常に価格決定的実質賃金(または PRW)となる.図の両方向の矢印は,労働者の期待と現実の間のインフレ・ギャップの大きさを示している.

　これがどのように機能しているかをみるために,労働者がより高い賃金を交渉すると考えよう.企業はコスト上昇に直面し,賃金上昇と同じ割合だけ物価を引き上げるだろう.結局は実質賃金は変更されていないことになる.ここで起こっていることは,労働者がお互い個別に交渉しているということである.それぞれの労働者(あるいは組合)は,他の労働者の賃金,つまりは他のすべての価格が一定であるかのように行動する.この見方からすれば,貨幣賃金の上昇が実質賃金を引き上げるであろう.しかし,すべての労働者がこのように行動すれば,彼らは購買力の強化をともなわないで,全体の物価水準を上昇させることに成功するだけである.それはちょうど,スポーツイベントにおいてそれぞれの観客が視界がより良くなると思って立ち上がっていくように,労働者が結合の誤謬の犠牲となる.

8.4 賃金と価格設定の動学

　労働市場における賃金決定と財市場における価格決定を動学的にどのように関連づけるかという完成像を得るために，これらの考え方を結びつけることができる．図8.2には，賃金曲線と価格によって決定される実質賃金の両方が示されている．たとえば Y_0 のような GDP 水準における事象を解釈する必要がある．そこでは，賃金曲線と価格によって決定される実質賃金は交わらない．この GDP 水準では，交渉によって成立した実質賃金 W/P^e は実際の実質賃金よりも高く，それは価格によって決定される実質賃金 W/P である．これは，$P^e < P$ であるために，労働者が計算違いしてしまったことを示している．労働者は実際にはその強い交渉の立場に見合ったものよりも低い実質賃金を受け取ることになる．GDP が高い時には，失業率が低くなるので，彼らの交渉の立場は強くなる．次の賃金交渉の段階では，労働者あるいは組合は個別に交渉するが，彼らは交渉によって成立した賃金と実質賃金の差を小さくするよう賃金の引き上げを主張するであろう．そして，彼らは交渉上有利な立場にあるので，その賃金が支配的となるであろう．しかしすべての労働者が賃金の引き上げに成功すれば，企業はこれらのコスト上昇を，価格に転嫁するので，再び出発点に戻ることになる．Y_0 のような生産水準は，交渉によって成立した実質賃金と価格によって決定される実質賃金の間に**インフレ・ギャップ**を生じさせ，それが賃金と物価の上昇に結びつく．

　たとえば，価格によって決定される実質賃金は労働者1人当り産出量の 0.5 ユニットであるが，Y_0 における交渉によって成立した実質賃金は 0.55 ユニットであると仮定する．労働者は前年に受け取った実質賃金（仮定によって常に価格決定的実質賃金となる）と本年に交渉によって受け取る実質賃金の差を小さくするために，貨幣賃金を 10 ％（つまり $[0.55-0.5]/0.5$）引き上げるよう要求する．この賃金上昇は直ちに価格に転嫁される[3]．生産が Y_0 の水準にある限り，この賃金と物価の上昇のサイクルは繰り返される．

第8章　総供給曲線

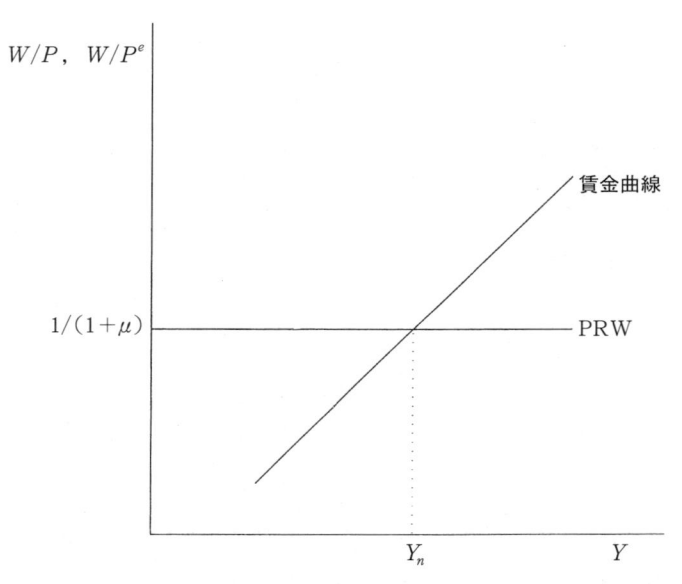

図 8.3　生産が均衡水準にあり，失業が自然失業率に達する時，労働者の交渉によって成立した実質賃金と価格決定的実質賃金は互いに完全に一致している．

低水準の GDP では，図は逆転し，労働者は交渉によって成立した賃金を超える実質賃金を受け取る．この場合，雇用者は貨幣賃金の引き下げを迫り，賃金と物価の下落スパイラルが続いて起こる．低い生産水準は賃金と物価の下落に結びつく**デフレ・ギャップ**を生じさせる．

インフレーションはこのモデルにおいては，労働者の熱意，それは交渉によって成立した実質賃金によって測られるが，それと独占企業の市場支配力によって与えられる実行可能な賃金との間にギャップがある場合に生じる．これはローソン（Rowthorn, 1977）が強調している**インフレーションの闘争理論**（conflict theory of inflation）である．

安定した賃金と物価に一致する GDP 水準が存在し，それは，交渉によって成立した実質賃金曲線と価格によって決定される実質賃金が交わる図 8.3 の生産水準 Y_n において生じている．この GDP 水準を**自然産出量水準**（natural revel

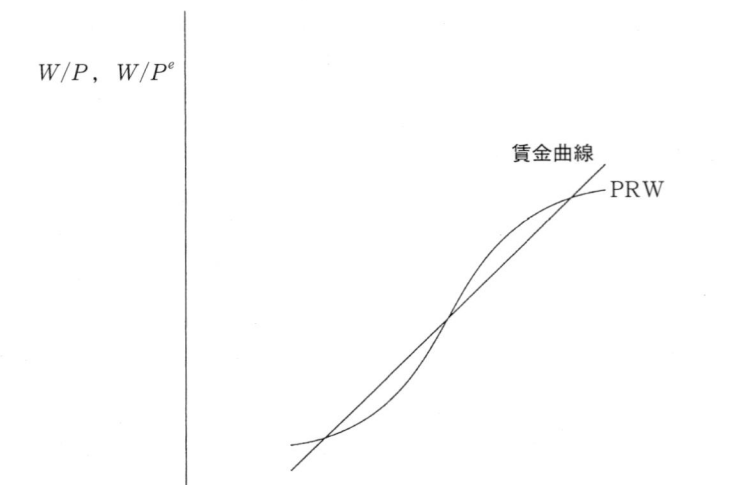

図 8.4 もしマークアップが機能的に需要水準に依存していれば，PRW 曲線はいくつかの点で賃金曲線と交わる．これらのおのおのの点は潜在的な自然失業率を説明する．多数均衡の理論的な可能性は，唯一の自然失業率の存在に関していくつかの懐疑的見解を示唆する．

of output) と呼んでいる[4]．この場合，$P^e = P$ なので労働者は計算違いしておらず，交渉の立場に見合う実質賃金を正確に得ることができる．

経済学者は最初この点を，それに関係する失業率 u_n に関連するものとしてとらえたが，これは**自然失業率**（natural rate of unemployment）と呼ばれている．自然失業率は，労働者の熱望を実行可能な実質賃金にあわせる．自然失業率の別の同義語は NAIRU（non-accelerating inflation rate of unemployment ［非加速的失業のインフレ率］の頭字語），構造的失業率，持続可能な失業率（アメリカの経済諮問委員会によって作られたものであるが，残念ながら幅広く使われていない）などである．これらの名前はいずれも特に正確だというわけではない．たとえば，自然失業率については，変化するかもしれない，あるいは実際に変化してきた政治的，社会的な制度に依存しているので，何も自然

ではない．もっとも，自然率に影響を与えるこのような変化について活発な公の議論が盛んに行われている．

8.5　自然失業率は存在するか

インフレーションと失業に関するほぼすべての公の議論では，明確に定義された自然失業率の存在が前提となっている．自然率の存在は，ここに1つ示されているように，もっとも単純なマクロ経済モデルによって予測され，必ずしもより洗練されたモデルによって予測されているわけではないことに気づくことは重要である．

たとえば，われわれは単純モデルのフレームワークのなかで**多数均衡**の可能性を示すことができる．マークアップは一定のままであるというよりも，むしろ経済の需要水準に依存して変化することを想定しなければならない．もしマークアップが需要の関数であれば，価格によって決定される実質賃金は同じようにGDP水準に依存するであろう．図8.4は，この場合にPRW曲線が賃金曲線といくつかの点で交わる可能性があることを示している．これらの点のそれぞれが異なった自然失業率を説明している．理論的な根拠に基づいてマークアップのこの種の動きをどうしても除外できなければ，インフレが安定する点で実際には多くの失業率が存在するかもしれないということを軽視すべきでない．

多数均衡の別の例を挙げれば，ある1つの経済モデルにおいては，長期の失業期間に賃金曲線がシフトする．もし大量の失業が労働者を落胆させ，失業状態が労働者の技術力や野心を低下させるとすれば，失業者が被雇用者に取って代わろうとする脅威を弱める効果がある．これが賃金曲線を左にシフトさせ，均衡生産水準を低下させ，自然失業率を上昇させる．このモデルでは，大量の失業が永続的に起こるが，これは**履歴現象**として知られている．常に同一の自然失業率に戻るというよりもむしろ，経済はそれがもつ過去の経験に依存したあるレートに向かって引き付けられるであろう．これは**経路依存性**として知ら

れている．多くの経済学者は，履歴現象が1980年代と90年代のヨーロッパにおける持続的な高失業率を説明するのに有効であると考えており，これはしばしば**ヨーロッパ硬化症**（Eurosclerosis）と呼ばれている．これらの洗練されたモデルをさらに深くは追求しないが[5]，読者には，唯一の明確に定義された自然失業率が存在するというあらゆる主張に対して懐疑的であることが望まれる．これはせいぜい政策を分析する上での第一近似，つまりは幅広い枠組みである．

自然失業率に関しては，2つの競合する解釈がある．1つめはそれを完全雇用あるいは非自発的失業の欠如と関連づけられるものである．この解釈は多くの新古典派やマネタリストの経済学者たちに受け入れられている．しかし，これはここに示されている労働および財市場のモデルと矛盾する．2つめの説明は，ニュー・ケインジアン理論と関連づけられるものであるが，自然失業率における非自発的失業の存在を肯定するものである．われわれのモデルでは，労働供給は非弾力的であり，したがって均衡において$L-Y_n$の労働者が非自発的失業である．より近代的なマクロ経済理論では，自由主義経済において完全雇用は事実上不可能であると予測している．たとえば，効率賃金モデルの下では，完全雇用は，失業のコストがゼロであることを暗に示している．つまり労働者は例外なく怠け，それがあらゆる完全雇用均衡を妨げる．これらのモデルでは，労働者の訓練の工夫として役立つように，失業が必要となる．この考え方は，労働予備軍のマルクス主義理論を起源としており，カレツキ（Kalecki, 1943）によってマクロ経済学に再導入されたものである．

8.6 価格期待

ここに示されている動学は，期待物価水準と実際の物価水準の間の相互作用に関係していることは明らかである．労働者が賃金及び物価の動学がどこへいきつくかを正確に予測することは不可能であり，彼らは継続的に物価水準を過大または過小に見積もる（以下に示されているように，別の解釈では，新たな

情報を得たときに労働者がすばやく行動するのを妨げる重大なタイム・ラグがあるとする)．労働者が将来の物価を予測するために過去の情報（主に過去の物価動向）を利用する時，これは**適応的期待**（adaptive expectations）と呼ばれる．ここではもっとも単純な適応的期待の式を用いる．それは物価水準が時間を通して一定のままであることを労働者が期待するということを示している．すなわち，

$$P_t^e = P_{t-1} \qquad (8.4)$$

ここで，下付き文字 ($t, t-1$) は時間を表わしている（表記を簡単化するために，以後は t を省略し，等式は $P^e = P_{-1}$ と表わす）．この種の期待は，期待されるインフレ率が常にゼロであるという極限を示している．これは第10章で解決する．

適応的期待に関していくつかの不十分な点がある．労働者は結局，何度も同じ失敗を繰り返す．1つの選択として，労働者が将来の物価水準を予測するために，たとえばマクロ経済理論に対する理解など，過去の物価以外に他の情報を利用すると仮定する．労働者の価格予測の数学的期待値が実際の将来の物価水準と等しくなるとき，**合理的期待**（rational expectations）が支配的となる．合理的期待は鋭い洞察を示さない．それは労働者が体系的な誤りなしに，統計上の判断について平均して的確であるということを単に示すに過ぎない．この方法は，現実の経済における価格変動の多くが「純粋な騒音」であり，その結果，労働者がシグナル抽出の問題に直面する（本当の情報を背後のノイズから切り離す）という考えを前提としている．**完全な予測**という極端な場合にのみ，労働者は将来価格を知っていると仮定する．しかし，合理的期待も知的に満足を与える認識理論を提供できない．たとえば，合理的期待では次のことが必要である．すなわち，労働者が経済の基本的構造を知っており，また彼らが他のすべての労働者も同じ知識をもっていてそのもとに合理的に行動することを知っている．合理的期待仮説は，適合期待と同様に任意で非現実的なものである．

もっともらしい見方をすれば，あるケースでは労働者はあまりにもわずかな知識しかもっていないが，別のケースでは知識は多すぎる．

政策決定者に利用される多くのマクロ経済理論では，適応的期待は合理的期待よりもより真実に近いと仮定される．それを正当化する1つのよい例は，たとえ労働者が物価に何が起こっているかを正しく理解しているとしても，制度上の障害によって，労働者が遅れずに自らの理解に従って行動することができないというものである．たとえば，組合は一般的に複数年契約を結び，その結果，契約期間中の予期していなかった物価変動が賃金決定に影響を与えるには，契約の満了を待たなければならない．組合不在の場合でさえ，経営組織はしばしば1年毎のサイクルで賃金と価格を設定し，それが同種のラグ効果を生む．したがって，賃金と価格は硬直的であると言われる．ここで，適応的期待方程式は，労働者が将来をどのように予測するかに関する説明と同じように，賃金決定制度や賃金の硬直性に組み込まれている慣性を反映するものとして解釈できる．

8.7 AS 曲線

賃金の変化は，ただちに物価に転嫁され，また賃金は生産水準に依存するので，物価もまた生産水準に依存するのは明らかである．この考え方を定式化するために，(8.4) 式を賃金曲線 (8.2) 式に代入して変更することにより，

$$W = P^e[m_0 + m_1 Y] = P_{-1}[m_0 + m_1 Y]$$

が得られる．

それぞれの期には，過去の物価水準が明確に定められている．過去から引き継がれた変数を**先決変数**と呼んでいる．ラグのある物価水準 P_{-1} は，この先決変数にあたる．

次に，物価水準と生産水準の関係を導くためにこの式を価格決定式に代入すれば，

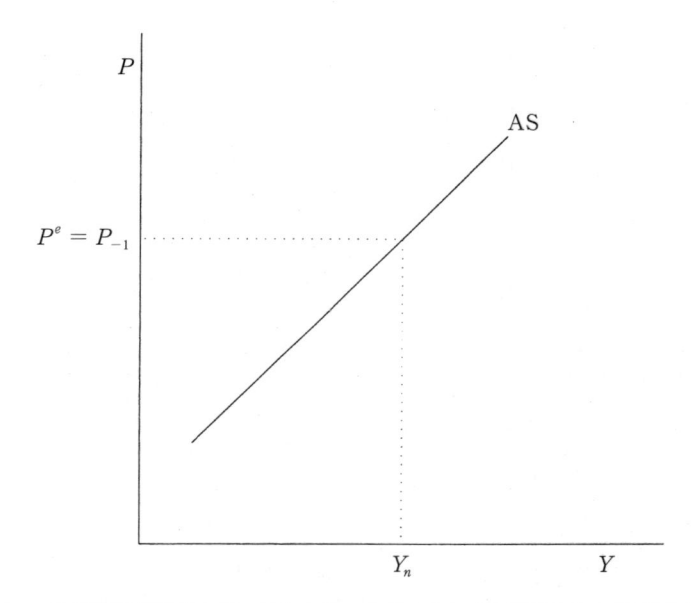

図 8.5 生産水準が自然水準に達した時，定義によれば支配的となる物価は労働者が期待する物価となる．

$$P = P^e(1+\mu)[m_0+m_1Y] = P_{-1}(1+\mu)[m_0+m_1Y] \quad (8.5)$$

となる．この式は**総供給曲線**（aggregate supply curve，略して AS 曲線）と呼ばれる．これは，期待物価水準を所与としてマクロレベルあるいは集計的なレベルにおける生産と物価の関係を示している．それぞれの個別企業は，第 2 章でみたように，企業が個別的に生産を増加させようとしてもそれが賃金に影響を与えないことから，水平な価格曲線で経営し続ける．しかし，集団的には，企業は労働市場において価格決定行動を通じて右上がりの AS 曲線を生み出す．

8.8　AS 曲線の動学的特性

図 8.5 はある特定の年の総供給曲線を示しているが，ここから GDP の自然

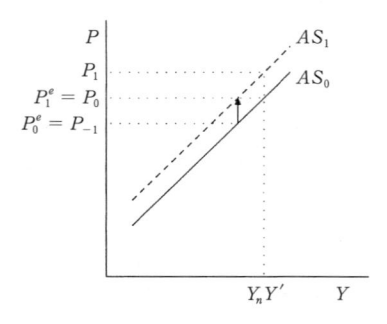

図 8.6 高水準の GDP, $Y > Y_n$ では, 物価水準は常に期待物価水準を上回っている. 期待物価の変化とともに AS 曲線は各期に上方にシフトする. 矢印は期待物価の変化が AS 曲線の位置をどのように変化させるかを示している.

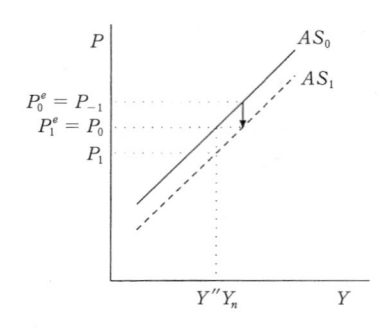

図 8.7 低水準の GDP, $Y < Y_n$ では, 期待物価が常に実際の物価水準を上回っている. 期待物価の変化とともに, AS 曲線は各期下方にシフトする. 適合期待の元では, 期待物価が実際の物価に追随する.

水準と自然失業率において，労働者が正確に実際の物価水準を予測していることがわかる．労働者は，交渉によって成立した実質賃金を受け取るので，賃金を変更するインセンティブがなく，価格は時間を通して変化しない．均衡水準を上回る GDP では，実際の物価水準が期待物価水準を上回り，インフレ・ギャップが支配的となる．この時，労働者は物価水準の予測を上方修正する．図 8.6 は GDP が均衡水準を上回る時（失業率が自然水準を下回る時）に，経済が時間を通してどのように展開していくかを示している．0 期において，期待物価 P_0^e は実際の物価水準 P_0 よりも低い．労働者側のこのような計算違いは，労働者が交渉における強い立場に見合わない低い実質賃金を受け取り，次の期（1 期）にはより高い賃金を要求することになることを意味している．労働者は (8.4) 式を通じて，0 期の物価水準を 1 期の期待の基礎とし，これが 1 期に要求する賃金を決定する．これらの動学は，図 8.6 に示された AS 曲線のシフトによって説明される．新たな総供給曲線 AS_1 は，$P_1^e = P_0$ となる点に位置する．もし生産水準が一定のままであれば，新たな物価水準は P_1 となる．しかしこの点では，インフレ・ギャップが持続し，その結果，賃金決定，価格決定，そ

して価格期待の変化というこの循環が，時間を通して物価水準を上方に押し上げ続ける．

　自然水準より低い GDP の水準では，期待物価水準が実際の物価水準を上回り，デフレ・ギャップが支配的となる．この時，労働者は物価水準の予測を下方修正する．図 8.7 はこの状況を示している．デフレ・ギャップが持続する限り，AS 曲線と物価水準は時間を通して下降傾向を辿る（注意深い読者は，技術的に言えば，期待物価の変化が AS 曲線の傾斜を変えることに気づくであろう．AS 曲線の実際の移動は平行移動ではないが，これはここでは無視した微細な点である）．

　GDP が自然水準から離れている時，そのことによって賃金決定，価格決定，そして価格期待変化の循環が始まる．高水準の GDP は，賃金と物価の上方スパイラルにつながり，低水準の GDP は，賃金と物価の下方スパイラルにつながる．

　これらの思考実験は，AS 曲線の動学的特性をよりよく知るために設計されている．しかし，ここでは生産水準が一定で，物価水準から独立であるとみなしているので不十分である．労働市場，財市場，貨幣市場，資産市場の完全なモデルを作るために AS 曲線と AD 曲線を結びつけることによって，価格と生産の決定が相互にどのように関連しているかについて，よりよく理解することができるであろう．

☞ 第 8 章の問題 ─────────────────

　これらの問題は，以下の仮説経済のデータを利用している．
　マークアップ率は 0.25，賃金曲線は $W/P^e = 1 - 2.5u$，労働力は労働者＝100 人とする．生産関数は $Y = N$，$P^e = P_{-1}$ である．

1．1 人当り賃金が 5 ドルの時に企業が決定する価格を計算しなさい．また労働者が受け取る実質賃金，および価格決定的実質賃金を計算しなさい．

2．この経済における自然失業率，および自然水準 GDP を求めなさい．

3．もし GDP の水準が 95 ドル/年であれば，失業率はどうなるか．また，労働者が受け取ることを期待する実質賃金はどうなるか．1 人当り名目賃金が 5 ドルであれば，労働者が期待する賃金水準はどうなるか．また，どのような物価水準が支配的となるか．

4．前問において，GDP 水準を不変と仮定した場合，次期の交渉（たとえば翌年）において，労働者はどのような貨幣賃金を交渉するであろうか．

5．この経済の総供給曲線を導きなさい．GDP 水準が 95 ドル/年のままの時，次の 3 年間の AS 曲線をグラフに示しなさい．

6．昨年の物価水準が 6.25 ドル/ユニットで，GDP 水準が 92 ドル/年の時，前問の AS 曲線を用いて物価水準を求めなさい．また，問題 2 を考慮して貴方の解答の意義を説明しなさい．

7．『大統領経済報告書』の付録の統計を用いて，アメリカの過去 30 年間の物価水準のデータをみつけ，テキストの理論ともっとも密接に関係する連鎖タイプの価格指標を探し出しなさい（それは，たとえば消費財のようにただ 1 つの構成部分ではなく，GDP 全体を引き下げることが可能なものでなければならないことに注意しなさい）．

注

1）カレツキ（Kalecki, 1971）は，この立場の早くからの主唱者であった．賃金および物価の理論的，実証的研究の徹底したサーベイには，（Layard et al, 1991）を参照されたい．
2）企業は，従業員のモラルへの影響のために貨幣賃金の引き下げに消極的であるという十分な証拠が実際にいくつかあり，その結果，貨幣錯覚が支配的となる．詳しくは（Bewley, 1999）を参照されたい．
3）第 10 章でみるように，もし労働者がインフレを予測すれば，彼らは期待インフレ率に 10 ％上乗せした額を要求するであろう．
4）"natural" という用語は，均衡値を表わす言葉としてアダム・スミスによって最初に用いられた．スミスは自然価格と市場価格を区別した．それ以上に深い意味をもつものではない．
5）"履歴現象" の優れた理論的，実証的な論述については，（Layard et al., 1991）を参照されたい．

第 9 章

AS-AD モデル

訳．内藤 二郎

AS-AD モデルは，完全なマクロ経済モデルである．それは，生産物市場，貨幣市場，債券市場，労働市場を含む一般均衡を説明する．AS-AD モデルには，経済行動の「短期」と「長期」とではある重要な相違がある．短期では，物価期待は決定されており，変更されない．それぞれの期間が短期である．長期は，すべての市場が完全に調整され，物価期待も完全に調整される状態として定義されている．AS-AD モデルの長期均衡は，GDP の自然水準と自然失業率であることがわかるだろう．モデルが長期均衡から外れている時（それが存在すると仮定した場合），短期均衡の繰り返しを通じて自然水準に向かう．これを促す主要な動学的要因は，前章ですでに学習した，価格期待，賃金決定，価格決定の循環である．

9.1 AS-AD モデルの動学的調整

AS-AD モデルの比較均衡分析を始める前に，均衡が安定であることを確認しておく必要がある．この分析においては，ある程度随意に，経済は即時に IS-LM 均衡に達すると仮定する．これは，IS-LM 体系を映し出す AD 曲線上の短期均衡点に継続的に達することを意味する．同様に，賃金及び物価決定の間にラグがないと仮定し，その結果，経済は常に AS 曲線上で動く．経済の動学的経路は，時間を通して AS 曲線と AD 曲線の交点によって示されるだろう．

図 9.1 の Y_0 のように，自然生産水準より下にある GDP 水準を考える．この生産水準では，実際の物価水準は期待物価水準に達していない．労働者は弱い

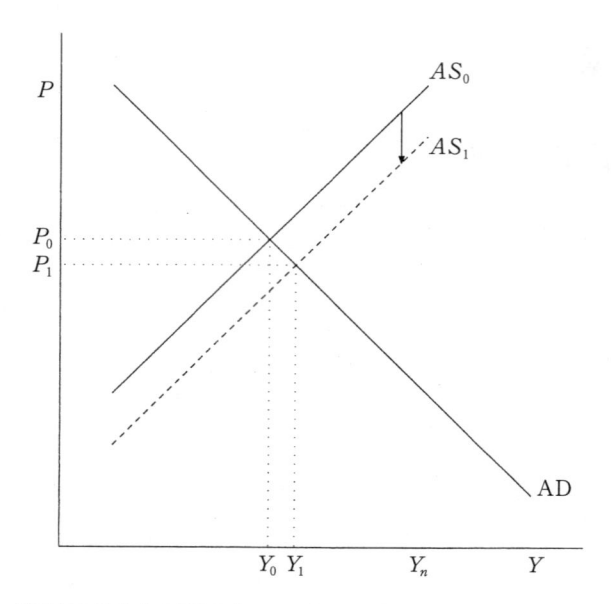

図 9.1 経済が自然生産水準以下にある時，AS 曲線は下方にシフトする．矢印は AS 曲線の位置を変える物価期待の変化を示している．物価が下落すれば，経済はより高水準の GDP まで AD 曲線に沿って動く．この過程は経済が物価の安定が支配的となる自然水準 GDP に達するまで続く．この理論では不況は自動制御的である．

交渉立場に見合うよりも高い実質賃金を受け取り，雇用者は賃金カットを主張する．労働者が期待を下方修正し賃金カットを受け入れると，AS 曲線は下方にシフトする．このシフトが価格を下落させるが，下落する価格はケインズ効果を通じて総需要を刺激し，AD 曲線の下方に移動し始める．経済は，自然水準の GDP に導く短期均衡の繰り返しを通じて自動的に動く．同様の議論は，自然生産水準を上回る GDP 水準から始まり，自然生産水準が安定した長期均衡を説明することを立証している．

この問題を終える前に，GDP 水準が下落する時，物価の下落が経済の回復を保証するということを，ケインズ自身が否定している点を指摘しておかなければならない．ケインズの議論は，図 9.2 によって示されているように，深刻

第9章 AS-AD モデル

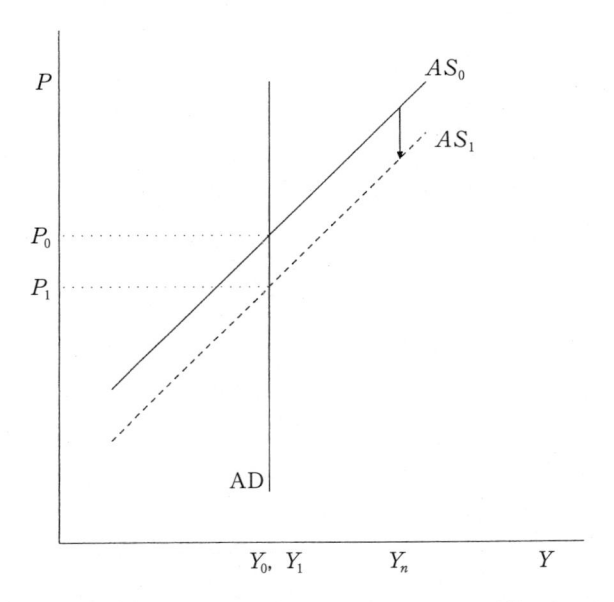

図 9.2 AD 曲線が垂直（あるいは極めて急）な場合，物価の下落にもかかわらず経済は自然生産水準に留まるであろう．

な不況時には AD 曲線は垂直に（あるいは極めてそれに近く）なり，それは，投資支出が利子率に対して非感応的であるか，経済が流動性のわなに陥っているかのどちらかの理由によるというものであった．いずれの場合にも，いかなる程度のデフレーションも経済を回復させるのに十分でない．ケインズは，経済を回復させるのに財政政策が必要不可欠であると論じた．この立場は，市場経済が自動調整的であるということを否定するため論争の的になっている．近代マクロ経済理論は，自動調整的であるという市場経済の特徴に関するケインズの「懐疑論」を無視する傾向にあるが，かといってこの立場が十分に正当化されているかどうかはまだ明らかではない．たとえば，すでにみたように，1990 年代の日本は物価の下落と経済の停滞を経験したが，これはケインズの立場と矛盾しない．

ここでは，投資支出が図 9.2 に示されている可能性を除くのに十分，利子感

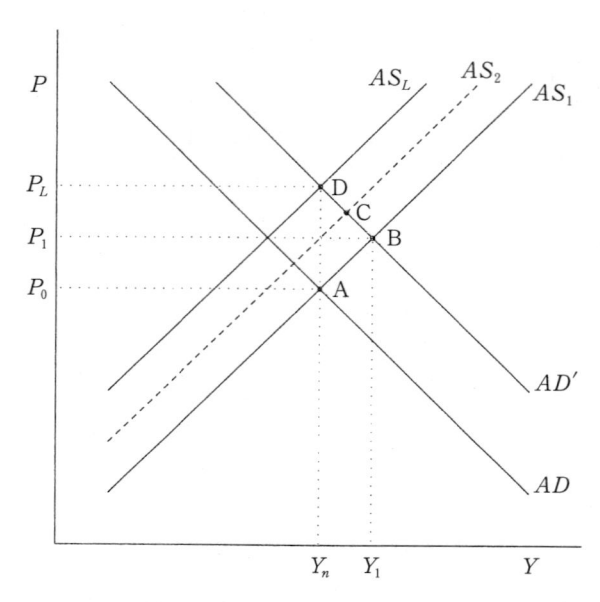

図 9.3 元の長期均衡（A）からスタートし，（財政または金融の）刺激政策が AD 曲線を外側へシフトさせ，短期の物価水準と生産水準を引き上げる（B）．ここで GDP は自然水準を上回る点に位置しているので，労働者が物価期待を修正することにより AS 曲線は上方にシフトし，それが AS 曲線の位置を変え経済を新たな AD 曲線に沿って動かす．最初のこの動きは点線で示された AS_2，そして（C）点によって示されている．賃金と物価の上方スパイラルは，新たに長期均衡点（D）が自然生産水準において回復されるまで，経済を AD 曲線にそって動かす．

応的であるという仮定のもとに議論を進める．しかしこれは，自動調整的な資本主義経済の特徴を支持するというよりもむしろ，教授上の方策としてとらえられるべきである．

9.2 短期と長期の経済政策

財政政策と金融政策はともに AD 曲線の位置に影響を与えるので，これらは AS-AD モデルにおいて同様の説明ができる．経済政策における比較均衡分析は，2 つの異なった時間，すなわち短期と長期に関連している．この分析を

行うために，われわれは均衡水準GDPにおける長期均衡から始める必要があり，これは比較の基礎となる．たとえば，図9.3に示されているように，刺激的財政政策，または刺激的金融政策がAD曲線を外側へシフトさせる．短期では，新たなGDPの均衡水準が上昇し，物価水準も同様に増加する．新たなより高い水準のGDPでは，すでにみたように，刺激策によって生じた物価上昇を予測していなかった労働者が物価期待を修正するので，AS曲線が上方へシフトする．前節でみたように，これらの上方シフトは，この体系が自然水準のGDPに戻り，新たな長期均衡が確立されるまで続く．

政策変更は2つの段階からなっている．(i)第1に，政策はAD曲線の位置に影響を与え，AS曲線に沿った移動を引き起こす．(ii)次に，経済はもはや自然生産水準にないので，長期均衡を回復するために，AS曲線は時間を通してシフトする．経済は自然生産水準に戻るまでAD曲線に沿って動く．財政政策と金融政策の違いは，AD曲線の元になるIS-LMモデルの動向をさらに深く検証することによってのみ明らかとなる．

9.3 財政政策

政府支出の増加を考えてみよう．図9.4はIS-LM図表を用いた事象を示している（AS-AD図表を用いた説明は図9.3に戻って参照）．前節でみてきたように，AD曲線は外側にシフトする．新たな短期均衡は，より高い生産水準とより高い物価水準において生じる．IS-LM図表では，増加した政府支出はIS曲線を外側へシフトさせることがわかる．短期においては，P_0からP_1への物価上昇によってもたらされるケインズ効果により，LM曲線は上方へシフトする．次の期には，物価上昇が実質マネーサプライを減少させ続け，LM曲線を左にシフトさせる．この体系が自然水準GDPに達する時，物価は安定し，LM曲線は新たに長期の位置に達しているであろう．

このことは，固定価格における純粋なIS-LMモデルを通して導かれる結論

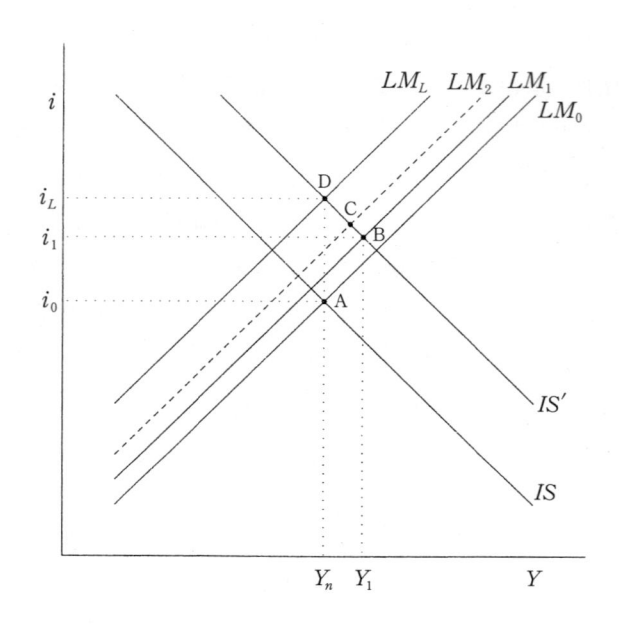

図 9.4 財政刺激策は IS 曲線を外側へシフトさせる．LM 曲線の位置は実質マネーサプライ，M/P に依存する．たとえ短期（B）の場合でも，$M/P_1 < M/P_0$ なので LM 曲線は上方にシフトする．物価水準が上昇すれば，それが実質マネーサプライをさらに侵害し，LM 曲線を上方にシフトさせ続ける（C）．最初のこの動きは，点線の LM 曲線で示されている．最終的に LM 曲線は，LM_L で示されている長期均衡の位置（D）に達する．A，B，C，D と示された各点は，図 9.3 に対応している．

を証明している．つまり財政政策は，短期において需要水準をコントロールするのに有効な手段であり，安定化を目的として用いられる．では，AS-AD 分析によって何が加えられるのであろうか．短期では，物価上昇が起こりがちである．この物価上昇が実質マネーサプライを減少させるので，財政政策による刺激をいくぶんやわらげるであろう．おそらく実質的にこの効果は小さいので，物価を無視したとしても，IS-LM モデルが短期の分析におけるよい近似的な結果となる．

長期では，生産は自然水準に戻る．財政政策は生産水準を変化させないが，長期の生産構成を変化させる．このことは，所得-支出恒等式，$Y = C + I + G$

を参照することによりわかる．Y が変化していないので C も変化ない．G の増加を確保するために投資支出は減少する．ここに長期における完全なクラウディング・アウトが生じる．これは i_0 から新たな長期の値である i_L への利子率上昇のメカニズムである．

　この体系を自然水準に戻す軌道は，新たな AD 曲線に沿っている．それぞれの年に，物価期待の変化が AS 曲線を上方にシフトさせ，物価水準を引き上げ，総需要水準を引き下げるケインズ効果を引き起こす．物価上昇が実質マネーサプライを減少させ，それが利子率を引き上げ，最終的にクラウディング・アウトが支配的となるメカニズムを生じさせる．短期では，理論的にはクラウディング・インとクラウディング・アウトの可能性のある固定価格の IS-LM モデルを用いたわれわれの先の結論は有効である．しかし，長期においては，AS-AD モデルにおけるクラウディング・アウトについて疑う余地はない．[1]

　所得税や他の自動安定化装置の存在する実際の経済において，政府の財政黒字は GDP 水準に依存している．不況期に GDP が減少すれば，徴税水準は自動的に低下し，GDP が上昇すれば，より多くの税収が得られる．しかしこのことは，財政黒字が実際の課税及び支出政策の変化と，景気循環によって起こる GDP の変化の両方を反映していることを意味する．これらの効果を分けるために，経済学者は，GDP が自然水準にある時に支配的となる**構造的**，すなわち**高雇用**の財政黒字の見積りに注目する．構造的財政黒字は，適切な財政政策の真の特徴を示すもっとも信頼できる指標である．構造的赤字は刺激策とみなされ，構造的黒字は緊縮策とみなされる．構造的黒字があるが実質的には赤字の経済は不況であり，長期均衡への回復を急いで，構造的赤字による刺激に耐える（これはより大きな実質的赤字を意味する）ことができる．経済が回復すれば，政策は財政中立的な立場に戻る．

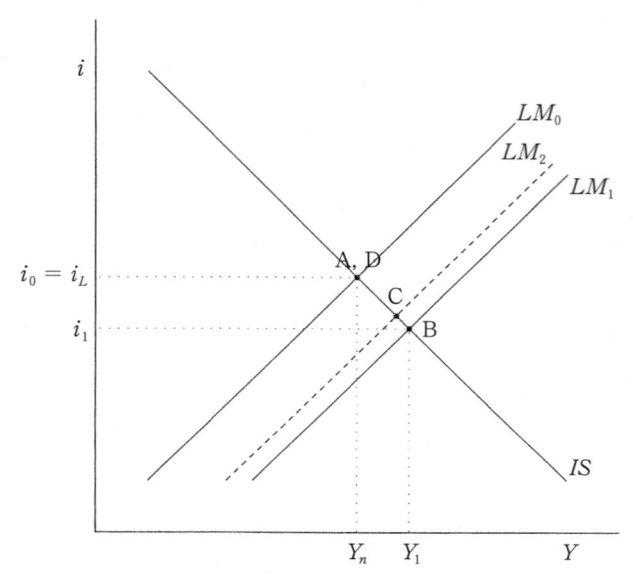

図 9.5　AS-AD モデルにおける M から M' へのマネーサプライの増加は短期において LM 曲線を外側へシフトさせる（B）が，物価インフレが最終的に実質マネーサプライを元の水準に戻す（A, D）．ここで，実質マネーサプライが M/P_0 から M'/P_1 へ，そして M'/P_L へ戻るのとともに LM 曲線はシフトする．点線の曲線は一期のちの LM 曲線の位置を示している．A, B, C, D と示された各点は，図 9.3 に対応している．

9.4　金融政策

　マネーサプライの増加は同様に AD 曲線を外側へシフトさせ，そして図 9.5 に示されているように，IS-LM 図表を用いて何が起こっているかを分析することができる．この場合，当然ながら短期において LM 曲線は外側へシフトするが IS 曲線は固定されたままである．そして繰り返しになるが，短期の生産水準と物価水準はともに上昇していることがわかる．IS-LM モデルの予測は，金融政策には一般的に生産を刺激することが期待されているというものであり，それは刺激の度合いをやや過大に見積もっているかもしれないが，質的には正当性を維持している．短期においては，金融政策はマクロ経済の安定化

にとって価値のある手段である．

しかしながら，長期では金融刺激は物価上昇に消散する．図9.5における，システムを自然生産水準に戻す新たなIS曲線に沿った動きのなかにこのことが確認できる．

IS-LM図表を参照することによって，短期では金融政策がLM曲線を外側へシフトさせるのに対し，長期では，物価上昇によるケインズ効果がLM曲線を元の位置に戻すことがわかる．LM曲線の位置は実質マネーサプライによって定義されることから，物価水準が名目マネーサプライと同じ割合だけ上昇したので，実質マネーサプライが元の水準に戻っていることは明らかである．もちろん長期では，実物変数が名目マネーサプライの増加の影響を受けていないことは明らかである．この特徴は**貨幣の中立性**（neutrality of money）と呼ばれている．AS-ADモデルでは，貨幣は長期において中立である．

貨幣の中立性は，無責任な中央銀行による過度の貨幣創造がインフレの原因となるという伝統的なマネタリストの主張の重要な部分を占めている．マネタリストの経済学者は，**貨幣数量説**（quantity theory of money）を支持し，それは交換方程式（1.7）式を因果的に解釈する．もし，貨幣が中立的であるとすれば，それは生産水準や貨幣の流通速度（利子率と生産水準によって決定される）に影響を与えない．したがって，交換方程式 $MV = PY$ において，M のいかなる上昇も P を同じ割合だけ上昇させることになる．これは，「物価の貨幣数量説」と呼ぶのがより適当であろう．

交換方程式は，貨幣数量説が有効となるための3つの必要条件を示している．第1に，生産水準は貨幣量に影響されてはいけない．この条件は，唯一の自然失業率が存在する場合に満たされる．第2に，貨幣の流通速度は，貨幣量に影響されてはいけない．これは貨幣需要が利子率と所得水準の安定的な関数であり，これらの変数が貨幣量に影響されないことが必要となる．第3に，貨幣量はある意味で外生的変数でなければならず，政策決定者によって操作可能でなければならない．この条件は，いくつかの貨幣理論において考えられているよ

うに，貨幣が内生的である場合には満たされない．内生的貨幣は，個人の信用証券の貨幣化（貨幣への転換）によって生み出される．数量説の有効性に関する議論は，これら3つの条件のうちの少なくとも1つに焦点を当てている．

近代マクロ経済理論は，ケインジアンとマネタリストの理論について，前者が短期において有効であり，他方，後者は長期を説明するものであるという認識によって，両者の間の対立を解決するものである．金融政策を説明しようが財政政策を説明しようが，それは正しいのである．

9.5　完全な予測のもとの金融政策

合理的期待の理論的含意へのいくつかの洞察を得るために，完全な予測のもとでの金融政策の極端な場合を簡潔に考察する．労働者がマネーサプライが増加するであろうと予測していると仮定する．さらに，労働者は経済の構造を理解しており，新たな物価水準を予測できるものとする．彼らが予測した物価水準はどのようなものであろうか．明らかに，それは図9.3の新たな長期の物価水準 P_L である．それがもし他の物価水準であれば，すでに繰り返しみてきたように，期待物価は実際の物価とは異なり，それはここでの完全な予測という仮定に矛盾することになる．

マネーサプライが増加した後の期待物価が長期の水準に等しければ，AS曲線が即座に新たな長期の位置にシフトすることを意味している．AD曲線が外側へシフトしたとしても，総需要の増加が生産水準に影響を与えるのをちょうど打ち消す分だけAS曲線が上方にシフトしている．図9.3に関して，経済はA点からD点へ直接移動する．注目すべき結論は，完全な予測のもとでは，予測された金融政策は短期においては実質的効果をもたないということである．この結果を回避する唯一の方法は，予期せぬ金融政策によって労働者を驚かせることである．

合理的期待と物価の伸縮性を仮定するマクロ経済モデルでは，この特徴を共

有する傾向にある．たとえば予期せぬ貨幣的なショックや任意の物価の変化などのように，驚き（surprise）のみが実質的結果をもたらすのである．このようなモデルでは，貨幣は短期においても長期においても中立である．しかしながら，これらのモデルは物価の伸縮性を過大視するため，議論の余地が残る[2]．たとえば，それらは複数年契約などの制度的特徴によってもたらされる賃金の硬直性を無視する．その結果，これらのモデルが理論的な経済学者にとっては興味深いものであっても，政策の分析においては，短期では貨幣は中立的でないとするわれわれのモデルよりも重要性が低い．

9.6 倹約のパラドックス

最後に，AS-AD モデルにおいて，家計の望ましい貯蓄の増加がもつ効果を考える．短期において，独立消費の減少は AD 曲線を下方，または左方へシフトさせる．基本となる固定価格の IS-LM モデルの場合と同様に生産水準は下落するが，物価も下落してその衝撃を和らげるケインズ効果を生じさせるので，それはさほど大きなものではない．このように，短期では，倹約のパラドックスは何らかの修正によって維持され，AS 曲線の傾斜に依存する．

しかしながら長期では，経済は自然の活動水準に戻り，生産水準に関して倹約のパラドックスは存在しない．貯蓄と投資については，経済を長期均衡に戻すケインズ効果が利子率を低下させ投資を刺激することによって作用する．ここで投資-貯蓄恒等式 $I = S + (T - G)$ から，長期の投資は個人貯蓄と**等比で**増加したに違いないと容易に推論できる．仮定によって，政府貯蓄は不変である．個人貯蓄は可処分所得の関数であり，元の水準に戻っているので，長期の個人貯蓄は望ましい額だけ増加していることが明らかである．倹約のパラドックスは，うまく機能する AS-AD モデルの視点からみれば純粋な短期の現象のようにみえる．

しかしながら，ケインズが信じていた，うまく機能しない AS-AD モデルに

おいては，倹約のパラドックスは，まさに長期の可能性であることに留意すべきである．ケインズは，ケインズ効果が好況の回復に期待できるということを否定したが，それは投資がより低い利子率に反応しないためか，あるいは流動性のわなが利子率が十分に低下するのを止めるためかのどちらかだからである．ケインズの立場がたとえ技術的に言えば誤りであるとしても，調整の過程は非常に遅く，困難をともなうので，それはあらゆる実用的な目的にとっては正しいものとなる．

9.7 AS-AD モデルの長所と限界

AS-AD モデルは，現代経済が不況に陥るという厄介な傾向との取組みに向けられた安定化政策の基本的な枠組みである．それは，短期において経済を刺激するのに金融政策や財政政策をどのように用いることができるかについて，政策担当者に効果的な判断力を与える．また，自然生産水準を超える成長を引き起こさないよう政策担当者に警告を与える．それは，インフレ圧力となるからである．しかしながら，自然生産水準とは実際にどのようなものであるかは示されておらず，経済学者の間の多くの意見の相違が，最終的にこの問題に対する考え方の違いとなっている．

AS-AD モデルからみれば，実際の経済にみられる変動は，外生的需要ショックによるものか，供給ショックによるものか，あるいはその両方によるものかのいずれかである．われわれは IS-LM モデルに関連する需要ショックのタイプについて議論した．需要ショックの例としては，1990 年代の日本の不況が挙げられるであろう．この不況は，企業投資を急激に減少させた金融危機によって引き起こされた．

供給ショックは，自然失業率の変化，賃金の失業に対する感応性，あるいはその両方によって AS 曲線の位置や傾斜に影響を与える．供給ショックの例は，経済学者が原油価格の下落，技術的変化の復活，あるいはその両方に起因する

と考えた1990年代のアメリカの好況であろう．これらのショックは価格決定的実質賃金を上昇させ，自然失業率を低下させ，AS曲線を外側へシフトさせたかもしれない．

経済学者の間の共通の意見としては，好ましいショックと好ましくないショックの間には対称性があり，その結果，経済は自然水準の周りを循環する傾向にある．この場合に政策は，経済が不況の際には緩和的となり，景気が過熱状態にある時には減速させるという，安定化装置として役立つものでなければならない．しかしながら多くの経済学者は，資本主義経済はプラスのショックよりもより多くのマイナスのショックを生み出すとするケインズに依然として同意し，政策決定者には実際のGDP水準と潜在的あるいは自然水準との間の乖離を埋めることにより注意を払うよう要求する．

本章におけるAS-ADモデルは，経済はいったん長期均衡に達すれば，価格が安定すると予測する．過去半世紀における実際の経済では，物価は，不況期にいくつかの例外があったにせよ，多かれ少なかれ上昇し続けてきた．インフレと失業の政策的ジレンマを理解するには，AS-ADモデルを拡張する必要があり，それにより，インフレのより現実に即した状況が映し出される．

☞ 第9章の問題

1. 減税を説明するAS-ADおよびIS-LM分析を図示しなさい．その際に，新しい短期の位置と長期均衡をそれぞれの図に示しなさい．また，それぞれの図における重要な特徴を示しなさい．

2. 前問で，短期と長期のそれぞれの期間における所得-支出恒等式と投資-貯蓄恒等式の各項に及ぼす政策的効果を説明しなさい．

3. マネーサプライの縮小を示すAS-ADおよびIS-LM分析を図示しなさい．それぞれの図の新たな短期の位置と長期均衡を識別しなさい．また，それぞれの図における重要な特徴を示しなさい．

4. 前問で，短期と長期のそれぞれの期間における所得-支出恒等式と投資-貯蓄恒

等式の政策的効果を説明しなさい．また，この場合の貨幣の中立性について論じなさい．

5．『大統領経済報告書』の付録の統計を用い，アメリカの物価水準のデータを探し出しなさい．（8章の問題で用いたものと同じデータでもよい）．時間を通して価格の動きを示すグラフを作成しなさい．それは，安定的な長期均衡価格の存在を示す AS-AD 理論を支持しているか？

注

1 ）この考え方には例外がある．自然水準の GDP において均衡が存在しない時，AD 曲線は垂直か極めて急になるので，政府支出の増加は投資をクラウディング・インすることができる．

2 ）物価の伸縮性をともなう合理的期待モデルは，新古典派経済学者に関連しており，賃金と物価の硬直性をともなう教科書にあるモデルを支持するニュー・ケインジアンの経済学者達にしばしば批判されている．

第 10 章

インフレーションと失業

訳．上遠野武司

インフレーションは，物価水準の持続的上昇と定義され，物価上昇率により計測される．

$$\pi_t = \frac{P_t - P_{t-1}}{P_{t-1}}$$

通常，再度添え字 t を示さずに，たとえば $\pi = (P-P_{-1})/P_{-1}$ と記述する．AS-AD モデルでは，焦点は物価水準 P にある．しかし，同じ基本モデルはインフレーションの分析に容易に拡張される．

10.1　AS 曲線とインフレーション

インフレーションと産出水準でなく，インフレーションと失業の関係に焦点を合わせるのが慣例である．それが失業率に関して記述された AS 曲線で始める理由であり，方程式 (8.1) を用いれば次のようになる．

$$P = P^e(1+\mu)[n_0 - n_1 u]$$

$n_0 = 1$ と仮定することにより，重要な内容を少しも損なわず代数を単純にすることができる．両辺を P_{-1} で割れば次式が得られる．

$$\frac{P}{P_{-1}} = \frac{P^e}{P_{-1}}(1+\mu)[1 - n_1 u]$$

期待インフレ率は次式で定義づけられる．

$$\pi^e = \frac{P^e - P_{-1}}{P_{-1}}$$

インフレーションと期待インフレーションの定義を AS 曲線に代入すると，インフレーションと失業の間にほぼ線形の反比例関係が現われる．π と u は一般に小さな百分比であり，互いに掛けるとさらに小さくなるから，すべての積の項を省いて（統合したパラメーター $\alpha = n_1(1+\mu)$ を定義すれば）次の一次近似を求めることができる．

$$\pi = \pi^e + \mu - \alpha u \tag{10.1}$$

この方程式は**期待によって増幅されたフィリップス曲線**と呼ばれる．

フィリップス曲線は AS 曲線の拡張であり，インフレーションと失業に関して表わされる．AS 曲線と，フィリップス曲線という現代理論との違いは期待の扱いにある．AS-AD モデルでは，期待物価水準はラグをともなう物価水準の値に等しい．すなわち $P^e = P_{-1}$ と仮定された．しかし，これは AS モデルでは期待インフレ率が常にゼロになることを意味しており，その理由は物価は一定を維持すると人々が予想することにある．この場合，フィリップス曲線は次式になる．

$$\pi = \mu - \alpha u$$

AS-AD モデルの均衡インフレ率はゼロになることがわかっており，その理由はシステムが自然失業率に至ると長期的な物価均衡を達成することによる．π を 0 とおき，u について解けば，次式が得られる．

$$u_n = \mu/\alpha$$

その結果，$\pi^e = 0$ という AS 曲線の仮定に関連づけられたフィリップス曲線は次式になる．

第10章 インフレーションと失業

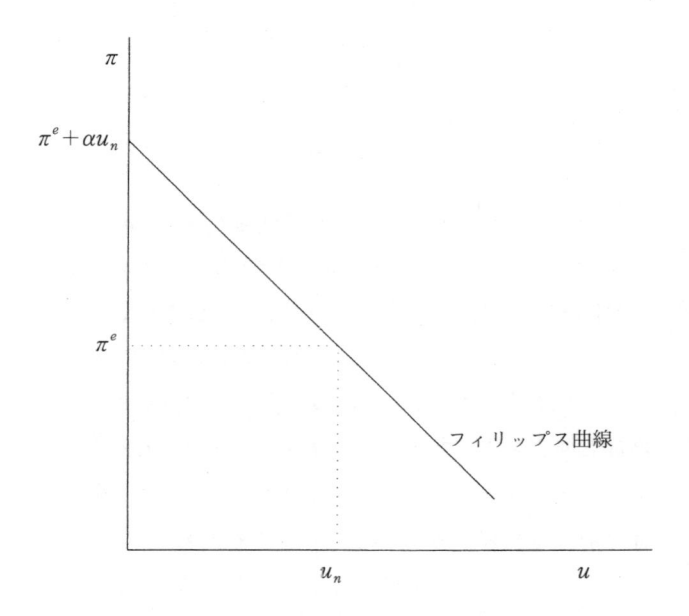

図 10.1 期待によって増幅されたフィリップス曲線はAS曲線の1つの拡張である．失業率が自然水準に達すると期待インフレ率は現実のインフレ率に等しくなる．この目標点を用いフィリップス曲線の位置を決める．

$$\pi = -\alpha(u-u_n)$$

これが A.W. フィリップスによって初めに研究された形だった（Phillips, 1958）．経済学者は，その後の研究（Friedman, 1968）によって期待インフレ率が常にゼロだと仮定するのは無意味だと納得させられたので，期待によって増幅されたフィリップス曲線を考え出したのであった．

10.2　期待によって増幅されたフィリップス曲線

同様に，インフレ期待が見込まれるとき，$\pi^e = \pi$ とおき $u_n = \mu/\alpha$ について解くことにより方程式 (10.1) を単純化することができる．元の方程式に代入

145

し直せば，期待によって増幅されたフィリップス曲線について良好な一般形をした方程式が得られる．

$$\pi = \pi^e - \alpha(u - u_n) \qquad (10.2)$$

マークアップ価格付けで物価インフレ率が賃金上昇率に依存すること（そして等しいこと）を思い起こしてみよう．この方程式の右辺は，賃金上昇率が交渉実質賃金と物価決定後の実質賃金の差の大きさを加えた期待インフレ率に等しいことを示している．この差は $-\alpha(u-u_n)$ の項で計測される．たとえば，労働者は，インフレ率を 2 ％と予測し，賃金格差が 1 ％であるならば，3 ％に等しい支払増加を要求する．すなわち，実質賃金を交渉実質賃金まで引き上げるためにインフレーションにちょうど等しい 2 ％にもう 1 ％を加えるのである．

図 10.1 に示された期待によって増幅されたフィリップス曲線が方程式 (10.2) を図示している．フィリップス曲線は所与の期待インフレ率についてインフレーション－失業間のトレードオフを描く．

労働者がインフレーションに関し適応的期待をもてば，インフレ率の予測は過去のインフレーションの観測に基づくことになる．適応的期待の単純形は次のようになる．

$$\pi^e = \pi_{-1}$$

適応的期待をこのように特化した期待によって増幅されたフィリップス曲線は次のように記述される．

$$\pi = \pi_{-1} - \alpha(u - u_n) \qquad (10.3)$$

フィリップス曲線のこの特殊形を使用することに集中しよう．

失業率が自然失業率に等しいとき，インフレ率は期待インフレ率に等しくなる．この事実は動学的分析におけるフィリップス曲線の位置を決定するのにいつも使用される．上で示した適応的期待の単純形を保つならば，期待インフレ

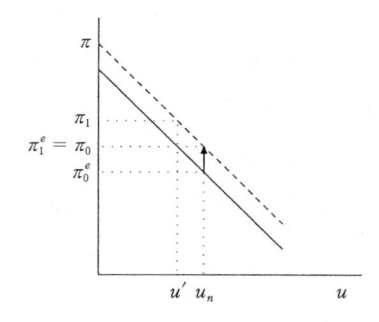

図 10.2 低失業率では，$u < u_n$ であり，現実のインフレーションよりも，期待インフレ率は常に低い．インフレ期待が変化するため，各期にフィリップス曲線は上方へシフトする．矢印は，$\pi^e = \pi_{-1}$ を仮定し，期待の変化が再度フィリップス曲線の位置を決める方法を示す．

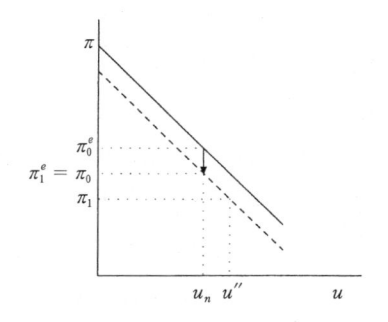

図 10.3 高失業率では，$u > u_n$ であり，期待インフレ率は現実のインフレ率を上回る．インフレ期待が変化するため，各期にフィリップス曲線は下方へシフトする．適応的期待の下で，期待インフレーションが現実のインフレーションを追随する．

率は常に1期前の現実のインフレ率になる．

失業率が自然率を上回ると，インフレ率は期待されたより低くなる．これはAS-AD モデルにおける物価と価格期待に関する動学にまったく似ているので，そこで展開されたほとんどの推論がもち越される．失業が高ければ，交渉実質賃金が現実の物価決定後の実質賃金を下回るが，その理由は労働者がインフレ率と物価水準を過大評価することにある．デフレ・ギャップ，より正確にいえば**ディスインフレ・ギャップ**が生じる[1]．労働者は次期に予測を修正する．期待インフレ率は低下する．この低下は，同じ状況でシフトする AS 曲線と同じだけ，フィリップス曲線を下方へシフトさせる．図 10.3 がそれを示す．

失業率が自然率を下回ると，インフレ率は期待インフレ率を上回る．失業率が低ければ，労働者がインフレーションを過小評価し，交渉後の実質賃金は現実の実質賃金を上回ることになる．インフレ・ギャップが生じる．労働者はインフレ予測を上方に修正し，フィリップス曲線を次期に上方へシフトさせる．図 10.2 がそれを示す．

図 10.2, 図 10.3 は，失業が自然率にないときフィリップス曲線がシフトせざるをえないことを明らかにしている．しかし，AS 曲線だけでは産出水準しか伝えられないのと同様に，フィリップス曲線のみでは失業率がどうなるかしか伝えられない．完全な図には AD 関数を調べる必要がある．AS-AD モデルにおいて，物価変動は AD 曲線に沿って経済を移行させるケインズ効果を創出し，産出水準，失業率を変化させる．インフレーションの文脈でこれを理解するには，より動学的な観点で AD 曲線を再定式化することが必要である．

10.3　動学的総需要曲線

IS-LM モデルの変換型が総需要曲線であること，そしてこれは総需要水準が物価水準の逆関数であること，すなわち次式を示すことを思い出してみよう[2]．

$$Y = a_4 + a_5 \frac{M}{P}$$

この静態的な AD 方程式からインフレーションと貨幣の増加を調整する動学的方程式に移るには，産出の増加率 g_Y，貨幣の増加率 g_M を定義する必要がある．すでに物価水準の上昇率がインフレ率 π であると定義された．それゆえ，以下で定義される．

$$g_Y = \frac{Y - Y_{-1}}{Y_{-1}}$$

$$g_M = \frac{M - M_{-1}}{M_{-1}}$$

仮定をやや単純化することによって，動学的 AD 方程式に合理的に接近することができる．第 1 に，統合したパラメーター a_4 をゼロとしよう．第 2 に，簡便な数学的事実を使用する．2 変数の割合の増加率は諸変数の増加率間の差異にほぼ等しいので，これを正確に等しいと合理的に解することができる[3]．これらの仮定を適用すれば，動学的 AD 方程式が得られる．

$$g_Y = g_M - \pi \qquad (10.4)$$

　この動学的 AD 方程式は，需要の増加が実質マネーサプライの増加に等しいことを示しており，このことは静態的 AD 曲線についてわかっている事柄に基づく適切な意味をなしている．経済学的には，総需要の増加率，すなわち方程式 (10.4) の左辺は経済が静態的 AD 曲線に沿っていかに速く移動していくかを伝える．方程式 (10.4) の右辺は実質マネーサプライの増加率を測り，これは LM 曲線がいかに速くシフトしていくかを伝える．

　名目マネーサプライの増加率は金融政策により設定される．引き続き金融政策が受動的であると仮定する．すなわち，中央銀行はマネーサプライについて一定の増加率を設定して経済を調整するのである．ここまで，貨幣の増加率をゼロと解してきたが，いま g_M にある値を仮定する準備も整った．貨幣の増加率がゼロなら，方程式 (10.4) からは，物価上昇が速いほどインフレーションが実質マネーサプライを減ずるので，経済はそれだけ速く収縮し静態的 AD 曲線に沿って戻るとされる．貨幣の増加率が正なら，動学的 AD 曲線からは，インフレーションが貨幣の増加を上回るとき実質マネーサプライを減らすことになり，ケインズ効果が静態的 AD 曲線に沿って戻る動きをもたらす結果になるとされる．貨幣の増加率を下回るインフレーションにとって，ケインズ効果は刺激的であり静態的 AD 曲線の下方への動きをもたらす．

10.4　生産，失業，オークンの法則

　動学的 AD 曲線とフィリップス曲線の連環を確かにするために，失業率と産出の増加を連結する必要がある．今度は，静態的生産関数をより動学的な方程式に修正していく．採用した生産関数は単純な $Y = N$ であった．失業率の定義は $u = (L-N)/L$ である．次式を導くために生産関数を代入してこの方程式を微分しなさい．

$$\Delta u = \frac{-1}{L} \Delta Y = \frac{-Y}{L} g_Y$$

　経済が完全雇用を達成できたならば，$Y = N = L$ になり，この関係は単に $\Delta u = -g_Y$ になる．通常，経済は完全雇用を下回るため，一次近似を用いよう．これで，ケネディ大統領の経済諮問委員会議長だったとき A. オークン (Arthur Okun) により政策分析にはじめて用いられた方程式がえられる．方程式は，**オークンの法則**と呼ばれ，次式で記される．

$$\Delta u = -\beta g_Y \tag{10.5}$$

ここで，$\beta < 1$ はパラメーターである[4]．

　オークンの法則は，産出が安定していると失業率が一定のままになることを意味する．失業はプラス成長期に減り，マイナス成長期に増える．推定ではパラメーター β はアメリカでおおむね 0.4 の値をとると示唆している．つまり成長率 1 ％につき失業率を 0.4 ％だけ低下させる．換言すれば，失業率を 1 年で 1 ％低下させるには約 2.5 ％の成長を要するのである[5]．

10.5　フィリップス曲線モデル

　いま，フィリップス曲線モデルが完成した．それは真の動学版 AS-AD モデルである．未知数は 3 つある．失業率，インフレ率，産出の増加率である．これら 3 つの未知数（すなわち内生変数）は (10.3)，(10.4)，(10.5) の 3 本の方程式の関係で決まる．経済モデルが内生変数を決定できる十分独立した関係をもつとき，**閉じられているか完結している**といわれる．フィリップス曲線と AD 方程式が十分でなかったため，フィリップス曲線モデルを閉じるためにオークンの法則が用いられたといえよう．

10.5.1 差分形式

主要な方程式を差分形式で記述することにより，モデル全体を簡潔に表現することができる．適応的期待の仮定 $\pi^e = \pi_{-1}$ で，**差分形式のフィリップス曲線**は $\Delta\pi = -\alpha(u-u_n)$ と記述される．差分形式のフィリップス曲線モデル全体は以下になる．

$$\Delta\pi = -\alpha(u-u_n) \tag{10.6}$$

$$\Delta u = -\beta g_Y \tag{10.7}$$

$$g_Y = g_M - \pi \tag{10.8}$$

第3式を第2式に代入することにより，このモデルはさらに変形できる．マネーサプライの増加率は外生的である（金融当局により決定される）から，2つの未知数をもつ2方程式がそのまま残る．ところが，未知数が失業率とインフレ率の変化であるという理由のため，この表現は余りわかりやすくない．しかし，モデルを水準形式で書くことは容易である．

10.5.2 水準形式

$\Delta\pi = \pi - \pi_{-1}$ かつ $\Delta u = u - u_{-1}$ であるから，フィリップス曲線は水準形式で次のように記述される．

$$\pi = \pi_{-1} - \alpha(u-u_n) \tag{10.9}$$

$$u = u_{-1} - \beta g_Y \tag{10.10}$$

$$g_Y = g_M - \pi \tag{10.11}$$

これが，各期の一時的経済均衡をある長さの時間にわたり記述する動学モデルであると認識することが重要である．各期において，π，u の前の値はわかっており，したがって，それらは先決変数である．

再度，第3式を第2式に代入することによりモデルをさらに変形でき，以下が得られる．

$$\pi = \pi_{-1} - \alpha(u - u_n)$$
$$u = u_{-1} - \beta(g_M - \pi)$$

フィリップス曲線モデルは所与の外生的パラメーターα, β, u_n, g_Mと先決変数π_{-1}, u_{-1}に基づいて各期における内生変数π, uの値を予測する．そうした動学システムは経時的なその軌跡について継続的に，すなわち各期ごとに解くことができる．これはシステムの**帰納的解**と呼ばれる．それはまた閉じた形で解くこともでき，数学的にはより挑戦的だが，これは各変数が時間と初期条件の関数として表現されることを意味する．

この特殊モデルは安定的であることを示すことができる．いかなる初期条件から始めても，軌跡は安定した長期均衡に収束することになる．しかし，先にみた動学モデルと異なり，長期均衡を繰り返し**オーバーシュート**するという理由から，フィリップス曲線モデルは循環的軌跡をもたらす．オーバーシュートを理解するには振り子による物理的類推がもっともよい．振り子を休止点から離れたところで放せば，休止点の方へ降りてそのまま振れ続けるので，長期均衡（休止点）をオーバーシュートする．フィリップス曲線モデルでは，現実のインフレーションに対してラグをともなうインフレ期待の反応がオーバーシュートをもたらすのである．

10.6 長期均衡

経済学で「長期」という表現を用いる場合，当該システムがいくつかの次元で完全に調整されることを意味する．フィリップス曲線モデルで長期は，自然失業率を達成すること，インフレ率と期待インフレ率が等しいことにより定義される．経済学の他の文脈では，長期という用語は資本ストックが経済的諸力に完全に順応するまでに時間がかかる均衡を記述するためにも用いられる．前者の状態の記述に「中期」の語を用い始め，後者に長期を充てている著者も幾

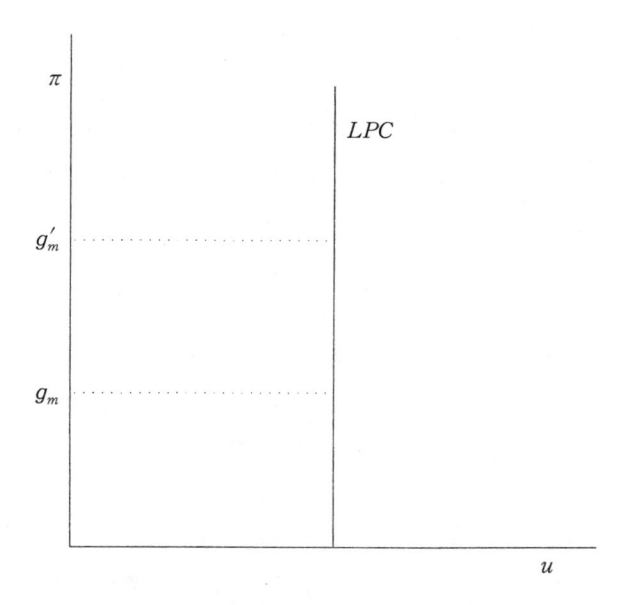

図 10.4 長期フィリップス曲線は唯一の自然失業率が存在するとき垂直になる．中央銀行はマネーサプライの適切な増加率を選択することで長期インフレ率を効果的に選べる．貨幣の増加率 g'_m が高いほど長期インフレ率も高いという結果になる．

人かいる．

フィリップス曲線における長期均衡はインフレ率と失業率が安定した一定値に収斂したとき生じる．これらの値については，差分形式のフィリップス曲線モデルにゼロを代入することにより簡単に解くことができる．解はつぎの通りである．

$$\Delta u = 0$$
$$\Delta \pi = 0$$
$$g_Y = 0$$
$$\pi = g_M$$
$$u = u_n$$

システムが2つの重要な次元で完全に調整されるという理由により，これが長期均衡である．インフレ率は失業率に何の変化ももたらさない長期の値に落ち着く．失業率は自然率に落ち着き，そこでは期待インフレ率が現実のインフレ率に等しくなる．それゆえ，インフレ期待の変更によってフィリップス曲線がさらにシフトすることはなく，現実マネーサプライの変化によってさらに失業率が変化することはない．長期のこの特徴は次節で一層明らかになるであろう．

長期インフレ率はマネーサプライの増加率に等しい．これが貨幣数量説である（物価の貨幣数量説といってもよい）．図 10.4 が示すのは，中央銀行による貨幣増加率の異なる選択が長期失業率に何ら影響せず，このことが自然失業率を維持することである．貨幣の増加が経済に何ら実質効果をもたないとき—それがインフレ率だけに影響するとき—貨幣は**超中立**であるといわれる．図 10.4 に示された垂直の長期フィリップス曲線が貨幣の超中立性を説明している．超中立性の1つの含意は，失業率をその自然率より低くする（長期フィリップス曲線の左側への運営を経済に強いる）どんな政策努力もインフレ率が一定して上昇している場合だけ有効であるはずだというにすぎないことである．これは**加速度原理主義者の仮説**と呼ばれる．加速度原理主義者の仮説の支持者達は自然失業率の記述によく用いる「失業の非加速的インフレ率」，すなわち NAIRU の語を造り出した．

長期フィリップス曲線が垂直になるのは自然失業率がひとつだけ存在するときのみであることを覚えておくことが大切である．もし自然失業率が多数存在すれば，たとえば履歴効果が原因で，長期フィリップス曲線は右下がりになるかもしれない．この場合，長期フィリップス曲線は短期フィリップス曲線よりまだきつい傾きになるが，垂直ではない．説明目的のために加速度原理主義者のモデルに集中することにしよう．

第10章　インフレーションと失業

10.7　フィリップス曲線モデルの動学

　フィリップス曲線モデルが金融政策の変化といった衝撃を受けるとすれば，モデルはそれを長期均衡に戻す循環的で動学的な調整過程を経る．フィリップス曲線モデルを通じた経済の動学的動きを理解することは，ピアノを両手で弾く練習にいくらか似ている．一時に2つが進行中だからである．第1に，期待インフレ率が各期において変化していくのは，一般に期待インフレ率が現実のインフレ率によって検証されないという理由による．第2に，実質マネーサプライは一般に変化し，総需要水準と失業率を変化させるケインズ効果の原因となる．その理由は一般にインフレ率がマネーサプライの増加率と等しくならないことにある．

　第1の動学過程は図10.1から図10.3で説明される．図10.1において，フィリップス曲線が常に期待インフレ率により位置を定められることは明らかである．期待インフレ率を理解して，この図を学習しフィリップス曲線の位置決定方法の理解を確実なものにしておきなさい．図10.2，図10.3は適応的期待が原因でフィリップス曲線を経時的にシフトさせる方法を示す．各期において，期待インフレ率はラグをともなうインフレ率に等しくなる．この事実から，ラグをともなうインフレ率だけわかれば，各期におけるフィリップス曲線の位置は決定される．

　この位置決定過程は簡単な経験則により要約される．失業率が自然率を下（上）回ると，フィリップス曲線は上（下）方へシフトしなければならない．失業率が自然率を下回ると，インフレ率は期待インフレ率を上回ることになる．次の期に，労働者が自身の期待を観測に適合するよう調整するにつれて，フィリップス曲線は上方へシフトしなければならない．失業率が自然率を上回ると，インフレーションは期待以下になっていく．労働者の期待が観測に適合するにつれて，フィリップス曲線は下方へシフトしなければならない．

　第2の動学過程は動学的AD曲線とオークンの法則に関係している．方程式

(10.4) から，インフレーションがマネーサプライの増加率を上回るとき産出の伸びが負になることが理解できる．それはケインズ効果のためである．すなわち，実質マネーサプライの減少は景気後退になるのである．逆に，インフレーションが貨幣の増加よりも低くなるにつれて，実質マネーサプライの増加によるケインズ効果が刺激になるという理由で，産出の伸びは正になる．

オークンの法則は産出の増加について，これらの記述を失業率についての記述に言い換える．オークンの法則，すなわち方程式 (10.5) を動学的 AD 曲線の方程式 (10.4) に代入すれば，つぎが導かれる．

$$\varDelta u = -\beta(g_M - \pi)$$

ここから，インフレ率がマネーサプライの増加率 g_M を上回るとき失業はいつも増加していくこと，またインフレ率が貨幣の増加を下回るときいつも減少していくことが明らかである．

フィリップス曲線と IS-LM 図表を用いれば，2 つの動学的過程を一緒にして，金融政策ないし財政政策の衝撃の余波のなかでモデルの帰納的解を概念的に記述することができる．

10.7.1 金融政策

中央銀行が貨幣の増加率を一度だけ（たとえば，引き続く全期について 5 % から 6 % まで）引き上げるとき何が起こるか考えてみよう．比較均衡分析をしたいという理由から，長期均衡の位置で始めなければならない．

図 10.5 は長期軌跡における 4 つの重要な局面を示している．すなわち，初期均衡，初年度における政策の影響，次年度における影響，最終的な新たな長期均衡である．

第 1 期に，政策は経済を既存のフィリップス曲線に沿って動かす．労働者は適応的期待に従うため，インフレ率が当初の水準のままだと信じる（古い長期均衡インフレ率）．

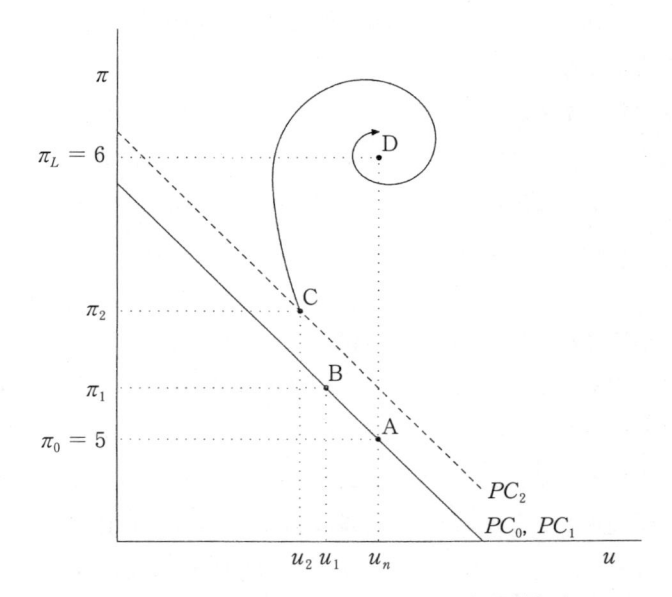

図 10.5 長期均衡（A）から始め，マネーサプライの年間増加率 5％から 6％への上昇が原因でシステムを短期にはフィリップス曲線上で動かす（B）．インフレ期待が現実のインフレーションを追随するため，翌年の均衡は新たなフィリップス曲線（C）の上にある．最後に，システムは新たな長期均衡（D）に到達する．矢印は，モデルが安定した焦点を有すときとられる径路を示し，これは均衡のオーバーシュートを意味している．

第 2 期に，政策は上述の両動学過程を通じて機能する．フィリップス曲線の位置を決める期待インフレ率が初年度に上昇した現実のインフレ率を追随するので，フィリップス曲線は上方へシフトする．図 10.5 の失業率は下がり続けるが，その理由は中央銀行により設定されたマネーサプライの新たな増加率をインフレ率がまだ下回っていることによる．

やがてある時点で，経済は**転換点**に到達し，そこで失業率は低下をやめ上昇し始めるだろう．インフレ率がマネーサプライの増加率以上に上昇すると，これが生じる．フィリップス曲線はその後上方へシフトし，失業率が上昇することになるため，インフレーションと失業が同時に高まり，**スタグフレーション**として知られる現象になる．1970 年代のスタグフレーションを説明する期待

によって増幅されたフィリップス曲線の能力は経済学専門家に受容されるうえで重要な役を演じた．

失業率が自然失業率以上に上昇したとき，もう1つの転換点に到達する．すでにみたように，インフレ期待がインフレーションを過大評価し下方へ修正されるので，このような配置ではフィリップス曲線は経時的に下方へシフトする．つぎの転換点に到達するまで，経済はインフレーションの低下と失業の増大を経験する．

この動学過程は安定した焦点をもつ経済モデルの動きを記述しており，軌跡が内向きに螺旋状になり，一連の転換点を軌跡が通り抜けるように均衡に収束することをこれは意味する．この特殊モデルが実に安定していることは，形式的な数学分析を用いて示され，軌跡が長期均衡にまさに収束することを意味する．この点に関するさらなる議論は付録に示す．インフレ期待をモデルに組み込む方法をわずかに変更すれば，フィリップス曲線モデルは安定した結節点をもたらし，その場合に軌跡は少しも螺旋状にならず単調に均衡に収束する[6]．

図10.5の分析は加速度原理主義者の仮説のロジックを示す．失業率を自然率に戻さないようにしたければ，金融当局は繰り返し貨幣の増加率を引き上げねばならない．結果はインフレ率の連続的上昇になるだろう．技術的にいえば，これはインフレ率でなく物価水準の加速を表わしているので，「失業の非加速的インフレ率」という語はあまり正確でないが，それにもかかわらず容認されてきた（速度が距離に対してのものであるように，インフレーションが物価に対するものであるので，インフレーションの上昇は物価水準の加速を表わす）．

図10.5で起こることを深く理解するために，図10.6においては，馴染み深いIS-LM図表に戻る．金融政策が初年度にLM曲線を外側へシフトさせる．2年目に，インフレーションが貨幣の増加率までまだ上昇しないため，LM曲線は外側へシフトし続ける．インフレーションが貨幣の増加率まで上昇すると，LM曲線は外側へのシフトをやめ内側へシフトし始める．すなわち，これが転

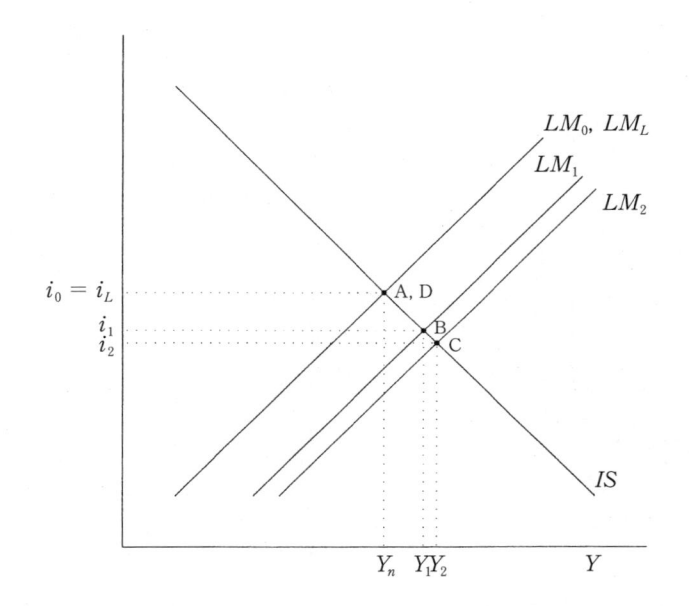

図 10.6 図 10.5 で示されたマネーサプライの増加率の最初の上昇は LM 曲線を外側へシフトさせる．しかし最後に，インフレーションが貨幣の増加を上回ると LM 曲線がもとの方向へシフトする．安定した焦点を有すフィリップス曲線モデルでは，LM 曲線は長期均衡位置 LM_L を繰り返しオーバーシュートするが，徐々に小さくなる．

換点なのである．長期的には，LM 曲線は当初の点に戻り，このことが貨幣の超中立性を説明している．

この思考実験は比較均衡法を適用するために長期均衡において開始したが，経済が自然失業率で動いていたならば刺激的金融政策は正当化しにくかっただろう．実際には，失業が自然率以上に上昇するとき，刺激的金融政策は回復過程を速める処方として正当化されるので，その役割においてそれが有効になることをここでの分析は示唆しているのである．

10.7.2 財政政策

刺激的財政政策（たとえば，政府購入の増加）は IS 曲線を外側へシフトさせ，

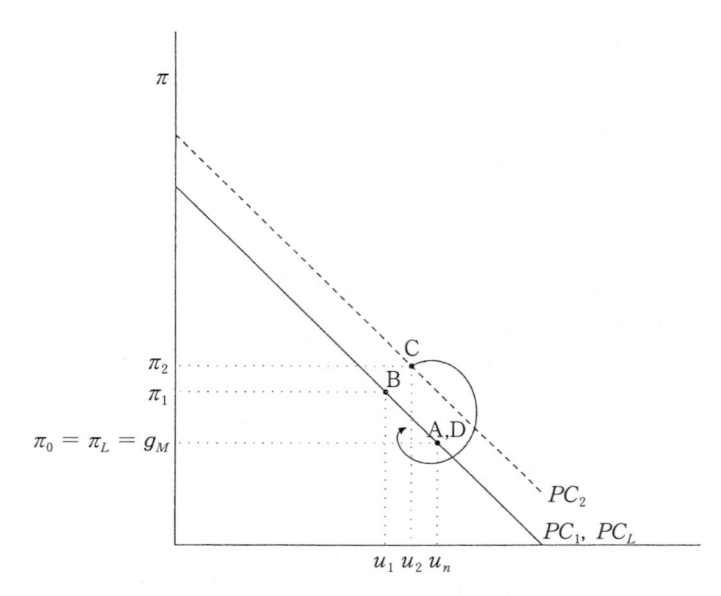

図 10.7 財政拡大は失業を減じインフレーションを一時的に引き下げる（B）．安定した焦点を有するフィリップス曲線モデルで，軌跡は矢印で示され，最後にシステムを長期均衡（D）に戻すが，厳密にはそこははじめの（A）である．長期インフレ率は貨幣の増加でのみ決定される．

図 10.7 に示される動学的効果を生ずる．再度，比較目的のため全面的に長期均衡から始め，動学的軌跡における 4 つの重要な局面を識別する．

第 1 期において，財政政策が失業率を下げ，経済は当初のフィリップス曲線に沿って移動する．適応的期待を用いている理由から労働者はインフレーションが旧水準のまま続くと信じている．

第 2 期には，2 つの動学的過程が同時に作用する．期待インフレ率が現実のインフレ率の上昇につれてその後を追随するため，フィリップス曲線は上方へシフトする．失業率が 2 期目に上昇するのは，金融当局が変更しなかったマネーサプライの増加率よりいまではインフレーションが高い位置にあるという理由によっている．ゆえに，ケインズ効果は縮小する．

長期的には，金融政策を変更しなかったから，インフレ率，失業率は当初の

値に戻る．刺激的財政政策はインフレーションに対し短期の効果を有しても，長期の効果をもたない．

　財政政策の実質効果を理解するには，IS-LM 図表まで戻る必要がある．第 9 章の図 9.4 に戻ろう．長期的に，政府購入の増加は結果的に利子率上昇を招くが，産出水準の変化をともなわない．高くなった利子率は民間部門の投資支出をクラウディング・アウトさせることになる．産出水準が変わらないから完全にクラウディング・アウトは終るだろう．これは決めた通りのことがより簡単な AS-AD モデルを用いてそのまま起きたのであり，フィリップス曲線モデルがまさに AS-AD モデルの動学版であるのだから，驚くにあたらない．

　実際には，失業率が自然率を上回るとき刺激的財政政策は安定政策の手段として正当化されることになる．ここでの分析は，そうした政策が自然率への回復の速さを本当に増すことができることを示している．

10.8　ディスインフレーションと金融政策

　フィリップス曲線モデルは今日，ほとんどの先進諸国の金融政策運営で重要な役を演じている．OPEC の石油価格危機が理由でインフレ率が上昇した 1970 年代以来，金融政策の立案者はインフレ引き下げに余念がなかった．フィリップス曲線モデルがもたらす悪い知らせは，インフレーションを鎮める唯一の方法が正常失業を上回る期間に経済をさらすことだということである．**犠牲率**はインフレ率を 1 ％下げるのにどのくらいの超過失業を要するかを測定する．ディスインフレーションが始まる $t = 0$ から新たな長期均衡に経済が到達する $t = T$ までの期間を考えよう．インフレ率は π_0 から π_T へ低下する．公式には，犠牲率は次式のように定義される．

$$\frac{\sum_0^T (u_t - u_n)}{\pi_0 - \pi_T}$$

犠牲率の分子は基準年の超過失業におけるインフレ引き下げ費用を測定する

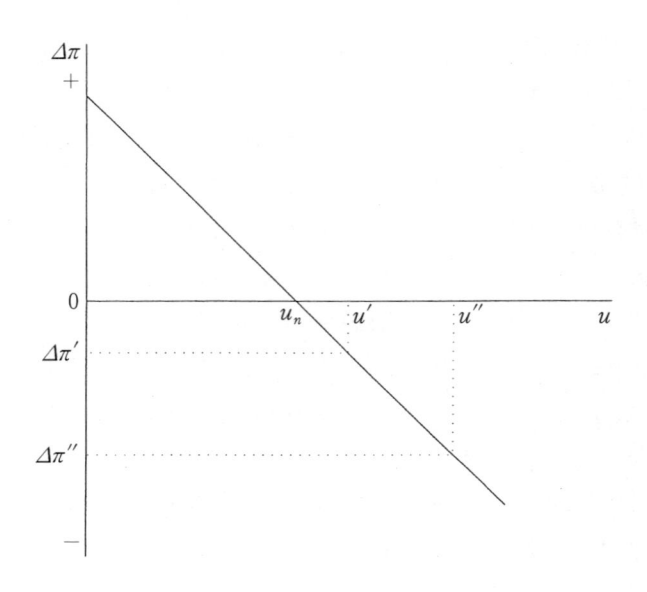

図 10.8 差分形式のフィリップス曲線が政策選択肢をよく説明する．インフレーションを所与の大きさだけ減ずるには，中央銀行は，インフレ率を毎年少し引き下げながら多年にわたり失業率を少し引き上げること（u' と $\Delta\pi'$）を選ぶか，1 年間か数年間だけ失業率を大きく引き上げながら総量で同じインフレーションを短期に免れること（u'' と $\Delta\pi''$）を選ぶことができる．しかし，超過失業を基準年で計測した犠牲はいつも同じになる．

（基準年を決めるために，失業率に継続年を掛ける）．1％のインフレーションをシステムから絞り出すには，自然率を2％上回る失業率で1年，または自然率を1％上回る失業率で2年，または自然率を0.5％上回る失業率で4年，またはほかの組み合わせの期間を要する．いかなる場合も，犠牲率が2であれば，インフレーションを1％引き下げるために2基準年の失業を要する。

この点は図10.8で説明され，この図は差分形式のフィリップス曲線を示している．モデルの動学的軌跡の間に経時的にそれが同じ位置にあるという理由から差分形式が扱いやすい．政策立案者はこの曲線を政策上可能な選択肢の1メニューとみることができる．説明されている2つは「漸進主義」対「即行」のディスインフレーションと考えられてもよかった．たとえ政策時機がどうで

あろうが，犠牲率はフィリップス曲線の属性であるので，インフレーションを所与の量だけ引き下げることに関連する犠牲は常に同じになり，超過失業の基準年で測定される．

事実，ここでの $\pi^e = \pi_{-1}$ 形の適応的期待をともなうフィリップス曲線モデルにおいて，犠牲率はフィリップス曲線の傾きの逆数になる[7]．

$$\frac{\sum_0^T (u_t - u_n)}{\pi_0 - \pi_T} = \frac{1}{\alpha}$$

アメリカにおけるフィリップス曲線の推定値では α の値を 0.5 と 1 の間に，犠牲率を 1 と 2 の間におくことがよくある．悪い知らせはインフレ引き下げが痛みをともなうことである．インフレーションを 1 % ずつ取り除くには労働者側に幾百万人の犠牲を要する．

朗報は，失業率が自然率を下回るとアメリカのインフレ率はさほど上昇しないことである．高い犠牲率は，換言すれば，浅いフィリップス曲線を意味し，経済があまりインフレ傾向にないことを示す．α が 0.5 ならば，各年にインフレーションを 0.5 % 引き上げるだけで経済は自然率を 1 % 下げて運営することができる．そのような繁栄の 10 年は（そうでなければ失業した労働者にとり）追加的な 5 % のインフレーションだけという結果になる．明らかに，そうした政策がいつまでも続くことはありえなかった．しかし，自然失業率の真の値は正確には識別されず，実は論争の多い課題である．もし犠牲率が高ければ，インフレーションが起き始めるまで失業率を引き下げさせることにより「反応をみる」という金融政策をこれは推薦する．この場合，いき過ぎたインフレーションを引き起こす危険はあまりないが，高い雇用と産出水準の形で大きな便益がある．

10.9　フィリップス曲線モデルの限界

金融政策を正確に運営する方法に関し人々の鋭い議論がフィリップス曲線の

枠組み内で起こり，これが重要で実際的な話題になる．これらの議論の多くは犠牲率や自然失業率といったフィリップス曲線のパラメーターについて意見が基本的一致をみておらず，それらの値は不確実性に包まれている．論争のもう1つの源泉はインフレーションと失業の下にある費用についての不一致である．

ここで示したようにフィリップス曲線モデルは，金融政策の表現に現実味を欠く．実際に，中央銀行がここで仮定したようにマネーサプライの増加率を目標とする受動的政策に従うことは滅多にない．そうではなくむしろ，中央銀行は失業率とインフレ率に応じ総需要水準を積極的に管理する．次章では，そのような積極的金融政策を含めるためにフィリップス曲線モデルを拡張する．本書での先の拡張と異なり，今度のそれは，この場合にはあまり現実的と思えぬ動学的振動を取り除くことによって複雑さの程度を現実に減じる．

本章のもう1つの弱点は，企業が投資決定においてインフレーションについて調整することなく名目利子率に応ずることにより貨幣錯覚に屈すると暗黙裡に仮定してきたことである．その仮定は数学的複雑さを取り除くが，不十分なことが明白なので，次章でこの弱点を改めることにする．

☞ **第10章の問題**

指摘されたところでは，これらの問題は次式により記述された仮説上の経済に関わる．

$$\pi = \pi^e - 0.5(u-4)$$
$$\Delta u = -0.4 g_Y$$
$$g_Y = g_M - \pi$$
$$\pi^e = \pi_{-1}$$

自然失業率に百分率（4%）を用いたため，整合性のために百分比の項すべてについても同様でなければならないことに注意しなさい．

1. 0年に，貨幣の増加率は年5%であり，経済は長期均衡にある．中央銀行は1年目と引き続くすべての年に貨幣増加率を10%に変更する．フィリップス曲線とIS-LM図表を描き，0年，1年，2年および新たな長期均衡における当該経

済の位置を確認しなさい．そして注意してすべてに表示を付けなさい．

2．前問を用いて，0年，1年，2年および新たな長期均衡におけるインフレ率と失業率を算出しなさい．

3．前問で，当該経済が新たな長期均衡に達するまで0年から金融刺激策に起因する総超過失業量を算出しなさい．記号に注意しなさい．

4．0年に，貨幣の増加率が年10％であり，経済は長期均衡にある．中央銀行がインフレーションを毎年等しく3段階で4％まで下げると決める．0年，1年，2年，3年，4年，5年のインフレ目標の各径路は10％，8％，6％，4％，4％，4％である．1年，2年，3年，4年，5年に望ましい径路をもたらす貨幣の増加率を計算しなさい．超過失業の年は何年必要か．

5．問1のデータを用い，この仮説上の経済について表計算モデルを構築して，それを用い25年間の失業率，インフレ率でとられる径路について帰納的に解を求めなさい．縦軸にインフレーション，横軸に失業をとり，この径路をグラフ上に示しなさい．

6．犠牲率が $1/\alpha$ になることを証明しなさい．

7．『大統領経済報告書』の付録の統計を用い，自分で期間を決め物価水準，失業率に関するデータを収集しなさい．（第8章の練習問題で示唆された物価のデータを用いてよい．）インフレ率，その変化を計算しなさい．
(i)失業率に対しインフレ率の拡散をプロットしなさい．期待によって増幅されたフィリップス曲線モデルを用いるパターンを説明しなさい．
(ii)失業率に対しインフレーションの「変化」の拡散をプロットし，曲線をデータに一致させなさい．アメリカ経済についてフィリップス曲線の傾き，犠牲率，自然失業率の推定はどうなるか．

注

1）デフレーションは物価水準の下落に関わる．ディスインフレーションはインフレ率の下落，すなわち物価上昇の低下に関わる．

2）ここでは，ちなみに，M を前の数章で定義された統合パラメーターと区別し続けた理由がわかるであろう．

3）この数学的事実は，比率の対数をとり，時間に関し微分することによって証明できる．したがって，対数変数に関する時間の導関数が変数の指数増加率に等しいことがわかる．この本文における離散形の増加率は小さな，現実的値に対して

指数の増加率により厳密に近似される.
4) この展開は,本書の残りの部分およびマーシャルの短期接近方法と一致する労働力 L を仮定した. オークンの方程式を $\Delta u = -\beta(g_Y - \bar{g})$ として何らかの基礎的傾向をもつ労働力の増加率 $\bar{g}$ の存在を仮定することで,現実性が増すため,この仮定を緩めることができる.
5) より正確には,失業率をポイントで 1 % 下げるには,(年間約 2-3 % の)**趨勢成長率を上回る**ポイントで 2.5 % の成長を要する. 趨勢成長率は労働力の増加率を生産性の伸び率に加えたものである.
6) 小さな変更は,$0 < \lambda \leq 1$ で $\Delta \pi^e = \lambda(\pi_{-1} - \pi^e_{-1})$ の形で,適応的期待の誤差補正処理をすることである. これが $\lambda = 1$ のとき $\pi^e = \pi_{-1}$ というここでの仮定に帰着させる.
7) 期待に関しより一般的な誤差補正処理(前注参照),$\Delta \pi^e = \lambda(\pi_{-1} - \pi^e_{-1})$ を用いれば,犠牲率は $1/(\alpha\lambda)$ になる.

第 11 章

積極的金融政策モデル

訳．上遠野武司

　近代先進諸国の中央銀行がマネーサプライと利子率の管理を試みるのは，失業率とインフレ率を支配下に置いておくためである．中央銀行がいかに金融政策を管理すべきかについては，いかに実際に運営するかについてと同様，相当の議論があった．しかし，これまでしてきた仮定と同様に硬直的であるので，中央銀行がマネーサプライの増加を目標とすると考える理由はあまりない．アメリカ連邦準備制度理事会や他の中央銀行が「風に逆らって前かがみになる」すなわち上昇するインフレーションと闘うには利子率を引き上げ，増加する失業と闘うには利子率を引き下げると考える方が合理的なのである．金融政策についてこの仮定を用いて，フィリップス曲線モデルを現実に一歩近づけることにしよう[1]．

11.1 実質利子率

　ここに至るまで，借入費用へのインフレーションの影響を無視してきた．この大したマクロ経済理論をこなしてきたならば，家計や企業が実際にしているのとまったく同じように，実質利子率と名目利子率を区別することにより，分析を修正することができる．

　実質利子率はインフレーションについて調整された名目利子率である．それは，投資家にとっては収益，または借り手にとっては費用を示し，貨幣でなく財で測定される．現在価格 P ドルのある財に等しい価値をもつ債券の購入を考えてみよう．1年後，この投資は $(1+i)P$ ドルの収益をもたらす．財で測

定して収入はいくらになるのだろうか．投資家が1年目に支配的になることを期待する価格は$P^e_{+1} = (1+\pi^e)P$である．それゆえ，財で測定された収益は，実質利子率rであり，次式になる．

$$1+r = \frac{(1+i)P}{P^e_{+1}} = \frac{1+i}{1+\pi^e}$$

合理的な低インフレ率に対して，この式をrについて解いて，実質利子率の標準的方程式で結果を近似させることができ，これはI. フィッシャー（Irving Fisher）の先駆的業績に敬意を表して**フィッシャー方程式**として知られる．

$$r = i - \pi^e \tag{11.1}$$

意思決定者が貨幣錯覚から損害を被らないとき投資支出に影響を及ぼすということから，中央銀行は名目でなく実質の利子率にもっとも関心がある．

11.2 中央銀行の反応関数

公開市場操作あるいは他の政策を通じマネーサプライを変えることにより利子率に影響を与えることができることはすでに学習した．焦点をマネーサプライそのものに合わせ続けるのでなく，つぎに，利子率，とくに実質利子率に合わせ直すことにしよう．中央銀行が**中央銀行の反応関数**を通じてインフレーション[2]と失業に反応すると仮定し，これは次のように記述される．

$$r = h_0 + h_1 \pi - h_2 u \tag{11.2}$$

ここでh_1とh_2はインフレーションと失業に対する中央銀行の感応性を反映するパラメーターである．たとえば，高い値h_1によるインフレーションの上昇をひどく嫌う中央銀行をモデルにする．以下で説明するように，切片の項h_0は中央銀行の長期インフレ目標を反映する．これらのパラメーターが金融政策により長期に許されるインフレ率を決定するということをみてみよう．

反応関数（reaction function：RF）が伝統的 LM 曲線に置き替わる．理論では，失業率とインフレ率を所与とすれば，方程式（11.2）で示されるように，中央銀行は望ましい実質利子率をもたらすマネーサプライを選んで対応する．明らかに，中央銀行はこの方法で運営するためには資産市場の構造に関し，かなり正確な知識をもたなければならない．名目利子率の変化を打ち消す期待インフレ率の変化を何ら相殺しない適応的期待の下においてこの理論は上手く機能する．それが資産市場における市場均衡を描写するから，反応関数は LM 曲線の置換とみなされうるのである．[3]

11.3 AD 曲線と IS-RF モデル

伝統的 LM 曲線を中央銀行の反応関数と置き替えるには，伝統的 AD 曲線を，異なる物価水準でなく異なるインフレ率に総需要が応ずる方法を示す変形版 AD 曲線と置き替える必要がある．これは IS 曲線と反応関数（RF）を結び付けることにより簡単に達成され，その結果を IS-RF モデルと呼ぶ．

11.3.1　IS-RF モデル

反応関数が LM 曲線に置き替わるから，総需要の均衡水準の記述のためにそれは IS 曲線と容易に結び付けることができる．IS 曲線が利子率と投資支出の逆相関に基づくことを思い出そう．明らかに，名目でなく実質の利子率が資本金の真の費用を表わすので投資支出を決定する．企業あるいは家計は，他のすべてを等しいとして，もし高インフレ率を期待すれば，膨張したドルでローンを返済していくことになるから借入れにあまり費用がかからないと認識するだろう．期待されたインフレーションに直面して投資関数は $I = I(Y, r)$ に書き換えられるだろう．これは，IS 曲線もまた実質利子率に関して書き改められるだろうということを意味する．第 4 章から，a_0 と a_1 が消費，投資，政府支出の基礎的行動に依存するパラメーターを統合しつつあることを思い出せ

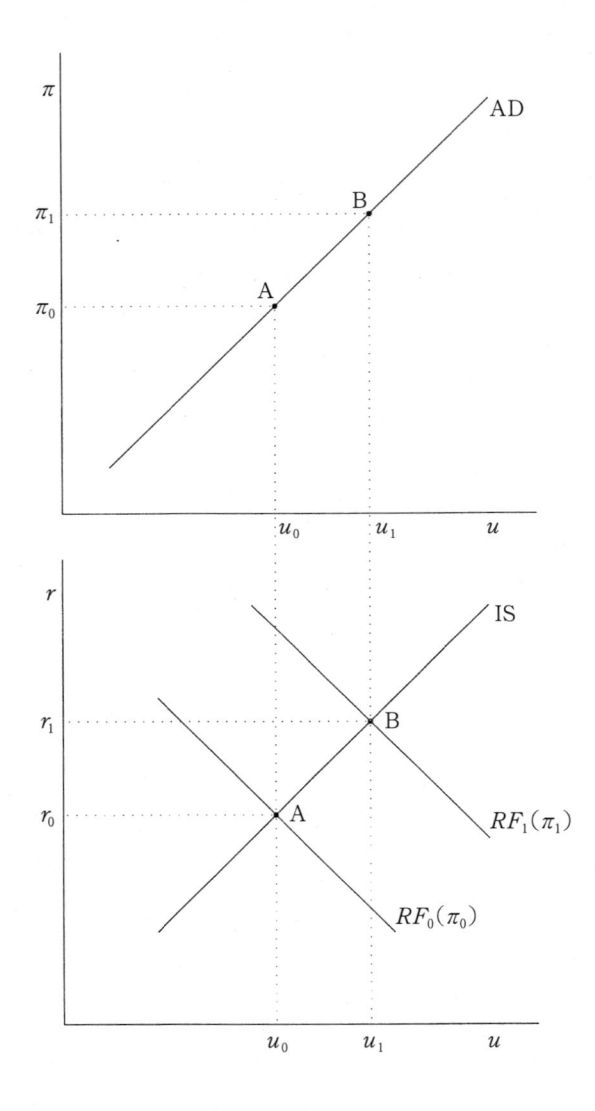

図 11.1 動学的総需要曲線は積極的金融政策から生じる．中央銀行がその反応関数 (RF) を通じてインフレーションと失業に対応すると，より高いインフレ率がより緊縮的な金融政策を誘発し結果的により高い失業率になる．失業率が横軸上にあるという理由から IS 曲線はここでは正の傾きであることに注意しなさい．

ば，IS 曲線は次のように記されることになる．

$$Y = a_0 - a_1 r \tag{11.3}$$

IS 曲線をもとの形から利子率と失業についての記述に変換するために，$u = (L-Y)/L$ の定義を用いて Y を $(1-u)L$ と置き換える．整理し直せば，書き改められた IS 曲線が失業率に関して求められる．

$$u = \left(1 - \frac{a_0}{L}\right) + \frac{a_1}{L} r \tag{11.4}$$

中央銀行の反応関数（RF）すなわち方程式 (11.2)，そして IS 曲線すなわち方程式 (11.4) はちょうど IS-LM モデルのような短期均衡モデルの構成要素である．インフレ率を所与とすれば，これが RF 曲線の位置を定め，図 11.1 の下図にみられるように，短期均衡は IS と RF 関数の交点により与えられることになる．インフレ率が（図中の π_0 のように）低いとき，中央銀行は低利子率と低失業率を喜んで認めていることだろう．インフレ率が（図中の π_1 のように）高いとき，中央銀行は利子率を引き上げ，結果的に失業率は高くなる．これは IS-RF モデルと呼ばれる．

11.3.2 動学的 AD 曲線

方程式 (11.2) を方程式 (11.4) に代入することにより，（物価水準でなく）インフレ率を総需要に関連させる 1 つの型の AD 曲線が得られる．混乱を軽減するために統合パラメーターを用いれば，この**動学的 AD 曲線**は次式になる．[4]

$$\pi = a_6 + a_7 u \tag{11.5}$$

両辺が失業率とインフレ率に関して表わされているという理由で，動学的総需要曲線はフィリップス曲線の自然の対を形成する．フィリップス曲線の図表上で総需要の視覚化を容易にするためにそれを左辺の π で書き直した．しかし，理論的観点から，因果関係はインフレーションから失業までに及ぶ．イン

フレ率を所与とすれば，中央銀行の対応は実質利子率を選ぶことによってなされる．実質利子率は IS 曲線を通じて失業率を決定する．中央銀行がそのインフレ率に対する反応関数に一致する失業率をもたらす実質利子率を選んだときには，経済はその動学的 AD 曲線上にある．中央銀行は IS 曲線をよく知っていると仮定しているため，見事に正確な決定がなされうる．

11.3.3 動学的 AD 曲線の視覚化

動学的総需要曲線の背景にある理論は，静態的 AD 曲線をもたらしたケインズ効果よりもむしろ積極的金融政策に関わる．動学的 AD 曲線は図 11.1 で視覚化することができ，これが 2 つの異なるインフレ率に対する中央銀行の反応関数を示す．産出でなく失業を研究対象にしているから，IS 曲線はここでは方程式 (11.4) になる．上図は動学的 AD 曲線を示し，下図はそれが導出された IS-RF モデルを示す．

高インフレ時，中央銀行は，インフレーションの風に逆らって前かがみになれば，高い利子率で応じ失業を増やす．中央銀行の反応関数の位置はこのより堅い金融政策を反映する．実際，中央銀行は利子率を上げるためにマネーサプライを多分減らすだろう．高利子率が投資を締出し総需要を減じ，これが失業率を引き上げる．低インフレ時，中央銀行はマネーサプライにゆとりをもたせ利子率を下げさせ失業率を下げる．この理論では，インフレーションが支配的な程度によって，中央銀行は基本的に IS 曲線に沿って位置を選ぶ．

政策のイニシアチブに関しては，積極的金融政策の動学的 AD 曲線は静態的 AD 曲線のようによく動く．財政政策，あるいは IS 曲線をシフトさせるいかなるパラメーターの変化も，結果的に動学的 AD 曲線をシフトさせる．刺激的財政政策は，低失業を招くことになるから，動学的 AD 曲線を左方すなわち内側へシフトさせることになる．金融制度の基礎的変化も動学的 AD 曲線をシフトさせる．たとえば，中央銀行がインフレーションに対し厳しい態度をとると決めるならば，パラメーター h_0 ないし h_1 の上昇としてそれをモデルに組

み入れるかもしれない．動学的 AD 曲線は右方へシフトすることになって，金融引締めの前兆になるであろう．

この理論は静学的 AD 曲線の理論よりも理解しやすいうえ現実的でもある．それは公然と最後まで演じ切られるように，金融政策のドラマをうまく描写している．

11.4 目標インフレと政策ルール

長期均衡利子率の値と長期均衡インフレ率を決定するために方程式（11.2）と（11.3）を用いることができる．

11.4.1 自然利子率

Y_n を方程式（11.3）に代入することにより，長期実質利子率の値が次式になることが理解される．

$$r_n = \frac{a_0 - Y_n}{a_1}$$

ここでは添え字 n は**自然利子率**にとって覚えやすく，それは長期均衡実質利子率の別名である．自然利子率は金融政策による影響を受けない．しかし，それは，IS 曲線のパラメーターに依存するから，財政政策により変更されていく恐れがある．たとえば，政府支出の増加はパラメーター a_0 を増やすことで IS 曲線を外側へシフトさせることになる．自然利子率も同様に上昇するであろう．

11.4.2 目標インフレ率

r_n を反応関数に代入し長期インフレ率について解けば，長期インフレ率は，失業率がその自然率を達成したと仮定することにより得られ，π^* で表示される．

$$\pi^* = \frac{r_n + h_2 u_n - h_0}{h_1}$$

　長期インフレ率は自然利子率，自然失業率，反応関数のパラメーターに依存する．中央銀行が反応関数の適切なパラメーターを選ぶことにより長期インフレ率を目標にできることは明らかである．実際，いまこれらのパラメーター（h_0，h_1，h_2）を長期インフレ率，すなわち**目標インフレ率**に関する中央銀行の選択の反映と解釈することができる．たとえば，中央銀行がインフレーションをまったく帳消しにしたいのならば，h_0 を $r_n + h_2 u_n$ に等しく設定するであろう．

　最後に，長期名目利子率は実質利子率の定義式（11.1）から求められる．長期的に，期待インフレ率は現実のインフレ率に等しくなり，長期名目利子率は次式となる．

$$i^* = r_n + \pi^*$$

フィッシャー方程式のこの応用は，金融市場が金融政策の変更に関する情報に反応する種々の複雑な特徴を説明する役に立つ．

11.4.3　金融政策のルール

　中央銀行の反応関数は現代金融政策の重要な局面をいくつかとらえている．金融政策への同様の接近方法がJ. テイラー（John Taylor）により提案され，インフレーションとその目標値との偏差，失業とその自然水準との偏差に応じた名目利子率の変更から成り立つ政策ルールを要求している．長期インフレ率を目標インフレ率を表わすと解せば，反応関数すなわち方程式（11.2）の h_0 を $r_n + h_2 u_n - h_1 \pi^*$ と置換することができる．実質利子率の定義を用いれば，反応関数そのものから**テイラー・ルール**の変形を容易に導出できる．[5]

$$i = \pi^e + r_n + h_1(\pi - \pi^*) - h_2(u - u_n)$$

テイラーは，最適なマクロ経済成果のためにはインフレ・ギャップの係数とその方程式の産出ギャップの係数が 0.5 程度に等しく設定されるべきだと主張した．そして，このルールを中央銀行がすべきことへの 1 指針として提案した．その一方，それがこの数十年にわたりアメリカの中央銀行が現実にしてきたことによく似ていることをある証拠は示唆している．

世界の多くの中央銀行はゴールを，予告した目標インフレ率の達成であると宣言してきた．インフレーションがこの目標を上回ると金融政策を引締める．インフレーションが目標を下回ると緩和する．反応関数をこの行動の定式化として解釈することができ，これは**インフレ目標の設定**[6]と呼ばれている．

11.5 フィリップス曲線—IS-RF モデル

IS-RF モデルによりもたらされた動学的総需要曲線はフィリップス曲線（これは実は動学的総供給曲線である）と結び付けることができる．これはインフレーションと失業を分析する簡単だが強力なツールを与えてくれている．動学的 AD 曲線すなわち方程式 (11.5) とフィリップス曲線すなわち方程式 (10.3) が各期の 2 つの未知数 π，u を完全に決定するが，先行変数として機能するインフレーション・ラグ π_1 をともなっている．それらが動学的体系を形成する．

$$\pi = a_6 + a_7 u$$
$$\pi = \pi_{-1} - \alpha(u - u_n)$$

この体系の解には一階の差分方程式が含まれ，これは前章で観察したその種の振動を生じることができない[7]．

図 11.2 のフィリップス曲線の図表の手法によりこのモデルの長期均衡を視覚化することができる．ここでは，動学的 AD 曲線とフィリップス曲線は長期均衡点で交差する．この点におけるインフレ率は目標インフレ率 π^* である．このモデルは金融政策，財政政策，多様な供給側の攪乱を分析するために効果

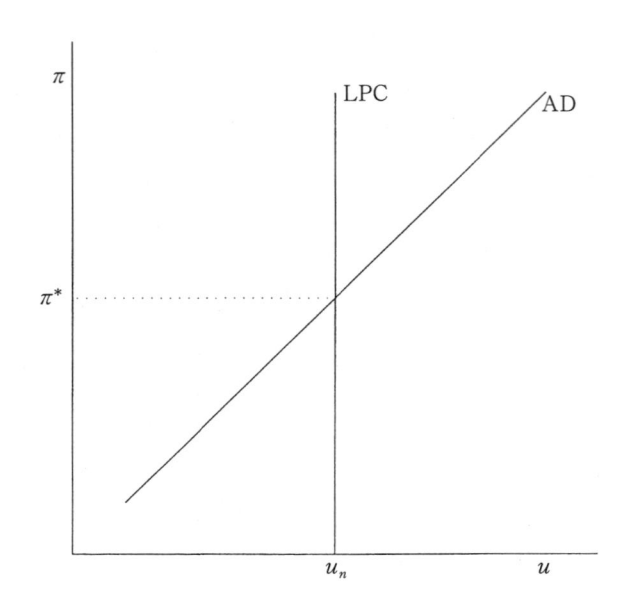

図 11.2 金融政策が利子率変更により失業，インフレーションに応じ，インフレーション・失業間の安定的関係として AD 曲線が描かれる．低インフレ率で，金融政策は緩和し，高需要，低失業の結果になる．高インフレ率で，金融政策は引締まる．AD 曲線が長期フィリップス曲線と交差するところで長期均衡が達成される．

的に使用することができる．

11.6 金融政策

このモデルのディスインフレ金融政策は前章のモデルのものより相当控えめで現実的である．インフレ目標を引き下げる中央銀行の決定は h_0 の値の上昇として表わされうる．そうした収縮政策はあらゆるインフレ水準について利子率引き上げを含むから，動学的 AD 曲線を (u, π) 平面で下方へシフトさせることになるため，これが失業率を引き上げることになる．短期的政策効果は図 11.3 で理解することができる．明らかに（そして直感的に），金融引締め政

第11章　積極的金融政策モデル

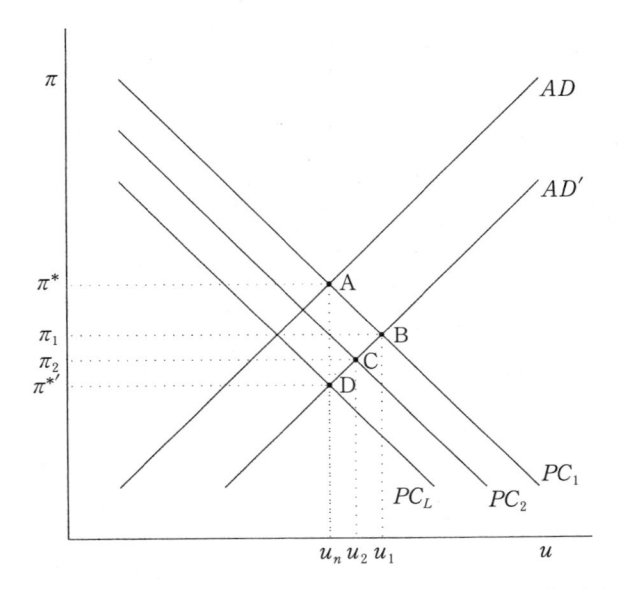

図 11.3 ディスインフレ金融政策は，中央銀行が低インフレ目標に切り替えるため，AD 曲線を下方へシフトさせる．短期的効果が失業率を (B へ) 高めるが，その後中央銀行が軌跡を管理するので新たな AD′ 曲線上にとどまる．経時的にインフレ期待が調整するにつれてフィリップス曲線は下方へシフトする．

策は景気後退を誘発する．新たな短期均衡において，インフレーションは当初の位置におけるよりも低下し，失業は増加する．

　失業率が自然失業率を上回るときはいつもフィリップス曲線は下方へシフトすることが前章からわかっている．その理由は，この場合労働者がインフレーションを過大評価した後インフレ期待を引き下げるだろうということにある．フィリップス曲線の位置は期待インフレ率により決定される．それゆえ，図 11.3 に示されるように，インフレ率は下がり続けるので，これはフィリップス曲線に沿った移動を通じてではなくフィリップス曲線の**シフト**を通じて影響される．フィリップス曲線が下方へシフトするにつれて，経済は新たな長期均衡に達するまで AD 曲線に沿って動く．経済がこの均衡をオーバーシュートしないのは，基本的に，中央銀行が積極的安定化政策を運営しているという理由

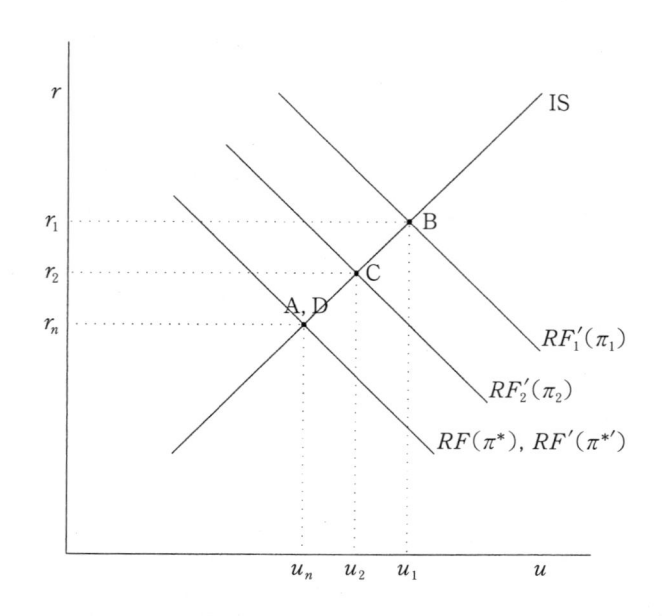

図 11.4 ディスインフレ金融政策は，中央銀行がより低いインフレ目標に切り替えるため，RF 曲線を外側へシフトさせ，その結果，短期実質利子率を上昇させる．インフレーションが低下するにつれ，中央銀行は利子率の低下を容認し，経済を自然失業率および長期利子率に引き戻す．A-D の点が図 11.3 の A-D の位置を表わす．

によることに注意しなさい．

　図 11.4 に示された基礎となる IS-RF 図表を考えることによりこのシナリオへの付加的洞察が得られる．引締められた新しい金融反応関数（RF'）へのシフトは短期間実質利子率を上方へ鋭く押し上げる．しかし，中央銀行は失業を創出しディスインフレーションを誘発する仕事をしてきたので，インフレーションが低下するにつれて実質利子率の引き下げを承認する．最後に，経済は IS-RF 図表上の同じ長期の位置に戻る．これは貨幣の超中立性を反映している．

　この実験において，名目利子率が辿る径路を熟考することは興味深い．金融政策は，引締められると，明らかに名目で利率を引き上げる．しかし，経時的に，経済活動の収縮がインフレ率を下げる．適応的期待の下で，期待インフレ

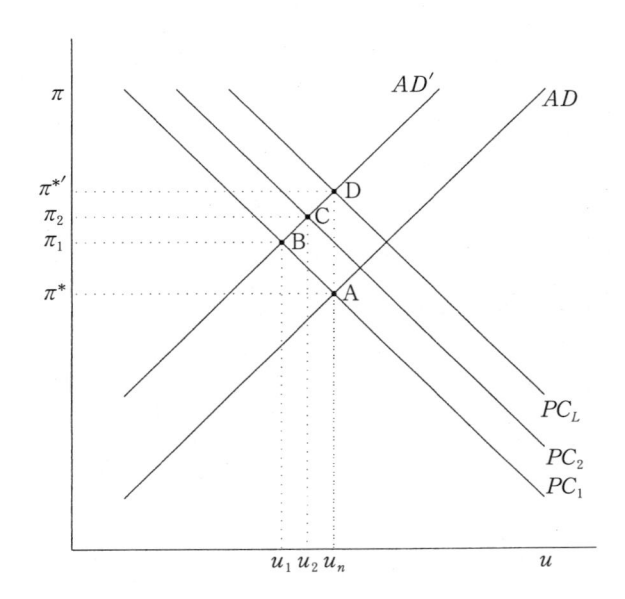

図 11.5 中央銀行の反応関数に変更なしと仮定すれば，財政拡大は AD 曲線を上方へシフトさせる．短期には，失業は減りインフレーションは増す．この政策が長期実質利子率を引き上げ，それが長期インフレ率を引き上げる．

率が現実のインフレ率に追随するので，そのためそれは下がり過ぎる．資産市場では，このインフレ期待の低下が，結局，貨幣引締めをもたらし，名目利子率を当初の**水準以下**に引き下げる原因となる．それゆえ，名目利子率はまず上昇し，つぎに当初水準以下に下落することになるのである．

この動きは，中央銀行の引締めがなぜメディアを通じて金融専門家からの対立意見をしばしば生じさせるのかを説明している．現実経済には多くの利子率が存在し，中央銀行が管理できるのは銀行間借入の短期利子率だけである．連銀の引締めが他の，より長期の利率にどんな効果をもつのだろうか．幾人かの専門家は，連銀の引締めが利子率を引き上げると予測するとき，短期間を考えている．しかし，他の者たちは，連銀の引締めが利子率を下げると予測するときインフレ期待への長期効果に焦点を合わせている．インフレ期待が変化する

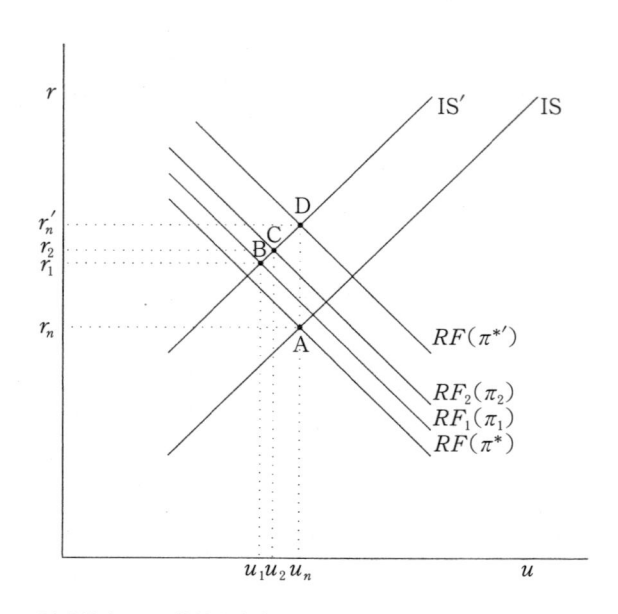

図 **11.6** 財政拡大は IS 曲線を上方へシフトさせる．短期には，中央銀行がインフレ率の上昇に応じるにつれ，RF 曲線は外へシフトする．新たな長期均衡が高い自然利子率に達するまで，インフレーションの引き続く上昇は RF 曲線のさらなるシフトという結果になる．点 A-D は図 11.5 の A-D の位置を表わす．

であろう速度については，意見の不一致が当然存在するのである．

11.7 財政政策

図 11.5 に示すように，財・サービスの政府購入における増加も AD 曲線をシフトさせることになる．財政刺激は短期的に産出水準を上昇させ失業を減ずるであろう．

自然率を下回る失業率では，インフレ期待が増し始め，フィリップス曲線を上方へシフトさせることになる．これらのシフトは，図 11.5 に示されるように新たな長期均衡に至るまで経済を新たな AD 曲線に沿って動かす．中央銀行が新しい財政政策を認めて目標インフレ率の上昇を許してしまい，長期的に

貨幣を一層増加するにまかせたままであるという理由で長期インフレ率が上昇してしまったことに注意しよう．目標インフレ率の上昇の基礎にあるものは，財政政策によって生じた長期利子率すなわち自然利子率の上昇なのである（長期インフレ率が $[r_n+h_2u_2-h_0]/h_1$ に等しいことを思い出しなさい）．

図11.6 は IS-RF 図表の見地から同じ財政刺激を示しており，この図を学習することにより自然利子率の上昇に関しより深い理解が得られる．図11.5 で観察したインフレーションの上昇に応じて，RF 曲線が短期にシフトしたことに注意しよう．

厳密なインフレ目標の設定の下では，中央銀行は目標インフレ率がこのように上昇することを許そうとしないかもしれない．中央銀行は反応関数のパラメーターを再評価することにより需要刺激を抑えることを選ぶかもしれないのである．

11.8 供給ショック

もう1つの有用な学習課題は供給ショックに関係がある．自然失業率の下落といった，永続的な供給ショックの効果を考えることにする．図11.7 に示すように，自然失業率の下落は経済にディスインフレ効果をもつが，その瞬間には経済は新たな自然率を上回る位置にいる．まだ変化しない期待インフレ率と下がった自然失業率とにその位置が依存するため，フィリップス曲線は下方へシフトする．

インフレ期待の変化が理由で経時的にインフレ率が下がるため，フィリップス曲線のシフトにより押しやられ，経済は AD 曲線に沿って下方へ進んでいく．最後に，それはより低いインフレーションとより低い失業をともなう新たな均衡に到達する．中央銀行に実質利子率を下落させる余裕があるのは，GDP の自然水準がいまでは以前より高いからであり，この下落によってより低い目標インフレ率に変えるのである．アメリカ経済はインフレーションと失業が低

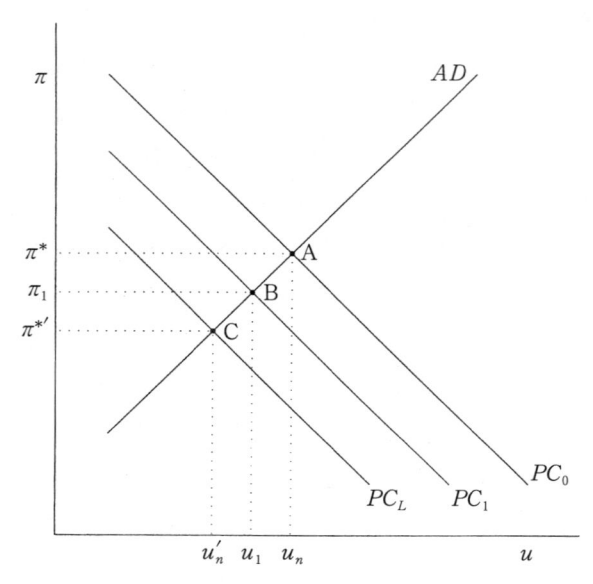

図 11.7 自然失業率を下げる望ましい供給ショックはインフレーションを低下させながら経済成長を一気にもたらす.

下していくそうした過程を1990年代に通り抜けたと多くの観察者は信じている.

　自然失業率を引き上げるインフレ・ショックは明らかに逆のパターンを生じたであろう. より高い失業とインフレーションで新たな長期均衡が達成されるまでフィリップス曲線は外側へシフトすることになる. インフレ・ショックのもっとも有名な事例が1970年代に生じたが, そのとき石油輸出国機構 (OPEC) は原油価格の急激な引き上げに成功した. モデルにより予測されたように, インフレ率と失業率がほとんどの先進工業諸国で同時に上昇したのである.

11.9 AD 曲線の政治経済学

インフレーションと失業に対する中央銀行の感応性における違いの意味を示すことにより，インフレーションを引き起こす供給ショックは反応関数の政治経済学を説明するのに役立つ．反応関数はインフレーションと失業の費用に対する中央銀行の姿勢を反映する．インフレーションを比較的無害で失業を社会的無駄とみなす中央銀行はインフレ・ショックに直面したら比較的小さな値を h_1 に，大きな値を h_2 につけるだろう．一般的にいえば，労働者にとってインフレーションの費用は失業の費用ほど重要でないので，労働者階級を代表する労働組合や政治団体はこの種の金融政策を支持している．低い安定したインフレーションを尊重し相当な失業を黙認しようとする中央銀行は逆を挙げるだろう．一般的にいえば，インフレーションが予測できないほど高くなると，受け取る実質利子率が予想した利子率以下に下がるせいで，金融投資で損失を被るので，金融上の利害関係者（銀行と資金力のある投資家）はこの接近方法においては既得権益をもっている．

ディスインフレ・ショックを考えるとき，きつい傾きの AD 曲線と「大衆迎合的な」中央銀行とのこの同一性は崩れる．フィリップス曲線を内側へシフトさせるのに都合のよいショックはインフレ率と失業率を下げることになるだろう．傾きのきつい AD 曲線は，中央銀行が主に低インフレによるショック緩衝を選んだことを意味する．しかし，これはおそらく，低インフレからもっとも利益を受ける金融利害関係者の方を向いた中央銀行により選ばれる径路になるであろう．大衆迎合的な銀行は，失業は非自発的で無駄だから，失業率を下げることにまったく異存ない．この考え方を大衆迎合的な中央銀行用に反応関数を特化してモデルに組み込むことができるかもしれず，$u < u_n$ のとき反応パラメーター h_2 は小さくなる．これが AD 曲線を屈折させ，その傾きは $u > u_n$ できつく，$u < u_n$ でゆるくなる．同様の考えが保守的な中央銀行に適用されると，これはその目標率を上回るインフレーションにはもっと敏感かもしれ

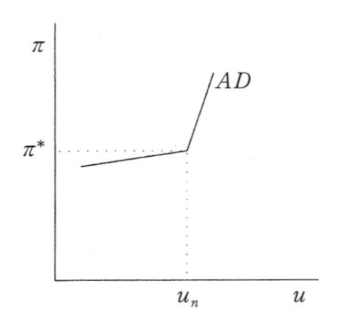

図 11.8 高失業に高い関心をもつ大衆迎合的な中央銀行はディスインフレ・ショックよりもインフレ・ショックに配慮する．AD 曲線は屈折しこの種の反応関数の反射として凹形になる．

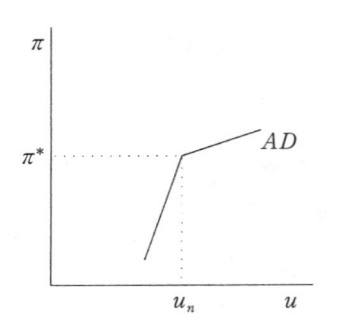

図 11.9 高インフレに高い関心をもつ保守的な中央銀行はディスインフレ・ショックよりもインフレ・ショックへの配慮が薄い．AD 曲線は屈折しこの種の反応関数の反射として凸形になる．

ない[8]．この場合，AD 曲線は $u > u_n$ でゆるく，$u < u_n$ できつい傾きになる．これら 2 つの可能性は図 11.8，図 11.9 で説明される．この接近方法を供給ショックの分析に用いるには，知覚された自然失業率で AD 曲線の屈折が生じ，これがラグをともなう自然率の変化に必然的に調整することを認識する必要がある．

　もし長期フィリップス曲線が垂直でなければ，大衆迎合的な中央銀行と保守的な中央銀行のこの比較はより大きな有効性さえ帯びてくる．大衆迎合的な中央銀行は比較的高いインフレーションという犠牲を払ってさえ進んで失業率を下げることになるだろう．保守的な中央銀行は，比較的高い失業という犠牲を払ってさえ，インフレーションを低く維持しようと躍起になるだろう．フィリップス曲線が垂直かどうかはわからないから，経済が引きつけられていく長期失業率をその種の金融政策が時機を得て決めるのが真相かもしれないのである．

　たいていの民主国家における金融政策は，少なくとも原則では，民主的過程を経て確立されたと推測される．金融政策への競合する接近方法のうちから賢明に選び出す能力はマクロ経済学を学習するもっとも重要な理由の 1 つである．本章で展開された AD 曲線をマクロ経済学に本来不可欠なものとみるよりも，

形と位置を確立する政策過程において市民として果すことができる役割を認識すべきである.

本章で展開されたモデルは本書で展開したマクロ経済理論のうちおそらくもっとも現実的で役に立つ例だろう.しかし,中央銀行が実際に行使できる管理の大きさを過大評価している.たとえば,自然失業率や自然利子率といった重要なパラメーターは正確に推定されえない.これら主要パラメーターは,財政政策,金融政策,供給ショックに対する適切な応答を含め,マクロ経済政策について多くの活気に満ちた論争の中心にある.

モデルは総需要に関する IS-LM 理論から賃金・物価設定に関する対立した理論までに及ぶ豊かな土台の上にのっており,それがマクロ経済理論におけるこれら講義の要石なのである.現実経済がますますグローバル化する貿易,資本フローのシステムに取り囲まれていく一方,ひとつの大きな遺漏はモデルが閉じたままだということなのである.

☞ **第11章の問題**

これらの問題には仮説の経済に対し,以下のデータを使用しなさい.

反応関数　　　　：$r = 3 + 0.5\pi - 0.5u$
AD 曲線　　　　：$\pi = 1.7 + 1.075u$
フィリップス曲線：$\pi = \pi_{-1} - 0.5(u-4)$
　　　　　　　　　$r_n = 4$

自然失業率,自然利子率に百分率(どちらも 4 %)を用いていることに注意して,他の変数を用いるときも整合性のため同様にしなければならない.

1. 中央銀行の目標インフレ率を計算しなさい.長期均衡における名目利子率を計算しなさい.なぜそれは自然利子率と異なるのか.

2. 中央銀行はインフレーションに強硬な態度をとると決めた.反応関数は $r = 3 + 1.5\pi - 0.5u$ へシフトし,AD 曲線は $\pi = 0.566 + 0.358u$ になる.0 年に前問で与えられた長期均衡から始めると仮定すれば,この政策が実施されると,1 年目

に失業率，インフレ率は何％になるか．2年目はどうなるか．長期的にはどうか．

3．前問で0年，1年，2年における実質利子率，名目利子率を計算しなさい．気がついたパターンを説明しなさい．

4．当初データから開始しなさい．AD曲線を $\pi = -0.311 + 1.075u$ へシフトさせる財政縮小を考えなさい．短期（1年目）および長期におけるインフレーション，失業に対する政策効果を計算しなさい．新たな自然利子率を計算しなさい．

5．第2問で述べられたフィリップス曲線図表とIS-RF図表を描きなさい．第4問で述べられた図表を描きなさい．

6．フィリップス曲線とIS-RF図表を用い自然失業率上昇後の経済動向を分析しなさい．

7．IS曲線を内側へシフトさせる負の需要ショック後，大衆迎合的な中央銀行と保守的な中央銀行の応答を比較しなさい．本文中で展開された屈折AD曲線を用いなさい．

8．『大統領経済報告書』の統計付録を用い，アメリカ（連邦基金）における利子率，インフレ率，失業に基づくデータを探しなさい．適応的インフレ期待を仮定し，この30年間にわたる実質利子率，名目利子率の動向をグラフに示しなさい．中央銀行の反応関数の証拠を推定しなさい．高インフレが高実質利子率の結果をもたらすか，あるいは高失業が低実質利子率の結果をもたらす期間を求めなさい．

注

1）本章に関する教育学的接近方法は，それを「LM曲線抜きのマクロ経済学」といっているローマー（Romer, 2000）により示唆された．

2）アメリカ経済に関する中規模エコノメトリック・モデルの文脈で連銀の反応関数の推定値についてはフェアー（Fair, 1994）を参照せよ．

3）伝統的LM曲線は，固定されたマネーサプライに基づき，実質利子率に依存せず，期待インフレ率の変更に影響されない．これがIS-LM装置を期待インフレーションの面前でいくらか扱いにくくするため，その説明はしないでおく．

4）統合パラメーターは $a_6 = (a_0 - L - a_1 h_0)/(a_1 h_1)$ と $a_7 = (L + a_1 h_2)/(a_1 h_1)$ である．

5）テイラーの定式化（Taylor, 1999）と違い，この説明は右辺の現実のインフレーションでなく期待インフレに関わる．また，テイラーは失業と自然失業率のギャップでなく産出・自然産出水準の百分比による偏差を用いている．

6）インフレ目標は名目上の目標設定の1形式であり，そこではマネーサプライ，名目 GDP，あるいはインフレーションといった名目変数が政策の定着装置に選ばれる．この精神において，特殊な $h_2 = 0$ 仮定下で，より良好なモデルが設計されるかもしれず，政策を失業率に関して無差別にさせる．

7）帰納的解は代入により得られ，次式が求められる．
$$\pi = \frac{\alpha(u_n - a_6)}{1 + \alpha a_7} + \frac{1}{1 + \alpha a_7}\pi_{-1}$$
それから，各期の u についての解は方程式 (11.5) に代入して求められる．帰納的解は長期均衡へ推移中のモデルの軌跡を述べており，前期を振り返ることにより各期を解く手続きにその名称は由来する．

8）公式には，これらの考え方を反応関数で表現できる．
$$r = h_0 + h_{11}\min[\pi^* - \pi, 0] + h_{12}\min[\pi - \pi^*, 0]$$
$$- h_{21}\min[u^* - u, 0] - h_{22}\min[u - u^*, 0]$$
ここで星印は認識された目標インフレ率と自然失業率を識別する．大衆迎合的な中央銀行は $h_{11} = h_{12}$ と $h_{21} > h_{22}$ を設定し，保守的な中央銀行は $h_{21} = h_{22}$ と $h_{11} > h_{12}$ を設定する．

第 *12* 章

開放経済の基本

訳．横溝えりか

　国際化によって経済が貿易および世界資本市場に対して開かれると，その開放された諸力に多くの人々が，気づくようになった．開放経済のマクロ経済学をカバーすることなしには，マクロ経済理論のいかなる概説も完全ではないだろう．開放経済のマクロ経済学は広大な領域である．開放経済のマクロ経済学を理解するために，短期均衡の IS-LM モデルの開放経済版に集中することにする[1]．このことは，賃金および物価が固定されているという仮定に戻って，同じ道を少し引き返さなければならないことを意味する．

12.1　為替相場

　経済主体は財を輸入する，あるいは外国の資本市場で投資をする前に，取引相手に受け取られる外国為替を入手しなければならない．為替相場は外貨の価格である．われわれは自国以外の国々を1つの範疇にまとめて単純化を図ることで，「この」為替相場について語ることができる[2]．純粋に説明のために，外貨の例を示すのにユーロ（€）を，自国通貨を表わすのに米ドル（＄）を用いることにする．

　為替相場 e は，ドル／ユーロ，またはユーロ／ドルとして，測ることができる．われわれは，他のすべての価格をドルで測ってきたため，その慣習に従い，為替相場の表示をユーロのドル価格と定義する．

$$\dim[e] = \frac{\text{ドル}(\$)}{\text{ユーロ}(€)}$$

利便性のためかあるいは伝統のためか，多くの外国為替相場が逆の慣習を用いて取引されている．日本円は，たとえば，扱いにくい桁数の多い小数を避けるために，一般に，便宜的に¥/＄と示される．

為替相場を設定する，2つの純粋な制度がある．**固定為替相場**のもとでは，中央銀行は，自身が外貨を売買しようとする価格を発表し，それらの為替相場を維持・管理するよう努める．他方，**変動あるいはフロート為替相場**制度では，為替相場は民間の外貨市場において確立される．中央銀行はこの為替相場に影響を与えようとすることもあるが，統制はしない．実際，多くの取り決めが，これら2つの極端な制度のあいだに位置する．

第二次世界大戦の終わりから1973年まで，世界の主要通貨は，ブレトンウッズ協定により設定された制度のもとで固定されていた．しかし，ヨーロッパ人が多額の米ドルのさらなる受け取りを望まなかったことが主たる原因で，この制度は崩壊した．そして，それ以降，主要通貨（間の為替相場）は民間の外国為替市場において，決定されてきた．それにもかかわらず，世界のかなりの地域で，固定為替相場制度が運営されている．したがって，われわれは，両方の制度をカバーするマクロ経済理論を理解したい．

為替相場が上昇するとき，われわれの慣習を用いると，変動為替相場制度のもとでドルは**減価する**，あるいは固定為替相場制度のもとでドルは**切り下げられる**という．為替相場が低下するとき，われわれの慣習を用いると，変動為替相場制度のもとでドルは**増価する**，あるいは固定為替相場制度のもとでドルは**切り上げられる**という．専門的には，用い方は為替相場制度の型に従う．しかし，**切下げ**という用語と**減価**という用語は，一般の用い方では，同義語に収斂する．しかしながら，われわれの慣習では，混乱する可能性がある．たとえば，為替相場が上昇すると，減価するが，それは変な響きがする．この理由から，経済の専門家は，為替相場の動きに焦点を当てる場合，しばしば逆の慣習（つまり外貨表示の為替相場）に切り替える．しかし，マクロ経済理論では，われわれの慣習は広く受け入れられており，そのためにわれわれはその慣習に合わ

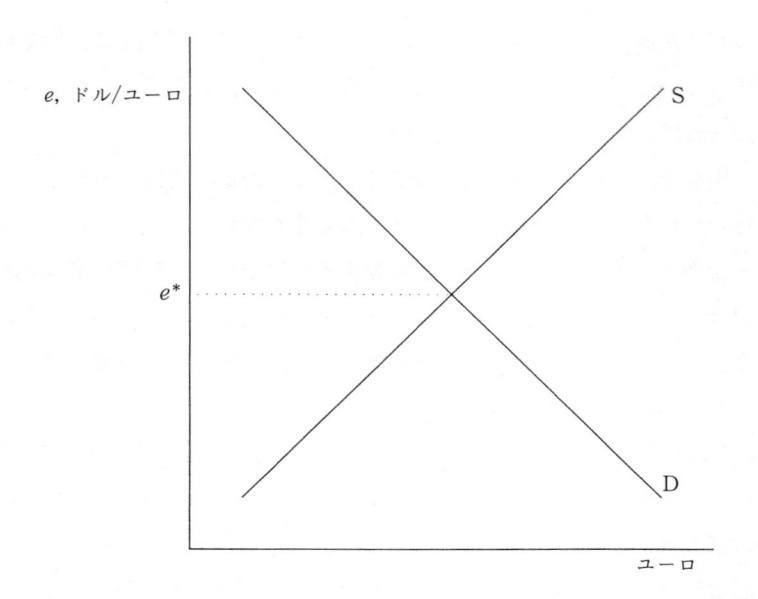

図 12.1 変動為替相場あるいはフロート為替相場制度のもとで，外貨市場における供給と需要が，均衡為替相場を決定する．外国人が輸出財を購入する，あるいは自国資本市場で投資を行うことで，（外貨）供給が生まれる．自国の輸入，あるいは外国資本市場への投資から，（外貨に対する）需要が生まれる．

せなくてはならない．そして，この慣習には実際にいくつかの利点があることがわかる．

為替相場は名目価格である．二国間での物価水準の格差を調整すると，**実質為替相場**，または，

$$\frac{eP^*}{P}$$

が得られる．ここで，P^* は，外国の物価水準（たとえば，ヨーロッパの財1単位あたりのユーロ）である．われわれは，この本の最初の6つの章において用いられた，物価固定の仮定に戻ることにする．そして，開放経済のマクロ経済学において，インフレーションの役割を無視することにする．さらに，P と P^* とが等しいと仮定することも，害にならない．この場合，私たちは，為替

相場を名目と実質の両方と解釈することができ，表記を省略することができる．

　国際経済学では，長期において，ある条件のもとでは，実質為替相場は1に向かうとする理論がある．実質為替相場を1にする名目為替相場を，**購買力平価**，あるいは略してPPP (purchasing power parity) と呼ぶ．この理論では，われわれが概観している開放経済のマクロ経済モデルを，PPPからの短期的な乖離として扱う．われわれのケースでは，PPP相場は1であろう．ここでの基本的な考え方は，地球上のどこで購入されようとも，同一財の価格は米ドルで同じになるはずだというものである．面白い例は，エコノミスト誌に発表された，ビッグマック（そう，あのハンバーガー）PPP指数である．

　為替相場制度にかかわらず，図12.1にあるように，外貨市場を供給と需要の点から考えることには意味がある．ユーロの供給は，アメリカの輸出財を購入したい，あるいはアメリカ資産市場に投資をしたい（たとえば，アメリカの債券を購入したい）というヨーロッパ人から生まれる．ユーロに対する需要は，ヨーロッパの財を輸入したい，あるいはヨーロッパ資産市場に投資をしたい（たとえば，ユーロ債券を購入したい）というアメリカ市民から生まれる．実際の為替市場では，第3の経済主体——投機家——が良きにつけ悪しきにつけ，非常に重要な役割を果たしている．しかし，投機家に真っ向から取り組むことは，より上級者向けのものに残しておくほうが賢明である．

　変動為替相場のもとでは，なじみのある供給と需要の力が，外国為替市場を精算する為替相場を決定する．これは，図12.1のDとSの関数の交点で示される．輸入したいという願望が大きくなる，あるいはヨーロッパでの魅力的な収益に反応してヨーロッパへ資本が移動するといった，ユーロに対する需要を増加させる出来事は，需要曲線を外側にシフトさせ，ドルを減価させる（$e \uparrow$）．反対の出来事はドルを増価させる．同様に，ヨーロッパへの輸出が増加する，あるいは魅力的なアメリカの金利に反応してアメリカへ資本が流入するといった，ユーロの供給を増加させる出来事は，供給曲線を外側にシフトさせ，ドルの増価を引き起こす．国際経済学の専門家は，この単純化しすぎた分析に対し

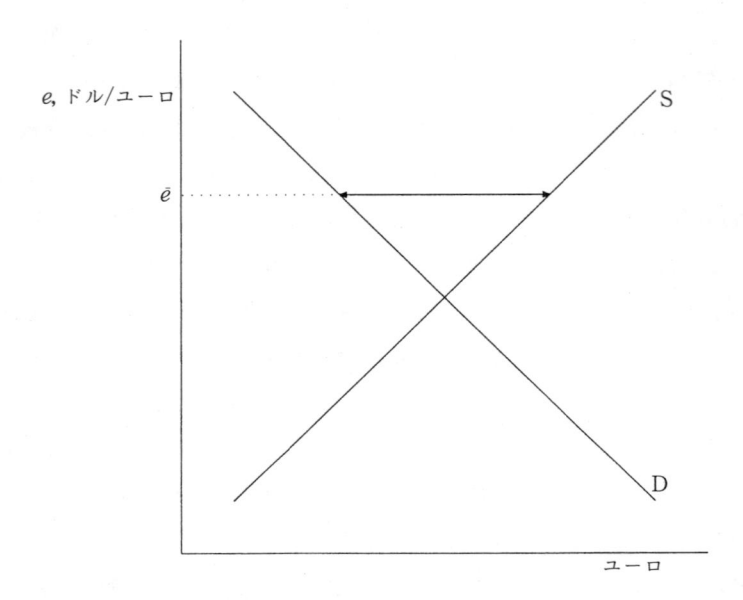

図 12.2 固定為替相場制度のもとでは，中央銀行は進んで外国為替を売買する為替相場を公示する．矢印で示されているように，外国為替の超過供給が存在しているとき，中央銀行はその超過分を買い上げる．この資産購入は，当該国のマネーサプライを増加させる．

て畏縮するが，この分析は経済政策の短期効果を理解するのには許容できる範囲内にある．

　固定為替相場のもとでは，中央銀行はその公示相場 e で，外貨を売買するべく待機している．偶然にも，この公示相場が市場を精算する為替相場であった場合にのみ，中央銀行はその責任を免れる．一般的に，e は高すぎるか（図 12.2 にあるように），低すぎるかのいずれかになる．公示相場が高すぎると，図 12.2 にある矢印によって示されるように，ユーロの超過供給が発生する．変動制度の場合，単に為替相場が増価して，ユーロのこの超過供給を取り除くであろう．しかし固定相場のもとでは，為替相場の増価は選択肢にない．そのかわり，中央銀行が超過ユーロを買い上げる（あるいは，別の見方をすれば，ドルをヨーロッパ人に売る）．為替相場が低すぎるといった正反対の場合には，中央銀行

第12章 開放経済の基本

はユーロを売却することで，外国為替に対する超過需要に応じる．

　中央銀行による外国為替市場へのこうした強制的な介入は，国内経済に影響を与えずにはいられない．第1章で学んだように，中央銀行による資産のいかなる購入あるいは売却も，銀行準備と国内通貨という形で，ハイパワード・マネーの変化を生み出す．ユーロを購入するときの，中央銀行のT型勘定を思い出すことで，このことが確認できる．

中央銀行

Δ資産	Δ負債
＋ユーロ	＋準備
	＋通貨

　ハイパワード・マネーの注入は，貨幣乗数過程を通じて，厳密な意味でのマネーサプライ（要求払い預金に通貨を加えたもの）を増加させるということも知られている．このようにして，中央銀行が外国為替を購入することによって固定為替相場を守ることを余儀なくされるとき，マネーサプライは増加することになる．明らかに，中央銀行がユーロを売却すると，マネーサプライは収縮する．この効果は，18世紀にD. ヒューム（David Hume）により発見された．彼は，この効果を**正貨流出入機構**と呼んだ．なぜなら，貴金属硬貨（正貨）は，当時の貨幣制度の基本であったからである．

　中央銀行が外国為替取引によってマネーサプライに影響を与えたくない場合，中央銀行に開かれた，1つの可能な代替的方法がある．それが**不胎化**である．不胎化とは，マネーサプライを外国為替市場から隔離するように特別に設計された公開市場操作の1つである．たとえば，中央銀行がユーロを購入すると同時に債券を売却すると，この組み合わせはマネーサプライを決定するハイパワード・マネーに影響を与えないであろう．T型勘定はこのことをわかりやすく表わす．

中央銀行

Δ資産	Δ負債
＋ユーロ	
－債券	

不胎化には明らかに限界がある．たとえば，中央銀行は先に説明した不胎化を支えるためには，債券その他の金融資産の蓄えをもたなくてはならない．ユーロに対する超過需要が中央銀行に外国為替を売却することを要求するという逆のケースでは，中央銀行は明らかに，手元に十分な外国為替の供給をもたなくてはならない．しかし，短期間では，不胎化はしばしば現実的な選択肢である．

変動為替相場のもとでは，中央銀行はたとえば急激な減価を防ぐために，自国通貨を買い上げることによって外国為替市場に介入したいが，介入が国内マネーサプライに影響を与えて欲しくないときには，不胎化操作を用いる．

最後に，固定為替相場に対する投機攻撃がもたらす難事を見逃すべきではない．国境に集結している軍隊のように，通貨投機家は切下げが今にも起こると確信すると，自国通貨での自らのポジションを手仕舞いしようとするため，外貨に対する需要を増やすだろう．この場合，外貨に対する超過需要が中央銀行を即座に打ちのめすことがある．中央銀行の外貨準備には結局のところ限界があるからである．利用できる唯一の選択肢は，利子率を引き上げることで，自国通貨に対する需要を引き戻すことかもしれない．しかし，投機家を満足させるのに必要な利子率は，しばしば，非常に現実離れしているほど高い．このような高い利子率は国内経済にとってやっかいなものであるため，これは一時的な妨害行為に過ぎない．ここで述べられたシナリオは，最近では，たとえば，1992年にイギリス，イタリア，スウェーデンで，あるいは，1997年にタイとその他のアジア諸国で，多くの機会に上演されてきた．

12.2 貿易収支

貿易収支はすでに，輸出と輸入の差，あるいは純輸出と定義されてきた．しかし，厳密に言えば，輸出と輸入は，前者が自国財である一方，後者は外国財であるために比較できない．両者は異なっているに違いないか，あるいは完全な代替財であるかもしれない．輸入財を輸出財と同じ単位（自国財の量）で測

るために，実質為替相場（ここでは仮定により，為替相場 e と等しい）を掛ける必要がある．次元分析によって次のことが明らかになる．

$$\dim\left(\frac{eP^*}{P}\right)Q = \dim e\left(\frac{\dim P^*}{\dim P}\right)\dim Q$$
$$= \left(\frac{\$}{\texteuro}\right)\left(\frac{\texteuro}{\text{ヨーロッパの財}}\right)\left(\frac{\text{アメリカの財}}{\$}\right)\left(\frac{\text{ヨーロッパの財}}{\text{年}}\right)$$
$$= \frac{\text{アメリカの財}}{\text{年}}$$

この洞察を踏まえて，純輸出は $NX = X - eQ$ と定義される（仮定により，$P^* = P$ と設定したことを思い出すこと）．

12.2.1　純輸出関数

一国の輸出は2つの鍵となる要因，つまり輸出財の価格と外国の買い手の支払能力（すなわち，自国以外の国々の所得）に依存している．われわれの仮定のもとでは，輸出財の実効価格は為替相場により決定される．減価あるいは切下げは，輸出財の価格を低下させ，数量を増加させると予想される．増価あるいは切上げはその逆になる．外国の所得の増加あるいは減少は輸出数量に直接反映されるはずである．

一国の輸入は，同様に，為替相場と国内所得に依存する．減価（あるいは切下げ）は外国財をより高いものにし，輸入を思いとどまらせる．増価（あるいは切上げ）は，逆の効果をもつ．まさに所得の落ち込みが支出を減らすように，国民所得の増加は，輸入された財を含む，すべての種類の財に対する支出を増加させる．これは特に，純輸出の短期の動きを理解するのに重要な事実である．たとえば，経済の好況は輸入を吸収し，自動的に純輸出を押し下げ，貿易赤字に向かう．貿易赤字の短期的な動きの多くは，自国経済における好況と不況を反映している．

既存の IS-LM モデルを開放経済に拡張するために，線型の輸出・輸入関数

を用いて，これらの概念を形式化する．

$$X = x_0 Y^* + x_1 e \tag{12.1}$$
$$Q = q_0 Y - q_1 e \tag{12.2}$$

ここで，$x_0 < 1$ および $q_0 < 1$ は，外国および自国の**限界輸入性向**を表わしている．実質為替相場に対する輸出と輸入の感応性は，x_1 と q_1 とで与えられる．外国の変数を表わすために，アスタリスク（＊）を用いる．

輸出と輸入の式，および純輸出の定義により，純輸出の統合した式を書くことができる．

$$\text{NX} = (x_0 Y^* + x_1 e + q_1 e^2) - e q_0 Y \tag{12.3}$$

括弧の表現を配置したのは，外国の GDP 水準が一定であり，為替相場が一定であることを仮定すると，純輸出関数はさらに別の線型方程式となることを明らかにしようとするためである．

12.2.2　貿易収支

純輸出がゼロであるとき，つまり貿易赤字も黒字もないとき，貿易は均衡している．（12.3）式は，貿易の均衡が達成される唯一の GDP 水準が存在することを明らかにしている．この GDP 水準を Y_{BT} と呼ぶことができる．代数学的には次式で示される．

$$Y_{BT} = \frac{(x_0 Y^* + x_1 e + q_1 e^2)}{e q_0} \tag{12.4}$$

純輸出の動きと貿易が均衡しているときの GDP 水準を，図 12.3 で視覚化することができる．この図は経済拡張期には貿易赤字が拡大することをはっきりと示している．

第12章 開放経済の基本

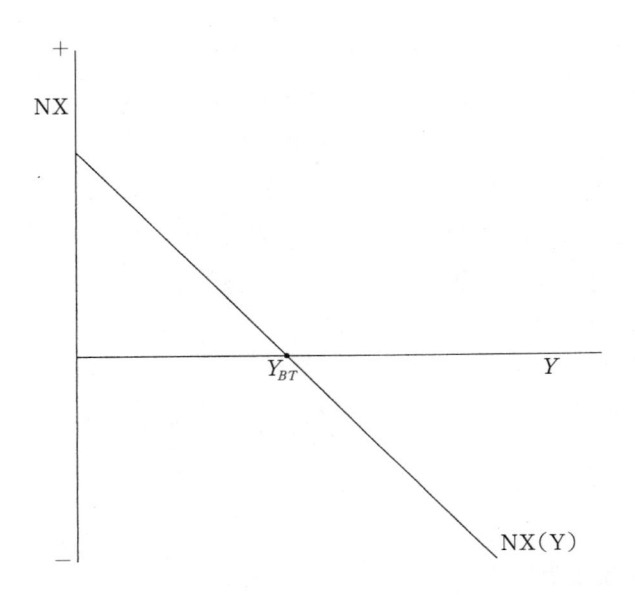

図 12.3 産出高の増加は，輸入財に対する需要を増加させる．これは純輸出を減らすことになる．貿易が釣り合う1つの産出高水準，Y_{BT} が存在している．この水準よりも産出高水準が高くなるほど，経済は貿易赤字になる．より低い水準では，貿易黒字になる．

12.2.3 マーシャル=ラーナー条件

　減価は輸出量を増加させ，輸入量を減少させるという事実にもかかわらず，減価が必ず一国の貿易収支の改善に繋がるかは，(12.3)式からは明らかではない．減価は，輸入財と交換される国内の生産物からみると，所与の水準の輸入財をより高価なものにするというのが，その理由である．もし，輸出財と輸入財が価格感応的でなければ，そして，輸出財と輸入財の数量が一定のままであれば，当該国はその通貨が減価するとき，輸入財の所与の数量に対して，より多くの自国の生産物を支払わなくてはならないだろう．これが，原則として，減価は当該国の貿易収支を悪化させうるとする理由である．明らかに，減価がより高い水準の純輸出に繋がることを保証するのに十分となるような，輸出財と輸入財のある臨界的な価格感応性水準が存在する．折よく，輸入と輸出の価

格弾力性の和が絶対値で 1 に等しいか，1 を超えるとき，減価は純輸出を増加させるだろう．これは，この事柄を最初に研究した A. マーシャル（Alfred Marshall）と A. ラーナー（Abba Lerner）にちなんで，マーシャル゠ラーナー条件と呼ばれている．われわれは，この条件が明らかに成立していると仮定する[3)]．実際のところ動きにはラグがあるかもしれない．そのため，ごく短期では成立しないかもしれない．このことは減価あるいは切下げの後，貿易赤字に望まれる改善がみられるまで，忍耐強く待たなくてはならないかもしれないことを意味している．

マーシャル゠ラーナー条件はまた，減価あるいは切下げが Y_{BT} を増加させることを保証する．

12.3 国際収支

国際収支黒字は，ある国へのあらゆる源泉からの純資金フローを測定する．これらの源泉は，会計上，2 つの別個の範疇に分けられる．財またはサービスのフローをともなう取引に起因する資金は，**経常勘定**に入る．これらは貿易から生じた資金と，当該国の純対外資産からの投資所得によって生じる資金から成る．簡素化のために後者を無視し，経常勘定の黒字を貿易黒字あるいは純輸出と同一視する．資産をともなう取引に起因する資金は**資本勘定**に入る．たとえば，ヨーロッパの銀行によるアメリカ国債の購入は，資本の流入をともなう．純資本流入を引き付ける国は資本勘定で黒字を出している．反対であれば，資本勘定は赤字となる．したがって，資本勘定の黒字は純資本フローに等しい．資本勘定の赤字は，対外純投資，すなわち NFI（net foreign investment）に等しい．

国際収支黒字は，ある国の外国為替保有量の増加という形をとる．外国為替を表現するのに，F と書こう．そうすると，ΔF は外国為替の変化を表わす．よって，次のように言うことができる．

第12章　開放経済の基本

$$\Delta F = \text{NX} - \text{NFI}$$

固定為替相場のもとで，この式は中央銀行の外国為替保有量の変化を示す．すでにみたように，もし，中央銀行が国際収支黒字または赤字を不胎化しなければ，中央銀行のこの資産の変化は，マネーサプライの変化に反映されるであろう．

国際収支が均衡する場合，次のようになる．

$$\Delta F = 0 = \text{NX} - \text{NFI} \qquad (12.5)$$

変動為替相場のもとでは，為替相場あるいは利子率の動きによって，国際収支の均衡が達成される．国際収支が均衡を達成しなければならないのに必要な条件は，貿易黒字と対外純投資が一致すること，そして貿易赤字（-NX）と対外純借入（-NFI）が一致することである．貿易赤字が対外純借入とこのように一致することは，投資-貯蓄恒等式の開放経済版を解釈する手助けとなる．この恒等式が，次のように書かれることを思い起こそう．

$$I = S + (T - G) - NX$$

$S+(T-G)$ の項は国民貯蓄を表わすので，今や，明らかに一国の投資は，自らが生み出す国民貯蓄に，対外純借入を通じて自国以外の国々から入手できる金融資源を加えたものに等しくなければならない．対外借入は，その国への資本フローを表わしている．

12.4　資本移動

資本勘定に記録されるフローは，債券，株式，不動産，あるいは物理的な資本設備のような資産の購入と販売である．資産は，国内債券と外国債券（たとえば，ユーロ債券）のみであると仮定することで単純化される．なぜアメリカ

の経済主体は外国債券を購入するのであろうか．明らかに，彼は外国債券がもたらす収益のためにそれを購入する．実際，世界の資本市場は利子率格差に非常に敏感であり，莫大な額の金融資本が電子の速さで，世界的に急送される準備ができている．

　もし，国内債券と外国債券とが，リスクのように，すべての重要な点において一様に，完全な代替財であるならば，市場は明らかに，これら2つの資産の期待収益を等しくするであろう．これは，**裁定**の原理を例証する．2つの同一資産は収益が同じであるべきである．なぜなら，そうでなければ，競争市場においては生き残るはずのない，純粋な利潤機会が存在することになるからである．外国債券への投資収益の一部は，提供された利子率から生まれる．しかしながら，別の一部は，為替相場の期待される変化から生まれる．保有期間を通じて，ドルが減価するならば，その債券が償還を迎えるとき，投資家はユーロでの収益に加え，ユーロの増価から生じる追加ボーナスを手に入れる．国内債券と外国債券に適用される裁定原理は，**カバーなし金利平価**に繋がる．カバーなし金利平価とは，利子格差は，ドルの期待される減価に等しいという条件である．

　$t+1$期の期待為替レートを表現するためにe^E_{+1}，外国の利子率を表現するためにi^*と書くと，カバーなし金利平価条件は次のようになる．[4]

$$i = i^* + \frac{e^E_{+1} - e}{e}$$

この条件を理解する最良の方法は，この条件を，他の点で等価の，2つの投資の等式とみなすことである．左辺は，アメリカ国債に1ドルを投資した場合の，期待収益を表わす．右辺は，ユーロ債に同額のドルを投資した場合の収益を表わす．後者の収益は，ヨーロッパにおける利子率に，ユーロの期待増価を加えたものに等しい（ドルが減価すると，定義により，ユーロは増価するということに注意しよう）．

　利子率均等の状態から出発すると，国内利子率の上昇は為替レートの低下を

第12章　開放経済の基本

引き起こすということを金利平価条件は示唆している．ドル建て投資とユーロ建て投資とのあいだで同一の期待収益を維持するためには，市場は，将来にドルが減価すること（すなわち，為替相場の上昇）を期待しなくてはならない．これが起こるのは，アメリカ資産が一時的に高い収益によって，資本を引き付けた影響で，現在の為替レートが低下する（為替相場の期待は一定であると仮定する）場合のみである．これは，供給と需要の非公式な論法を用いながら，われわれが以前に到達した結論と同じである．為替相場はこのようにして，期待減価が利子格差とちょうど等しくなるまで，低下しなければならない．

国内資産と外国資産とが完全な代替財であるとき，**完全資本移動**が成立する．これは，資本が**不完全にしか移動することができない**現実の経済では，起こりそうにない．この場合，一般的に外国投資での純収益には，なじみのない資産を保有することにともなう追加的なリスクと不確実性を反映した，何らかの格差が存在するであろう．**資本移動ゼロ**という極端な場合には，外国資産のいかなる利子率も，国内投資家を誘惑して資本を海外に移動させることはないであろう．なぜなら，国内投資家が資本を海外に移したくないか，または，より，ありそうなことであるが，資本移動を政府が制限していることで移動することができないためである．

対外純投資と，（国内）利子率と外国利子率 i^* との格差の間には，線型関係（その強さを測るパラメーターとして f を用いる）があると仮定することで，これらの考えが形式化される．

$$\text{NFI} = f(i^* - i) = fi^* - fi \tag{12.6}$$

f が無限大に近づくにつれて，完全資本移動に近づく．完全資本移動のもとでは，対外純投資はいかなる値を取ることもできる．なぜなら，外国人は制限なしに貸借する準備ができているからである．その結果，国内利子率は外国利子率から乖離することができない．したがって，$i = i^*$ となる．もうひとつの極端な状態は，資本移動ゼロという特別なケースである．そこではいかなる利子

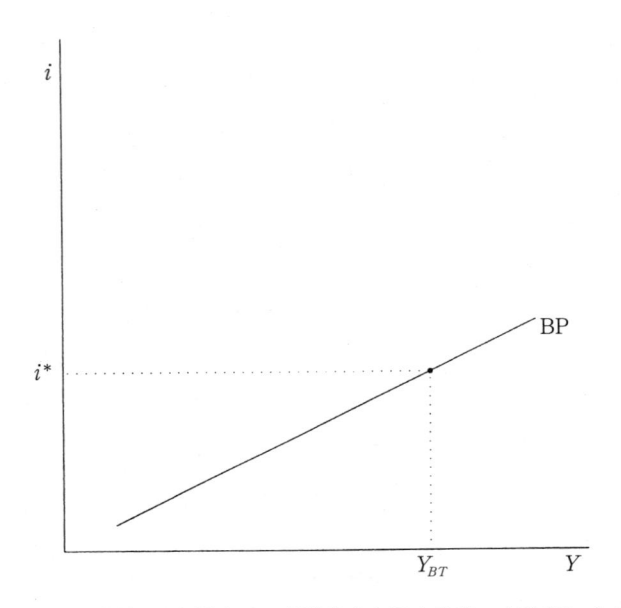

図 12.4 国際収支曲線は，国際収支－経常勘定と資本勘定－が均衡にある点を表している．より高い利子率は，より大きな貿易赤字の資金調達をすることのできる資本流入を引き付ける．世界利子率 i^* のところでは，資本フローがゼロとなるため，経済は貿易収支を均衡させなくてはならない．BP 曲線よりも上の点は，国際収支が黒字である点を表している．

格差に対しても $f=0$ であり，NFI $= 0$ となる．

今や，(12.6) 式と (12.3) 式を代わりに用いることで，国際収支の均衡条件を次のように明示的に書くことができる．

$$i = i^* - \frac{x_0 Y^* + x_1 e + q_1 e^2}{f} + \left(\frac{eq_0}{f}\right) Y$$

Y_{BT} の定義の助けを借りると，これは次のようにまとめることができる．

$$i = i^* + \frac{eq_0}{f}(Y - Y_{BT}) \tag{12.7}$$

この等式のグラフは **BP 曲線**と呼ばれる．BP 曲線は図 12.4 に描かれている．図 12.4 の軸が IS-LM 体系と同じ単位であるのは偶然ではない．なぜなら，BP

曲線はこの馴染みのある芝の上で働くように設計されているからである．図12.4には2つの有用な事実が描かれている．第1に，国内利子率と外国利子率とが一致しているときのBP曲線上のGDP水準は，貿易が均衡するGDP水準，Y_{BT}である．第2に，BP曲線の左上の点は国際収支黒字を表わす．他方，BP曲線の右下の点は国際収支赤字を表わす．経常収支に対する産出高の影響を除外すれば，国際収支黒字は，多くの外国資本を引き付ける高い利子率と結び付いている．他方，国際収支赤字は，より高い収益をもたらす世界の資本市場に向けて資本を逃避させる，低い利子率と結び付いている．資本移動ゼロは，垂直な線である$Y = Y_{BT}$で表わされる．完全資本移動は，水平な線である$i = i^*$で表わされる．

資本移動ゼロと，完全資本移動の，両極端のあいだで，**資本が比較的移動しにくい状態**（BP曲線の傾きは，LM曲線の傾きよりも急である）と，**資本が比較的移動しやすい状態**（LM曲線の傾きは，BP曲線の傾きよりも急である）がある．これらの区別は，開放経済において，財政政策の効果を理解する際に役立つことがわかるだろう．

BP曲線の位置は，為替相場に依存する．為替相場の上昇（すなわち減価）はBP曲線を外側に，つまり右方向にシフトさせる．他方，為替相場の低下（すなわち増価）はBP曲線を内側に，つまり左方向にシフトさせる．ここでは，為替相場についてのわれわれの次元上の慣習が，実際にいくつかの利点をもたらしている．

12.5 開放経済のIS曲線

ありがたいことに，LM曲線は開放経済において，修正を必要としない．LM曲線は，貨幣と国内債券の資産市場が均衡する点を表わしている．他方，IS曲線は開放経済において変化する．なぜなら，純輸出が，国内で生産された産出物に対する支出であるためである．

しかしながら，開放経済を考慮することをIS曲線に取り入れることは比較的容易である．IS曲線の派生は，同じ均衡条件，$Y=Z$から始まる．しかし，今や，純輸出を含むようにZを拡張しなくてはならない．すなわち，$Z=C(Y,T)+I(Y,i)+G+NX(Y,e)$である．(12.3)式を代入して，GDPについて解くと，開放経済のIS曲線が得られる．

$$Y = a_8 - a_9 i \tag{12.8}$$

ここで，

$$a_8 = \frac{1}{1-c_1-b_1+eq_1}(c_0-c_1T+b_0+G+x_0Y^*+x_1e+q_1e^2)$$
$$= \gamma(c_0-c_1T+b_0+G+x_0Y^*+x_1e+q_1e^2)$$
$$a_9 = \frac{b_2}{1-c_1-b_1+eq_1} = \gamma b_2$$

開放経済のIS曲線は閉鎖経済のIS曲線と2つの点で異なっている．第1に，開放経済のIS曲線は，為替相場の変化による影響を受ける[5]．為替相場の上昇（すなわち，減価）は，統合パラメーター，a_8である定数項を増加させる．これはIS曲線を右方向，あるいは外側にシフトさせる．為替相場の低下（すなわち，増価）は，IS曲線を左方向，あるいは内側にシフトさせる．再び，為替相場についてのわれわれの次元上の慣習が，うまくいっている．

第2に，限界輸入性向q_1を分母に加えるという点で，開放経済乗数（IS曲線の傾きの重要な決定因）は閉鎖経済乗数と異なっている．明らかに，数学的見地から，閉鎖経済よりも開放経済において，乗数はより小さくなっている．経済学の見地から，そうなるのは開放経済における産出の増加が，輸入に吸収されるからである．このように，乗数過程において，過程の各ラウンドで生み出された需要の一部は戻ることなく，また国内生産を刺激することなく，輸入に漏れ出してしまう．その結果，乗数効果はより劇的ではなくなる．なぜなら，需要の増加の一部は，国内生産者によってよりも，むしろ自国の貿易相手によっ

て感じられるからである．

　これらの概念上の違いは，利子率が低下すると，財市場の均衡はより高い GDP 水準をもたらすという全般的な図式を変えはしない．開放経済の IS 曲線は，(Y, i) 平面で，閉鎖経済の IS 曲線と同様，右下がりになる．

12.6　大国経済と小国経済

　開放経済の IS-LM モデルそれ自体に取り組む前に，たとえ，問題を説明するためにドルとユーロを用いるにしても，世界には，2つの国（アメリカとヨーロッパ）しか存在していないと仮定しているわけではない，ということを明らかにしておく必要がある．2国（または少数の国々）を仮定しているモデルは，多少ともより大きな複雑性を犠牲にして，それらの経済間の相互依存関係を確認することができる．これらのモデルでは，本書の Y^* や i^* のような外国の内生変数が一定であるとは仮定しない．こうしたモデルは，各国がその貿易相手国の所得水準，利子率，その他の変数にはっきりとした衝撃を与えるのに十分大きな国であると仮定している．当然のことながら，これらは**大国モデル**と呼ばれている．

　次の2章で展開される IS-LM モデルでは，自国は小さいため，そこでの変化は，自国以外の国々の所得水準 Y^*，利子率 i^* にいかなる影響も与えないと仮定される．明らかに，これは，アメリカ経済やヨーロッパ経済のような巨大な経済には当てはまらない．このような**小国モデル**を用いることの，主要な根拠は，取り扱いがより簡単であること，そして，もし慰めとなるならば，小国モデルがより洗練された取り扱いから生まれる主要な質的結果の大部分をもたらす，ということである．

☞ 第12章の問題

1. 国際収支赤字の影響を示す中央銀行の T 型勘定を作りなさい．

2. アメリカの利子率は 6 パーセント，他方，ヨーロッパの利子率は 8 パーセントである．ユーロは現在，0.95 ドルで取引されている．完全資本移動が成立していると仮定して，金融市場が 1 年後に期待する為替レートを計算しなさい．これは，ドルの期待される増価か，それとも減価か．

3. 同じ図に，国際収支線と IS 曲線を描きなさい．純輸出がゼロとなる GDP 水準を確認しなさい．

4. 『大統領経済報告書』の統計付録を用いて，アメリカの経常収支と貿易収支のデータを見つけなさい．経常勘定を評価するために，貿易収支を用いるわれわれの慣習を評価しなさい．近年の，純輸出と経常勘定との関係について論じなさい．

注

1) 開放経済のより詳細な扱いについては，Dernburg (1989) が優れた文献である．
2) 統計の専門家は，ある国の 2 国間の為替相場の加重平均を計算し，この「為替相場」を完成させる．ウエイトにはしばしば貿易シェアが用いられる．
3) (12.3) 式について，$\partial NX/\partial e > 0$ と仮定しなくてはならない．これはすべての $e > 1/(2q_1)(q_0 Y - x_1)$ について当てはまるだろう．
4) **カバーつき金利平価**は，より弱い条件である．そこでは，外貨での先渡し契約の購入を通じて，外国での収益と国内での収益とが均等化される．将来の為替相場に対する投機のかわりに，投資家は先渡し契約を通じて，将来の為替相場を動かなくすることができる．
5) 著者のなかには，為替相場を IS 曲線のなかに含めることを選択する人がいる．そこでは，為替相場の変化が部分的に原因となって生じる利子率の変化は，IS 曲線に沿った動きを引き起こす．これは，完全資本移動のもとで，カバーなし金利平価条件が利子率と為替相場を繋いでいるときには，モデル化戦略として，とりわけうまく働く．しかし，より一般的な場合には，それよりはうまく働かない．

第 13 章

固定為替相場

訳．横溝えりか

　固定為替相場のもとでは，中央銀行は，国際収支が黒字あるいは赤字になったときに，外国為替を買う，あるいは売る準備ができている．われわれがみてきたように，これは，中央銀行が不胎化を選択しなければ，自動的にマネーサプライを国際収支に結び付ける．国際収支黒字は，中央銀行がそれに等しい量の外国為替を買うことを意味する．したがって，それがその国のマネーサプライを増加させる．他方，国際収支赤字はマネーサプライを減らす．このようにして，固定為替相場のもとでは，LM曲線のシフトを通じて，国際収支の均衡が達成される．

　先に進む前に，最初の6つの章で維持された仮定に戻ったことを思い出すために，少しの時間を費やすことには価値がある．仮定とは，賃金と物価は固定され，変化しないというものである．価格設定とインフレーションの完全なモデルを，開放経済の枠組みに拡張することは複雑であり，現実に，合意されたモデルはまだない．インフレーションなしのモデルで，中央銀行の反応関数に意味を与えるために，われわれはまた，金融政策に対する初期のアプローチに戻る．

13.1　固定相場での IS-LM-BP モデル

　前章の主要な結果をまとめて，開放経済 IS-LM-BP モデルを組み立てることができる．第1に，第5章のLM曲線は，修正されることなく，開放経済の枠組みに適用され続ける．第2に，前章の国際収支均衡条件と，開放経済 IS

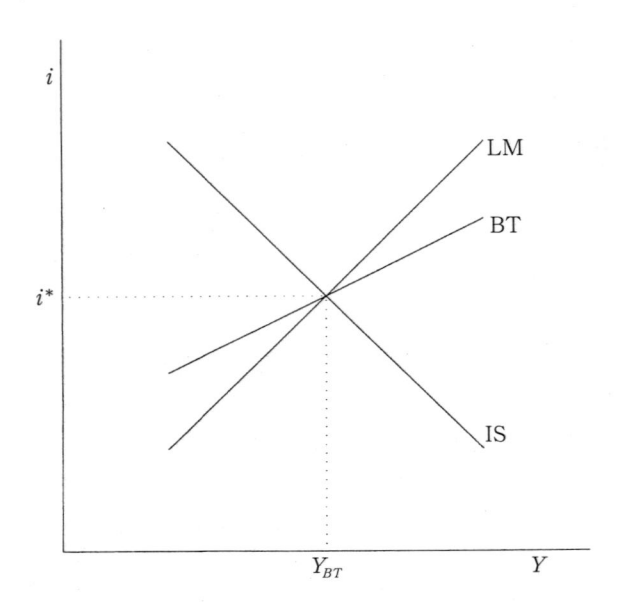

図 13.1 IS, LM, BP 曲線の交点は，固定為替相場のもとでの開放経済における均衡となる．世界利子率と貿易収支均衡 GDP 水準から，比較均衡の練習問題を始めるのは有益である．

曲線がモデルを完成させる．

[LM 曲線] $\quad i = -a_2(M/P) + a_3 Y \quad$ (13.1)

[IS 曲線] $\quad Y = a_8 - a_9 i \quad$ (13.2)

[BP 曲線] $\quad i = i^* + \dfrac{eq_0}{f}(Y - Y_{BT}) \quad$ (13.3)

これら3つの等式は，固定為替相場である開放経済における Y, i, M という3内生変数を一意的に決定する．正貨流出入機構によって，M は内生変数になったということに注意しよう．国際収支赤字は，当該経済から貨幣を流出させる．他方，国際収支黒字は，当該経済に貨幣を引き寄せる．いくつかの目的のために，統合パラメーターが描かれている以前の章に戻り，これらの等式を操作するのはおそらく有益である．しかし，大部分の目的のためには，過度

第13章　固定為替相場

に形式ばった分析なしに，図によって，開放経済 IS-LM-BP モデルについての，満足のいく理解を得ることができる．

基本的な図は図 13.1 に描かれている．均衡は，IS，LM，BP 曲線の交点で生じている．本質的なことではないが，当初の均衡は Y_{BT} で貿易収支の均衡をともなうことをさらに仮定することは役に立つ．そうすれば，特定の政策の変化が，いかに純輸出に影響を与えるかを測定することは簡単となる．BP 曲線の傾きに反映される資本移動性の程度についてのさまざまな仮定のもとで，金融政策，財政政策，および為替相場政策（たとえば，切下げ）の効果を解明したい．

13.2　金融政策

13.2.1　不胎化なし

マネーサプライの増加は，閉鎖経済の場合と同様，LM 曲線を外側にシフトさせる．貨幣的拡張は，利子率を低下させ，GDP を増加させる傾向があるため，当該経済は国際収支赤字の領域，つまり BP 曲線の下方に追いやられる（もし，資本移動がゼロであれば，BP 曲線は垂直となり，BP 曲線の右側に位置することになる）．図 13.2 は，貨幣的拡張を示している．注目すべきことは，国際収支赤字の出現が，中央銀行に，その最初の貨幣的拡張を元に戻すよう強いるということである．なぜなら，中央銀行は，今や，国際収支赤字分の外国為替を売らなくてはならないからである．これらの外国為替の売却がマネーサプライを自動的に減らし，LM 曲線をシフトさせて元の位置に戻す．これが，正貨流出入機構である．驚くべきことに，貨幣的拡張は安定化の道具として役に立たないという，われわれがたどり着くに違いない結論は，資本移動性がいかなる程度であっても有効である．この結論は，中央銀行が外国為替の購入あるいは売却を不胎化しないという選択をしてきたことを仮定している．

209

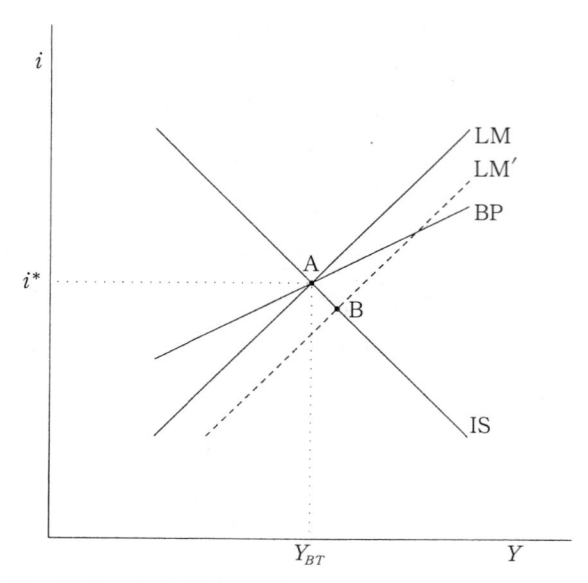

図 13.2 資本が完全に移動可能でない限り，マネーサプライの増加は LM 曲線を右方向にシフトさせる．不胎化されない場合 (A)，結果として生じる国際収支赤字は，中央銀行に外国為替を売ることを強いる．それはマネーサプライを減らすため，経済は元の位置に戻る．しかしながら，不胎化される場合 (B)，中央銀行は，同時に，債券を買い，外国為替を売る．それは，マネーサプライが減少することを防ぐ．

13.2.2　不胎化あり

中央銀行が，外国為替の購入あるいは売却を不胎化することを選択すれば，事情はまったく異なる．この場合，LM 曲線のシフトはたいていの条件のもと，固定させることができる．図 13.2 は，GDP を増加させるのに効果のある，しかし不胎化されなくてはならない国際収支赤字を犠牲にした，貨幣的拡張を描いたものである．この場合，国内マネーサプライを正貨流出入機構から隔離するために，中央銀行は外国為替を売却するのと同じだけ，債券を購入しなくてはならない．明らかに，これは永久には続かない．そして，私たちの IS-LM モデルは明らかに，非常に永続的な均衡を描いたものではない．しかし，この均衡は好意的な条件のもとで，かなりの時間，維持できる位置を描写している．

そしてそれゆえに，政策立案者にとって，現実的な選択を表わしている．

この選択を取り除く条件は，完全資本移動である．中央銀行が利子率を低くできるとき，不胎化は機能できる．完全資本移動のもとでは，当該国にあるすべての資本は，より低い利子率から逃げる．この無限の資本逃避は，不胎化を完全に排除し，いかなる状況下においても，固定為替相場と完全資本移動のもとでの金融政策を無効にする．

13.3 財政政策

開放経済 IS-LM モデルでの財政政策もまた，資本移動性の程度に大きく依存している．国際収支への影響という点において，比較的移動しにくい資本と比較的移動しやすい資本との間には，分水界がある．これらの条件は，BP 曲線と LM 曲線のいずれの傾きがより急であるかによって定義されることを思い出しなさい．

図 13.3 に示したように，BP 曲線の傾きがより急となる，資本が比較的移動しにくい場合，財政拡張は IS 曲線を外側にシフトさせ，当該経済を一時的に国際収支赤字状態にする．経済学の視点から，財政拡張は GDP を増加させる．そして，これは好景気の経済が輸入を吸収するため，自動的に貿易赤字を生み出す（分析上の利便性のため，貿易均衡状態から出発していることを思い出しなさい）．資本移動性が低い水準では，経済が LM 曲線に沿って上がるにつれて出現したより高い利子率は，貿易赤字を完全にファイナンスする資本流入を引き付けるのに，十分ではない．結果として起こる国際収支赤字は，正貨流出入機構を通じて，マネーサプライのおなじみの減少を生み出す．そして，これは LM 曲線を上方向に，そして左方向にシフトさせる．最後には，マネーサプライの調整によって，より高い利子率において IS-LM-BP の完全な均衡が回復される．資本が移動しにくいとき，正貨流出入機構は貨幣的引き締めを効果的に強いる．それは，少なくとも部分的に，財政拡張によるいくらかの刺激力

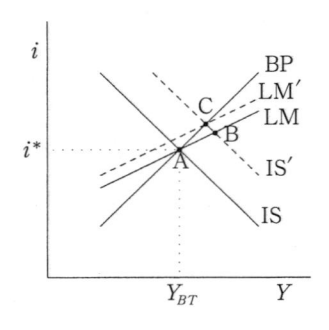

図 13.3 資本が比較的移動しにくいなかでの財政拡張は，(B) において国際収支赤字を生み出す．固定為替相場のもとでは，国際収支均衡が (C) において再度確立されるまで，マネーサプライは減少する．

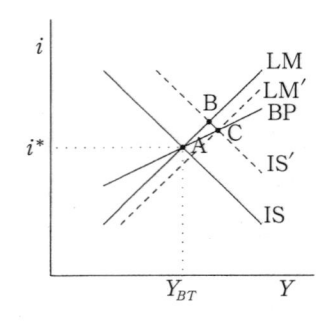

図 13.4 資本が比較的移動しやすいなかでの財政拡張は，(B) において国際収支黒字を生み出す．固定為替相場のもとで，国際収支均衡が (C) において再度確立されるまで，マネーサプライは増加する．

を無効にする．

　図 13.4 のように，資本が比較的移動しやすいとき，財政拡張は新興の貿易赤字を相殺するのに十分な分よりも大きく，利子率を上昇させる．この場合，当該経済では一時的に，国際収支が黒字になる．国際収支が黒字であれば，正貨流出入機構が始まり，マネーサプライが増加する．それは，LM 曲線を外側にシフトさせる．これらのマネーサプライのシフトは，その根源である国際収支黒字が克服され，当該経済が完全 IS-LM-BP 均衡に至るまで続く．資本が比較的移動しやすい場合，正貨流出入機構は，財政拡張の刺激力を拡大する貨幣的拡張を効果的に強いることになる．

　このように，資本移動性の程度が高ければ高いほど，安定化政策としての財政政策はより効果的になる．完全資本移動という限定的な場合には，財政拡張は，妨げとなるより高い利子率から生じるクラウディング・アウトなしに，完全な乗数効果を常に生み出す．なぜなら，利子率は何時でも，世界水準に留まるためである．

　他方，資本移動ゼロであるとき，財政政策は GDP 水準に対してほとんど何

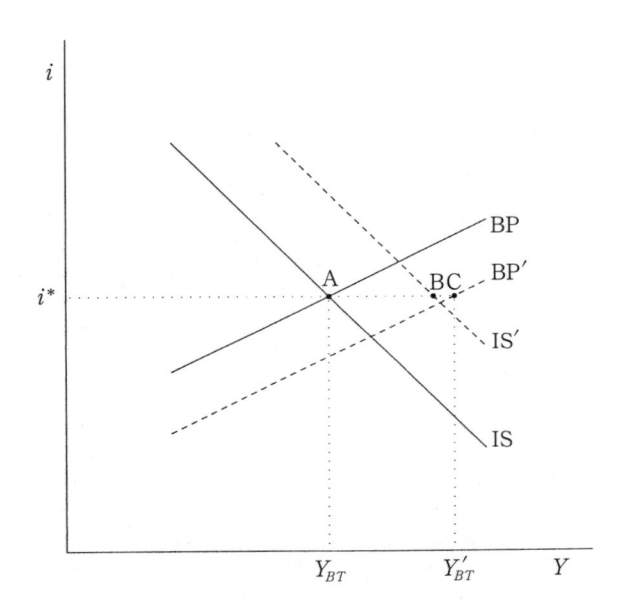

図 13.5 マーシャル＝ラーナー条件が満たされていると仮定すれば，切下げは純輸出を増加させ，IS 曲線と BP 曲線の両方を右方向にシフトさせる．BP 曲線は，IS 曲線が（AB）シフトするよりも大きく，（AC）シフトする．（将来，参照するために，変動為替相場のもとでの減価は同じ効果をもつことを記しておく．）

もできない．なぜなら，正貨流出入機構が，垂直な BP 曲線に戻ることを強いるからである．拡張的な財政政策は利子率を，完全なクラウディング・アウトを引き起こすだけ，上昇させるのに成功するだろう．そしてそれは GDP 水準を Y_{BT} に固定する．しかしながら，正貨流出入機構を無効にするために，不胎化操作を用いるという選択がある．この場合，不胎化が持続可能な限り，拡張的な財政政策は GDP を増加させるのに成功する．

13.4 切下げと切上げ

固定為替相場のもとでの切下げと切上げは，閉鎖経済では存在しない政策の

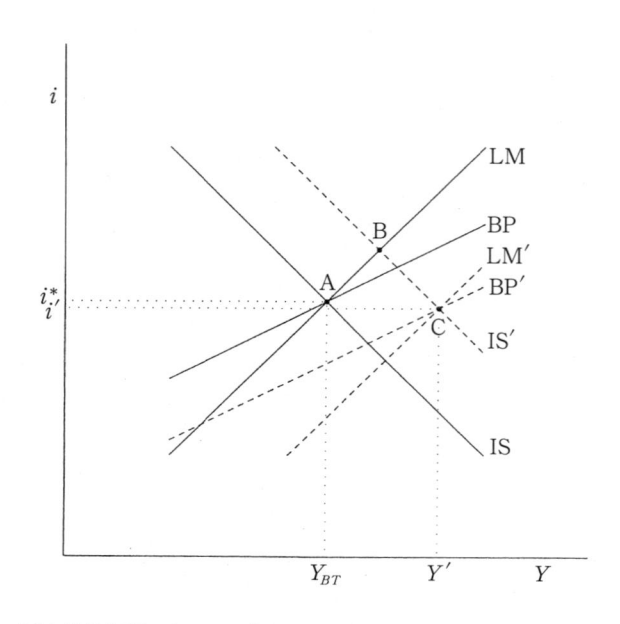

図 13.6 固定為替相場のもとでの切下げは，はじめは，経常勘定によって引き起こされた国際収支黒字を生み出す (B)．これはマネーサプライを増加させ，国際収支の均衡が回復されるまで，LM 曲線を右方向にシフトさせる (C)．

選択肢である．切下げは，BP 曲線と IS 曲線の両方に影響を与える．われわれが仮定しているように，マーシャル=ラーナー条件が成立しているとき，切下げは，両曲線を右方向にシフトさせる．また切下げは，貿易収支が均衡する GDP 水準である Y_{BT} を上昇させる．図 13.5 を参照することで，これらのシフトを視覚化することができる．図 13.5 は，資本移動性が中程度の場合の，切下げ効果を示している．垂直な線は，Y_{BT} の位置を示している．$i = i^*$ の線に沿って水平に観察すると，Y_{BT} を示している垂直な線は，IS 曲線よりも大きくシフトしていることに気づく．

切下げを完全に分析するために，図 13.6 を参照する．ここでは，当該経済が一時的に国際収支黒字となることは明らかである．そして，これには 2 つの理由がある．第 1 に，切下げ自体によって，貿易黒字が出現する．そして，こ

の貿易黒字は，資本移動性がいかなる程度であろうとも発生する．第2に，利子率が上昇し，資本流入を引き付ける（資本移動ゼロの場合，明らかに，国際収支黒字は経常収支に完全に帰する）．固定為替相場のもとでは，正貨流出入機構が，今や引き継いで，国内マネーサプライを増加させる．最後には，より低い利子率とより高い GDP 水準のもとで，完全な IS-LM-BP 均衡が再度確立される．Y_{BT} は Y よりも増加しているから，もしも資本移動ゼロでなければ，当該経済は切下げによって生じた貿易黒字を今や謳歌する．資本移動ゼロである場合，貿易収支は均衡を維持しなくてはならない．

切下げが GDP 水準を上昇させるとの結論は，資本移動性がいかなる程度であろうとも有効なままである．資本移動ゼロであれば，切下げは不胎化という一時しのぎの便法に頼ることなく，GDP を永久に増加させる唯一の方法になるだろう．なぜなら，当該経済は，国際収支を考慮するという制約を強く受けているためである．

実際のところ，通貨危機のあいだに政府は幾度も切下げを強いられ，また，切下げは弱さの兆候であると解釈される．カバーなし金利平価条件の成立下で，完全資本移動を考えることにより，働いている力についてのいくらかの理解を得ることができる．もし，金融市場が減価を予測するようになれば，国内利子率が十分に上昇しない場合，金融市場は自らの短期資本を当該国の外に動かそうとする．国内利子率はどれだけ上昇しなければならないか．平価条件は，為替相場の減価が予測されるのと同じだけ上昇しなくてはならないことを示唆している．しかし，もし，利子率が年ごとに測られていれば，予測された減価を年に換算しなくてはならない．たとえば，通貨が1ヵ月で5パーセント減価することが予測されていれば，それは年ベースで60パーセントの上昇に変形されなくてはならない（12×5）．中央銀行は，それゆえに，資本逃避を防ぐために，国内利子率を i^*+60 パーセントに引き上げる準備をしなくてはならない．市場の圧力に対して穏やかな気持ちになる前に，そのようなひどい仕打ちに対して，長い間耐えることができる中央銀行は明らかにない．

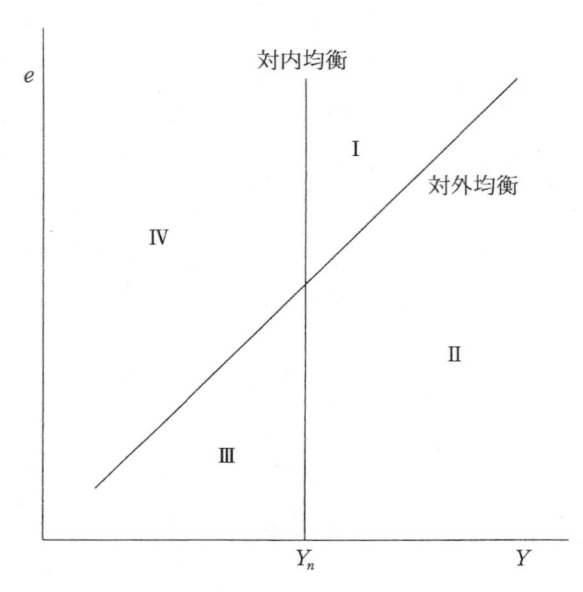

図13.7 この修正されたソルター゠スワンの図は，対内均衡と対外均衡の両方を達成する問題を図解している．対内均衡線の左側の点は，景気後退を表わしている．他方，右側の点は，インフレを引き起こす．対外均衡は，貿易収支均衡を意味する．貿易収支均衡は，為替相場が上昇する（減価する）にしたがって，産出のより高い水準において，達成させることができる．対外均衡曲線よりも上の点は，貿易黒字を表わしている．他方，下の点は，貿易赤字を表わしている．

13.5　開放経済でのポリシー・ミックス

　閉鎖経済と同様，ティンバーゲンの法則によると，複数の政策目標をもつ政府はその目標を達成するために，十分な数の政策手段をもたなくてはならない．開放経済の設定では，政策立案者は，純輸出の容認できる水準，いわゆる**対外均衡**とともに，ある適切な国内産出水準，いわゆる**対内均衡**を達成したい．たとえば政府は貿易収支の均衡とともに，高い雇用を達成したいかもしれない．これら2つの目標を達成するためには，財政政策と為替相場それ自身のように，2つの手段が必要とされる．小国開放経済にとっての適切なポリシー・ミックスについての厳密な考えは，2人のオーストラリア人経済学者，W. ソルター

(W. Salter, 1959) と T. スワン (Trevor Swan, 1960) がその先駆けとなった．彼らによって展開された基本的な図の1バージョンを用いることで，問題を図示することができる．

図 13.7 にある修正されたソルター=スワンの図は，国内均衡を GDP の自然水準と同一視する．ここで GDP の自然水準は，いくぶん独断的に，実質為替相場からは独立であると仮定されている．Y_n の左側の位置は不況を表わしている．他方，右側の位置は好況を表わしており，インフレーションを生み出す恐れがある．対外均衡は，(12.4) 式のような右上がりの関数として表わされる．(12.4) 式は，為替相場が変化するにしたがって，Y_{BT} がどのように変化するかを表わしている．対外均衡曲線は，右上がりである．なぜならば，実質為替相場が上昇（減価）するにしたがって，輸出は増加する傾向にあり，当該国は過度の輸入に吸収されることなく，より高い GDP 水準を維持することができるからである．対外均衡曲線の下側の位置は貿易赤字を表わしている．他方，上側の位置は貿易黒字を表わしている．政策立案者にとっての目標の位置は，対内均衡曲線と対外均衡曲線とのまさしく交点にある．

ソルター=スワンの図は，われわれが考えている対内均衡および対外均衡一覧によって形成される 4 象限のなかの，どこに位置しているのかに依存して変化する政策の選択肢を解釈するのに，便利な分析的な枠組みである．われわれは，切下げは総需要を刺激する傾向があることを思い出す必要がある．それゆえに切下げは北東方向（↗）への動きに繋がる．切上げは総需要を減少させる．それゆえに切上げは南西方向（↙）への動きに繋がる．現在の為替レートのもとでの財政拡張は東方向（→）への動きに繋がる一方，緊縮財政は西方向（←）への動きに繋がる．

不況と貿易赤字が発生している第III象限にいると仮定しよう．明らかに，刺激が必要とされる．しかし，いかなる種類の刺激が必要とされるのか．財政刺激は不況と戦うが，貿易赤字を悪化させる．この位置での政策手段は，**対立**あるいは**ディレンマ**の状況にあるといわれる．対立下にある政策手段にふさわし

い環境はあいまいになりうる．たとえば，当該経済の正確な状況を知らなければ，第III象限における正しい財政政策が拡張的なものか，それとも緊縮的なものかを，前もって言うことは困難であろう．他方，切下げは，第III象限において対立的な状況にはない．為替相場を上昇させることは貿易収支を改善し，必要とされる成長を生み出す．切下げは純輸出への影響を通じて，貿易赤字を一掃する前に，当該経済に，対内均衡に至らせる十分な刺激を提供する，というのが実情かもしれない．もし，それが実情であれば，さらなる切下げは産出をインフレーション領域へと押しやるであろう．この点での適切な政策は，持続された切下げに結び付けられた緊縮財政となる．他方，産出の自然水準に到達する前に，切下げが対外均衡達成に成功すれば，財政拡張が加わった持続された切下げが，その任務を全うするのに必要とされるだろう．

　第IV象限では，経済は不況に陥っているが，貿易黒字を謳歌している．ここで為替レートは対立下にあり，適切な政策はあいまいである．切上げは貿易黒字を減らすが，不況を悪化させる．需要を増やし，貿易黒字をいくらか吸収するために，拡張的な財政政策を用いるのがよりよい．当該経済が対内均衡を達成し，それでもまだ貿易が黒字のままであるならば，それは操作を完了するために切上げが必要であるという信号である．しかし，当該経済が対内均衡を達成する前に貿易収支均衡を達成したならば，それは，政策目標を達成するために切下げが必要であるという信号である．

　この論法は，第I象限および第II象限をカバーするために，たやすく拡張することができる．いずれの場合でも，安定化計画を開始するために，当局は，対立状況にない政策手段を選択する必要がある．それから，対内均衡あるいは対外均衡が達成されたとき，政策立案者は対立状況にある手段が置かれている環境を適格に判断しなくてはならない．

13.6 切下げの落とし穴

　安定化政策として，切下げには2つの重要な問題が存在している．それらはともに，われわれが行った単純化の仮定を超えたところにある．第1に，われわれの分析は小国開放経済に焦点を当てており，世界の他の国々への切下げの影響を控えめに述べている．これは，切下げの有益な側面を誇張しており，(資源がすべて) 活用されていない経済を刺激するのに疑いなく良い方法であるようにみえる．切下げの有害な側面は貿易相手が感じることになる．貿易相手は自国との2国間為替相場で切上げを経験する．切上げは受け手国に対して収縮的な需要ショックをもたらす．これは歓迎されないであろう．もしそうであれば，自衛上の切下げの形での貿易相手による報復が，すぐさま後を追うであろう．多くの経済学者は，そのような**競争的切下げ**が，1930年代の大恐慌という苛酷な出来事の一因であったと主張してきた．そして，そのような逆効果の政策ゲームに対する恐れが，欧州連合の国々のあいだにユーロを確立する1つの理由となったとされている．

　第2に，賃金と価格設定に与える影響を無視することで，自国経済それ自体を刺激するための切下げの効果をひどく誇張してきたかもしれない．切下げは輸入財価格を上昇させる．これは消費者物価水準を上昇させるだろう．それは直接，インフレを引き起こす．さらに，消費者物価水準の上昇は，労働者が実際に受け取る，価格一定のもとでの実質賃金を減らす．われわれは，価格一定のもとでの実質賃金の減少は，間接的にインフレを引き起こすことを見てきた．なぜならば，インフレーションについての対立する理論に従うと，それは賃金-価格スパイラルを生み出すからである．この賃金-価格スパイラルは，実質為替相場を部分的にあるいは完全に元の水準まで戻すことによって，部分的にまたは完全に当初の切下げの刺激効果を台無しにしうる．**実質賃金の抵抗**と呼ばれるこの効果によって，現代政府は，彼らが正しくてもそうでなくても，なぜ政策の道具として切下げを用いることにしばしばあまり熱心ではないのかが説

明される(実質賃金の抵抗は,経済が自然水準にあるときの問題である.しかし過剰失業が存在するときには問題ではなく,切下げは本当に意味があるかもしれない).

切下げと切上げは,変動為替相場のもとでの開放経済理論研究のための,自然な掛け橋である.なぜなら,為替相場の変化は,国際収支均衡を再度確立するにあたって,そこで中心的な役割を果たすからである.

☞ 第13章の問題

1. 固定為替相場で,資本が比較的移動しやすいところで,中央銀行が(i)不胎化なしに,(ii)不胎化とともに,国内マネーサプライを減らす小国開放経済の IS-LM-BP 図を描きなさい.中央銀行の T 型勘定を用いて,不胎化について述べなさい.

2. 固定為替相場で,(i)資本移動ゼロそして不胎化なし,(ii)完全資本移動で,政府がその支出を削減する小国開放経済の IS-LM-BP 図を描きなさい.それぞれの場合での,所得-支出恒等式および投資-貯蓄恒等式の各項へのこの政策の影響を判断し,解釈しなさい.

3. 資本が比較的移動しやすい小国開放経済が通貨を切り上げた場合の IS-LM-BP 図を描きなさい.所得-支出恒等式および投資-貯蓄恒等式の各項への影響を判断し,解釈しなさい.

4. GDP がインフレ水準にあり,貿易黒字である小国開放経済にとっての政策プログラムを,ソルター=スワンの枠組みを用いて,組み立てなさい.

注
1) 自然失業率についてのある理論は,実質増価あるいは切上げの後に自然失業率は低下するであろうことを示唆している.なぜなら,実質増価あるいは切上げは,価格一定のもとでの実質賃金を引き上げるであろうためである.
2) 厳密には,(12.4)式は非線型関数である.マーシャル=ラーナー条件が成立していることを仮定することで,この関数の右上がりの部分に範囲を限定する.

第 14 章

変動為替相場

訳．横溝えりか

変動為替相場のもとでは，中央銀行は外国為替の価格を管理しない．これによって中央銀行は，マネーサプライに対する統制力を回復することになる．為替相場は民間市場において決定される．その均衡において国際収支が均衡するように為替相場は順応するだろう．そのため，固定為替相場モデルにおいては，マネーサプライと LM 曲線が均衡を達成するように働くのに対して，変動為替相場では，この役割は為替相場と IS 曲線に引き継がれる．

14.1 変動為替相場下の IS-LM-BP

再び，変動為替相場下の正式な IS-LM-BP モデルを組み立てるために，前章の基本的な結果を一斉に集めることにする．固定為替相場下と同様に，閉鎖経済の LM 曲線は修正なしで持ち越される．BP 曲線もまた，さらなる推敲を必要としない．変動為替相場下では為替相場の変化を通じて均衡化が図られるから，統合パラメーター a_8 を完全に書き出すのは，IS 曲線が為替相場に依存していることを明らかにするために役立つ．全体のモデルは次のとおりである．

$$[\text{LM 曲線}] \quad i = -a_2(M/P) + a_3 Y$$

$$[\text{IS 曲線}] \quad Y = \gamma(c_0 - c_1 T + b_0 + G + x_0 Y^* + x_1 e + q_1 e^2) - a_9 i$$

$$[\text{BP 曲線}] \quad i = i^* + \frac{eq_0}{f}(Y - Y_{BT})$$

これら 3 つの式は，変動為替相場下の開放経済において，3 つの未知数，Y，

i, e を一意的に決定する．為替相場の上昇（この枠組みでは減価）は IS 曲線と BP 曲線の双方を右方向にシフトさせねばならないことは，思い出すに値する．減価はまた，Y_{BT} を増加させる．実際に，前章で学んだとおり，減価は IS 曲線をシフトさせるよりも大きく，Y_{BT} を増加させる．

再び，モデルの特徴を洞察するために，IS-LM-BP 図を用いて，非公式レベルで，このモデルの分析を行うことにする．

14.2 金融政策

変動為替相場に賛成する主要な主張の 1 つは，変動為替相場は伝統的に，中央銀行に主権を回復させ，国にその金融の運命に対する何らかの統制力を与えるとしている．資本移動性の点で 2 つの極端なケースを研究する以上に，このことを理解するのに良い方法はない．

14.2.1 資本移動ゼロ

資本の移動性がないと，国は貿易赤字あるいは黒字をファイナンスするために，世界の他の国々に対して貸借することができない．国は貿易収支を常に均衡させなくてはならない．そして為替相場は，この制約を実施するために順応するだろう．資本移動ゼロであれば，BP 曲線は図 14.1 に表わされているように，$Y = Y_{BT}$ で垂直の関数となる．マネーサプライの増加は，いつものように LM 曲線を右方向にシフトさせる．貿易がないと，これは利子率を引き下げ，経済の拡大をもたらすだろう．しかしながら，貿易があれば，為替相場が所与の水準にあることが可能ならば，この動きは当該経済を国際収支赤字へと押しやるだろう．われわれは，為替相場は順応するので，国際収支黒字あるいは赤字が存続できないことを知っている．ゆえにわれわれは，均衡が達成される前の仮説上の位置であることを強調するために，これを**初期**赤字と呼ぶ．この場合，経常勘定に赤字があるために，初期赤字が発生する．

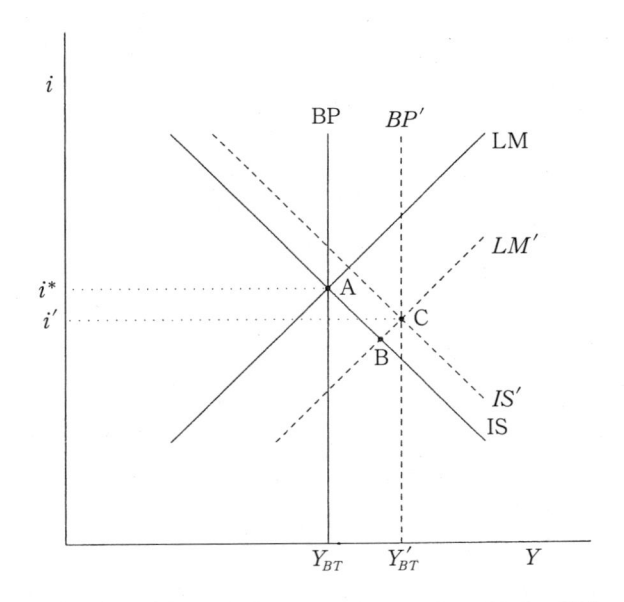

図 14.1 変動為替相場と資本移動ゼロのもとでは，貨幣的拡張は経済ににわか景気を発生させ，国際収支の初期赤字を生み出す (B)．通貨が減価し，国際収支均衡が達成されるまで，IS 曲線と BP 曲線を右方向にシフトさせる (C)．

初期赤字があると，為替相場は減価するだろう．図 14.1 に表わしたとおり，為替相場の上昇によって，IS 曲線と BP 曲線は新しい IS-LM-BP 均衡が確立されるまで右方向にシフトする．新しい均衡では，利子率は低下し（したがって投資は増加するだろう），為替相場は上昇し（したがって当該国は今やより多くの輸出を謳歌する），GDP 水準も上昇する（より多くの輸入を引きつける）．世界資本市場における貸借能力がほとんどない小規模経済にとっての変動為替相場の魅力を理解することは困難ではない．

14.2.2 完全資本移動

まったく正反対に，ある国が世界利子率で無制限に貸借できるとき，いかなる規模の貿易赤字あるいは黒字でもファイナンスすることができる．図 14.2

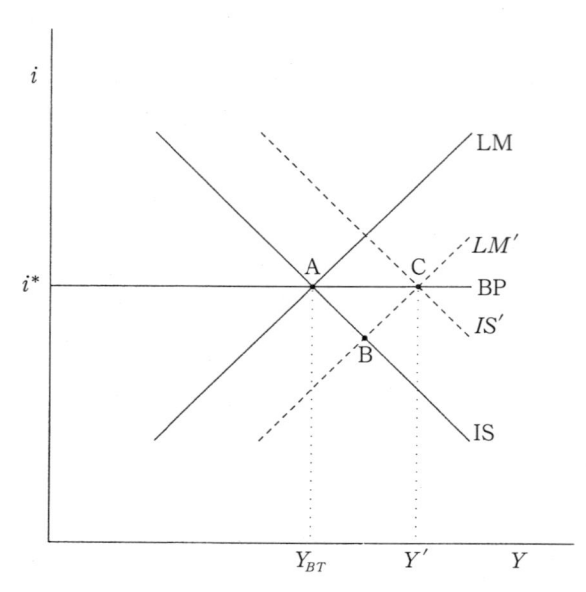

図 14.2 変動為替相場と完全資本移動のもとでの貨幣的拡張は，経済成長を刺激することによって，そして利子率を低下させることで資本を流出させ，それによって国際収支の初期赤字を生み出す (B). したがって，通貨が減価し，世界利子率において国際収支均衡が達成されるまで，IS 曲線を右方向にシフトさせる．Y_{BT} も右方向にシフトし (図には示されていない)，新しい均衡において，貿易黒字を生み出す．

がわれわれに思い出させてくれるように，そのような国の BP 曲線は $i = i^*$ で水平な線となる．減価あるいは増価は，BP 曲線の位置に全く影響を与えない．BP 曲線は資本勘定に完全に依存している．

いつものとおり，マネーサプライの増加は LM 曲線を右方向にシフトさせる．増加したマネーサプライは初期赤字を生む．この場合，低い国内利子率によって引き起こされた資本流出によって，初期赤字が発生する．この流出は為替相場の減価を引き起こし，以前と同様，IS 曲線を右方向にシフトさせる．新しい IS-LM 均衡が世界利子率で，つまり (変化しない) BP 曲線上で生じるのに十分な程，為替相場は減価しなくてはならない．

興味深いことに，新しい均衡では貿易黒字が発生するに違いない．(前章よ

第14章　変動為替相場

り，)減価が，IS曲線をシフトさせるよりも大きく Y_{BT} を外側にシフトさせるため，貿易黒字が発生するに違いない．この事実を説明する他の方法は，ここでなぜGDPが増加するのかを問うことである．所得-支出恒等式：$Y = C(Y, T) + I(Y, i) + G + NX(Y, e)$ を書き出すことで，いつもの容疑者を寄せ集めなさい．消費は増加する．しかしそれは拡大した所得の結果にすぎず，主な原因ではない．投資は増加する．しかし，これもまた，拡大した所得の結果からであり，主な原因ではない．なぜなら利子率が変化していないからである．仮定により，政府支出は一定である．消去プロセスを経ると，拡大は基本的に，純輸出の増加によって引き起こされなくてはならない．

　また，変動為替相場は金融当局に主権を回復させるだけではなく，為替相場という形で需要に対する影響力の新しい源を取り入れていることがわかる．貨幣的拡張は当該通貨を減価させる傾向にある．それは輸出を刺激する．資本移動性のすべての程度において，総需要に対する影響力をもつ．しかしそれは資本移動性の程度が高いほど，より確固としたものとなる．

　しかしながら，われわれがたった今考えてきた経済拡張の間には，重要な相違がある．資本移動ゼロであれば，輸入と輸出の点で拡張は釣り合った．つまり，ともに同量だけ増加した．これは自国の貿易相手国が，彼らの経常収支を通じて運ばれた，穏やかなショックを経験することを意味している．他方，完全資本移動のもとでは，拡張は，輸入の増加を上回る輸出の増加によって引き起こされた．貿易相手国は，資本流入とそれに続く為替相場の変化による資本勘定を通じて運ばれるより暴力的なショックと，貿易赤字の形で経常勘定を通じて運ばれる収縮的なショックを経験することになるだろう．変動為替相場と高い資本移動性のもとでの貨幣的拡張は，当該国国内の失業問題の輸出に等しいと時々言われる．J. ロビンソン（Joan Robinson, 1937）は，イギリスの子供たちのゲームにちなんで，これを**近隣窮乏化**効果と呼んでいる．

　したがって，資本移動性の程度が高いと，固定為替相場よりも変動為替相場に賛成する主張は即座に弱くなる．なぜならば，大国が歓迎されない方法で近

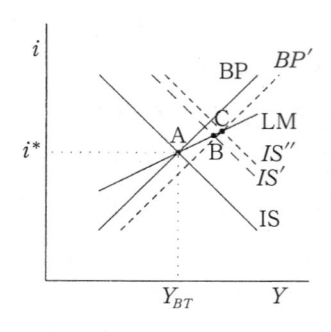

図 14.3 変動為替相場のもとで，資本が比較的移動しにくいときの財政拡張は，国際収支の初期赤字を生み出す (B)．したがって，当該通貨は減価し，国際収支の均衡が達成されるまで，さらに IS 曲線をシフトさせる (C)．

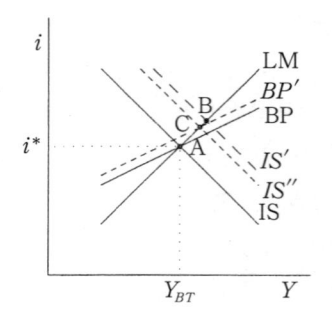

図 14.4 資本が比較的移動しやすいところでの財政拡張は，国際収支の初期黒字を生み出す (B)．したがって，当該通貨は増価し，国際収支の均衡が達成されるまで，IS 曲線を元の方向にシフトさせる (C)．

隣諸国を不安定化させることが可能になるからである．変動為替相場下，近年の歴史的経験を通じて，この教訓は繰り返し，痛切に感じられてきた．

14.3 財政政策

財政拡張は最初に，IS 曲線を外側にシフトさせる．それが国際収支の初期赤字を生み出すか，それとも黒字を生み出すかは，資本移動性の程度に依存している．

資本が比較的移動しにくい場合，図 14.3 に表わしたように，財政拡張は初期赤字を生み出す．この場合，好景気の経済によって引き起こされた貿易赤字の増加を，資本勘定からファイナンスすることはできない．なぜなら，十分な資本流入を引き付ける程には，利子率が上昇しないからである．初期赤字は当該通貨の減価に繋がる．それは，完全な IS-LM-BP 均衡が再度確立されるまで，IS 曲線と BP 曲線をともに外側にシフトさせる．このように，為替相場の影響

が，元の財政刺激を実際に強化している．財政刺激は，GDP を増加させ，利子率を上昇させ，消費水準を引き上げるが，投資支出に対する影響は曖昧である．減価が起こるが，経済は Y_{BT} の新しい水準を超えるところで運営され，いまや貿易赤字が発生するくらい十分に，GDP は拡大するだろう．この例は，世界の多くの政府がなぜ財政拡張が彼らの通貨の減価を生み出すであろうことへの恐れを表明しているのかを，説明する助けとなる．なぜなら彼らの国々は，世界資本市場において無限の信用を享受することはないからである．

資本が比較的移動しやすい場合，図14.4 に表わしたように，財政拡張は初期黒字を生み出す．この場合，利子率の上昇は，好景気の経済によって生み出された経常勘定赤字をファイナンスするのに十分であるよりも多くの，資本流入を引き付ける．初期黒字は当該通貨の増価に繋がる．それは，完全な IS-LM-BP 均衡が再度確立されるまで，IS 曲線と BP 曲線をともに左方向にシフトさせる．このように，為替相場の影響が元の財政刺激を妨げる．再び，当該経済は，今や経常赤字を計上する．なぜならば，以前と同様に好景気の経済が輸入を吸収するから，そして増価が純輸出を妨げるからである．この例は，1980年代のアメリカ経済を説明する助けとなりうる．当時，大規模な財政赤字は，ドルの急激な増価と非常に巨大な貿易赤字とに結びつけて考えられていた．アメリカ経済は，その制約なしの貸借能力が資本流入を許し，それがドルに対する需要を増加させたために増価を経験したのだ．

変動為替相場のもとでは，より高い資本移動性が，総需要を管理する道具としての財政政策の有効性を減じていることを，われわれは確認することができる．実際，資本移動性が完全であるとき，財政拡張から生ずる増価の負の効果が，財政拡張そのものからのいかなる正の効果も完全に相殺してしまうだろう．この場合，利子率も GDP も変化しないだろう．政府支出の増加は，投資支出におけるいかなるクラウディング・アウトあるいはクラウディング・インも引き起こさない．しかし，純輸出の減少に繋がる．経済学者は時折，この状況において財政拡張は純輸出をクラウディング・アウトするという．

1980年代のアメリカにおける財政拡張が，純輸出をクラウディング・アウトしたが投資はクラウディング・アウトしなかったという，いくつかの証拠がある．これは，資本移動性が高いところでの開放経済 IS-LM モデルと一致している．

資本移動性が高いときに，財政拡張は総需要に対して効果がないと考えるのは誤りであろう．より正しくは，財政拡張は総需要に対して，誤った場所で影響を与えている．急激な増価と純輸出の崩壊を引き起こすことによって，財政拡張は他の国々に刺激的なショックを伝える．他の国々は通貨の減価と貿易に導かれた需要拡大を経験する．もしも彼らが，すでに生産能力の限界に近いところで操業していれば，そのようなショックは歓迎されないだろう．

14.4 固定制度 対 変動制度

完全資本移動のもとでの IS-LM モデルの特性は，1960年代に独自に仕事をしていた R. マンデル (Robert Mundell, 1963) と J. M. フレミング (J. Marcus Fleming, 1962) によって初めて，詳しく調べられた．彼らに敬意を表して，完全資本移動のもとでの開放経済 IS-LM モデルは，しばしばマンデル＝フレミングモデルと呼ばれている．マンデル＝フレミングモデルは，両極端である固定為替相場制度と変動為替相場制度のもとでの金融および財政政策の効果について，特に明確な比較を可能にする．次の表では，GDP 水準を調整するにあたって，政策の有効性を表わすのに＋の記号を，政策の無効性を表わすのに 0 を用いている．

	固定	変動
財政	＋	0
金融	0	＋

マンデル＝フレミングモデルの真髄は，政策の有効性が続く限り，GDP を増加させるという点において，固定為替相場のもとでの財政拡張はうまく働く

が，変動為替相場のもとではまったく働かないというものである．変動為替相場のもとでの貨幣的拡張はうまく働くが，固定為替相場のもとではまったく働かない．

いつものとおり，開放経済の問題を扱うときには，政策の有効性を評価する際に，世界の他の国々を見落さないようにすることが大切である．このことは，変動為替相場のもとで，そして資本の移動性が高いときに，特に重要である．資本市場と外国為替を通じてショックが即座に伝わるため，いかなる政策もその貿易相手への影響について，注意を払わなくてはならない．ひとつの提案は，為替相場に歓迎されない変化をもたらすかもしれない利子率の急激な変化を避けるために，ポリシー・ミックスを調節することだろう．T. ダーンバーグ (Thomas Dernburg, 1989) は，これを「よき隣人」のマクロ経済学と呼んでいる．

14.5 マンデル＝フレミングモデルへのコメント

マンデル＝フレミングモデル，あるいは実のところ，われわれが概観してきた開放経済 IS-LM モデルのいかなるものにも関連した，いくつかのよく知られた問題がある．それにもかかわらず，これらのモデルは政策分析者の役に立っている．なぜなら，その欠陥にもかかわらず，安定化政策の短期効果について，定性的なすぐれた予測を述べるからである．1つの不満は，例として，マンデル＝フレミングモデルが，外国資産市場と国内資産市場とを一貫して取り扱っていないところにある．LM 曲線によって描写される国内資産市場は，ストック均衡にある．他方，国際収支条件はフロー均衡である．資本流入によって資金調達をしている貿易赤字国は，世界の他の国々に対して債務を累積している．最終的には，外国投資家のポートフォリオはこれらの債務証書によっていっぱいになり，資本フローは干上がってしまうだろう．しかし，これらのポートフォリオの決定を取り入れた，より洗練されたモデルは，安定化政策の短期効果に

ついて，同じような予測を述べることで，しばしば終わっている．

　より深刻な不満については，すでに前章で取り上げられてきた．賃金および物価一定の仮定を維持することにより，マンデル゠フレミングモデルは開放経済におけるインフレーションの影響を無視しなければならない．残念なことに，閉鎖経済の AS-AD モデルと同等の，開放経済におけるインフレーションの簡素で合意の得られたモデルは存在しない．自然失業率が，価格一定のもとでの実質賃金に依存しており，価格一定のもとでの実質賃金が実質為替相場によって決定されるかもしれないという問題がある．われわれはすでにこのことを，切下げに対する実質賃金の抵抗に関連して議論してきた．そして，その議論は，同じ説得力で，変動為替相場のもとでの減価に適用される．たとえば，実質増価あるいは切上げは，価格一定のもとでの実質賃金を引き上げ，GDP の自然水準を引き上げることで，総需要に対するインフレーションの影響を緩める．いくつかのモデルではこの理由から，開放経済は水平な長期フィリップス曲線に沿って活動していることを暗示している．しかしながら，しばしば教科書で発表される他のモデルでは，開放経済のもとでさえ，唯一の自然失業率が存在することを仮定し続けている．

　インフレーションと開放経済のマクロ経済理論について，安全に見えるひとつの一般論が存在する．物価が自由に変化するとき，実質為替相場と名目為替相場との区別は非常に不明瞭になる．これは，上で述べた政策の有効性についてのマンデル゠フレミングの類型論を曇らせうる．なぜなら，物価が可変であれば，たとえ名目為替相場が効果的に管理されているときでさえ，実質為替相場を決して固定させることができないからである．しかしながら，この点を追求すると，われわれはより上級の論題へと進むことになるので，この本の目的の1つをくじくことになる．この本の目的とは，もっとも基礎的な，そしてもっとも実用的な水準で，現代マクロ経済理論を概観することであるから．

☞ 第14章の問題

1. 変動為替相場のもと，(i)資本が比較的移動しにくいところで，(ii)完全資本移動のもとで，政府が支出を削減する小国開放経済のIS-LM-BP図を描きなさい．それぞれの場合での，為替相場への影響を判断しなさい．

2. 前問で，それぞれのケースについて，開放経済の所得-支出恒等式および投資-貯蓄恒等式各項への，この政策の影響を分析しなさい．あなたの発見したことを説明し，解釈しなさい．

3. 変動為替相場のもと，(i)資本移動ゼロのとき，(ii)完全資本移動のもとで，中央銀行がマネーサプライを減らす小国開放経済のIS-LM-BP図を描きなさい．当該国の貿易相手への影響について述べなさい．

4. 『大統領経済報告書』の統計付録を用いて，純輸出および政府部門の財政黒字を含む，GDPのパーセント構成のデータを集めなさい．1980年代において，財政政策が純輸出に与えた影響を評価しなさい．1980年代のアメリカの大規模な財政赤字は，純輸出をクラウディング・アウトしたか．また投資をクラウディング・アウトしたか，それともクラウディング・インしたか．

第 15 章

古典派成長モデル

訳．末繁　宏造

　これまで概観してきたすべてのモデルでは，経済は安定的な均衡産出水準を達成する．しかし現実の経済は，しばしば，比較的短期の景気後退によって安定成長を妨げられる．経済成長を理解し解釈する道具を開発するには，成長の主因（技術変化をともなう）である資本の蓄積と労働力の増加に焦点を当てることが必要である．遠近両用メガネをかけている人が，読書のために使うよりも，異なるレンズを通して遠方の対象物を観察するように，経済学者は，こうした問題を扱うために，前諸章で考察した静学モデルから，まったく性質の異なった成長モデルに視点を切り換えるのである．

　成長理論は，1970年代と1980年にしばらく姿を消していたが，理論の新展開によって，また最近20年間の財政政策論争が実際上の諸問題を引き起こしたため，マクロ経済学に戻ってきた．特に前諸章でみてきたように，ある状況下では大きな財政赤字は民間投資支出をクラウディング・アウトする可能性がある．しかし標準的なAS-ADの枠組では，クラウディング・アウトは産出水準に影響を及ぼさない．すなわち単に産出の構成を変えるにすぎない．国民が投資に向ける資源を減らす結果を理解するには，静学的なマクロ経済モデルの束縛を解き放つことが必要である．というのは，それは明らかに資本ストックの増加を取り去るからである．

　この章ではA.スミス（Adam Smith），D.リカード（David Ricardo），およびK.マルクス（Karl Marx）[1]という古典派の伝統における単純化された成長モデルを明らかにする．このモデルを新古典派の伝統による同様の試み（次章で提示される）と区別する2つの特徴は，貯蓄の階級構造に目を向けることと，労

働ではなく，資本が長期成長の主な制約となるという認識とである．いくぶん簡素な性質をもっているため，成長理論は，2つの重要な学派，すなわち古典派および新古典派的伝統の経済理論のパラダイムの根底に横たわっている相違を理解するのに絶好の機会を与えてくれる．

15.1 生産関数

先に，われわれは $Y = N$ 型のきわめて単純な生産関数を仮定した．それは暗に，資本ストック K が産出物を生産する企業の能力の制約にならないように，多くの超過生産能力が存在することを仮定していた．成長レンズに切り換える場合には，経済は完全生産能力で作動していると仮定する方がもっと適切であるように思われるであろう．われわれは，この方途を W. レオンチェフ (Wassily Leontief) にちなんだ**レオンチェフ生産関数**で形式化することができる．すなわち，

$$Y = \min[\rho K, yN]$$

で，$\rho = Y/K$ は完全生産能力での産出・資本比率であり，$y = Y/N$ は完全生産能力での産出・労働比率すなわち労働の生産力である．われわれはまた，資本・労働比率，$k = K/N$ をも利用する．

$\min[.,.]$ 関数は常に2つの数のうちの小さい方の値を取る．このようにして，一定の資本ストック $\bar{K}$ によって定義された生産能力 $\rho \bar{K}$ 以下で生産している場合には，産出は常に yN になるであろう（このことは，この点に関して $y = 1$ を仮定してきたということであった）．

レオンチェフの生産関数は資本財と労働を固定比率で結合する技術をモデル化したものである．良く知られた例は一労働者が操作する芝刈機であろう．資本財と労働とはこの種の技術による生産の純然たる補完物である．このことには重要な含意がある．というのは，資本や労働の生産力に影響する技術変化が

ないかぎり，雇用の増加率は資本ストックの増加率に等しいからである．ある変数 x の増加率に対して $g_x=(x_{+1}-x)/x$ と定義して，[2)]

$$g_N = g_K \tag{15.1}$$

とする．資本ストックが増加すると完全生産能力での生産を維持するために追加労働者への需要を生み出す．経済学的な解釈は，労働需要増加率 g_N が資本蓄積率 g_K によって決定されるということである．

どの成長モデルでも，資本ストックは物理的劣化や陳腐化によって減価することを認めており，また事実，減価償却や資本消耗は現代経済の総生産物の実質的な部分を構成している．しかし，それは成長理論では消極的な役割を果たしているため，われわれは減価償却を無視し，やや空想的ではあるが，資本財は永久に存続するものと仮定しよう．

15.2 賃金と利潤

すでにみてきたように，GDP は付加価値の構成要素である賃金と利潤に分割される．実質賃金 W/P を表わすのに小文字 w を，総利潤を表わすのに Π を用いよう．われわれは特に**利潤率**，すなわち $v=\Pi/K$ に興味をもっているが，その理由は，これが投下された資本の収益率を測定するからである．この定義を用いて，産出と所得との間の国民所得恒等式は，

$$Y = wN + vK$$

と表わせる．

国民所得恒等式を N で割って整理すれば，国民所得恒等式の便利な式，すなわち**賃金-利潤曲線**，

$$w = y - vk \tag{15.2}$$

が得られる．利用可能な資本ストックによって定義されたように，経済が完全生産能力のもとで動いている時には，賃金・利潤曲線は資本主義経済のもとで，労働所得と資本所得の基本的なトレード・オフを示している．

15.3 貯蓄と投資

われわれはこれまで賃金と利潤からの貯蓄の相違を無視することに満足してきたが，古典派の経済学者達は，典型的には，資本家の利潤を貯蓄，投資，資本蓄積の主な源泉とみなした．われわれは，労働者はまったく貯蓄をせず，したがってすべての貯蓄は利潤所得から生じるものと仮定しよう．さらに，資本家は，自らの所得のうち，一定割合 s_c を貯蓄するものとすれば，全貯蓄は，

$$S = s_c \Pi$$

となる．これが古典派の消費理論である．明らかに資本家の消費性向は $(1-s_c)$ であり，労働者の消費性向は 1 である．

先の諸章で示した倹約のパラドックスのように，貯蓄が新資本財の投資に変換されるという保証はない．またいくつかの条件のもとでは，倹約のパラドックスは長期的には解消するということもわかった．セイの法則を仮定しているのは，古典派および新古典派の両成長モデルの標準的な特徴であるが，それは貯蓄が計画投資とおのずと恒等であること，すなわち，

$$I^p = S$$

である．

計画投資と実現投資との間に相違はありえないから，上式の肩文字 p をはずそう．投資は国民資本ストックに対する新たな付加を表わし，$K_{+1} = K+I$ あるいは $I = K_{+1} - K$ のストック・フロー恒等式によって表わすことができる．このように資本の増加率すなわち蓄積率は単に投資の資本に対する比率，すな

わち $g_K = I/K$ である．セイの法則を使えば，蓄積率は資本家の貯蓄率および利潤率によって，

$$g_K = s_c v \qquad (15.3)$$

と書くことができる．われわれは，マクロ経済学のなかに古典派の伝統を生かしてきた N. カルドア（Nicholas Kaldor）や J. ロビンソン（Joan Robinson）のようなケンブリッジの経済学者を称えて，この式を**ケンブリッジ貯蓄方程式**と呼ぶ．パシネッティ（Pasinetti, 1974）はこの伝統の良き入門書を提供している．

15.4 労働市場

(15.1)–(15.3) 式で，古典派成長モデルは完成に近づいている．モデルを閉じるためにはもう 2 つの決定式を特定化しなければならない．古典派の伝統は 2 つのまったく異なる可能性を示唆している．第 1 の選択は，実質賃金は外生的に決定され，労働供給は内生的とみなすのである．第 2 の選択は，労働供給を外生的とし，実質賃金は内生的に決定されるとするのである．

15.4.1 内生的労働供給

不完全競争の生産物市場モデルでは，マークアップ価格方程式が実質賃金を決定することをすでにみてきたが，これを価格決定による実質賃金と呼んだ．しかし古典派の経済学者達はこの説明を採用しなかった．それに代えて，彼等は生存賃金理論を提案した．この理論は文化的，道徳的要素を含む生存を定義したので，われわれはそれを慣習賃金理論と呼ぶ．この考え方では，社会的，政治的，制度的要因が慣習賃金 $\bar{w}$ を決定する．慣習賃金理論は次のように形式化できる．

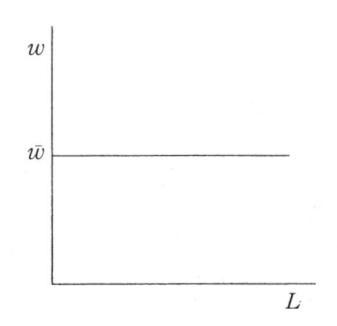

図 15.1 内生的労働供給をともなう古典派経済の場合，労働の供給曲線は慣習実質賃金 $\bar{w}$ で完全に弾力的（水平）である．ある期間の労働者の数は仕事の数によって決定される．

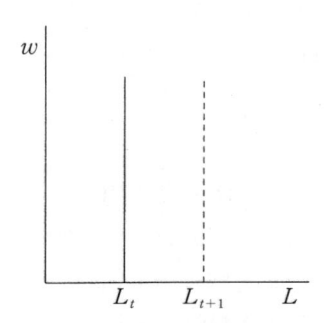

図 15.2 外生的労働供給をともなう古典派経済の場合，労働供給曲線は各期において完全に非弾力的（垂直）である．労働者数は自然成長率 n，したがって $L_{t+1} = (1+n)L_t$ で増加する．

$$w = \bar{w} \qquad (15.4)$$

古典派モデルの労働供給は長期的には労働需要に反応する．初期の古典派経済学者達は，人口勢力はそのような反応を生み出すと考えた．たとえば，労働需要の増加は一時的に高賃金の原因となり，それが若死を減らし，出産を助長するが，労働力が増加して，増加した労働需要に調整するため，実質賃金は慣習水準にもどってしまう．後にマルクスは，資本主義経済は，もっと大きい歴史的，社会的文脈のなかで作動し，一般に市場経済の外にある農業社会のように，自らを潜在的労働予備軍に近づけると論じた．グローバルな点からみれば，豊かな国々は，今日，移民によって世界の労働余剰に対処しているようにみえる．

内生的労働供給をともなう古典派理論は図 15.1 に描くことができるが，それは，経済が現行の実質賃金で無制限に労働者を誘引できることを示している．言い換えれば，先に固定されているとみなされた労働力は，長期的には経済の需要に反応するであろう．われわれは単に長期失業から摘要して，労働力が内生的に決定されるという考え方を表わすために $L = N$ と置いたにすぎない．

われわれは成長率について研究しているのであるから，この考え方を表現する方が役に立つ．したがって，次のようになる．

$$g_L = g_N \qquad (15.5)$$

この式の経済学的解釈は，需要される労働の増加が労働供給の増加を決定するということである．内生的労働供給の仮定は，経済は労働の利用可能性に制約されないということを意味している．この場合には，資本の蓄積が経済成長に関する主な制約となる．

15.4.2 外生的労働供給

他の極端な場合では，労働供給制約に直面する経済を考察しよう．労働供給についてもっとも単純な仮定は，労働供給が，しばしば自然成長率と呼ばれる一定率 n で増加していることである．外生的な労働供給の仮定を定式化するために，

$$g_L = n \qquad (15.6)$$

と書こう．この仮定は図 15.2 に描かれている．

賃金が外生的に決定されるという仮定を放棄して，賃金は労働供給 L と労働需要 N を絶えず等しく維持するように調整するという完全雇用の仮定に置き換えなければならない．形式的には，

$$g_N = g_L \qquad (15.7)$$

と表し，これは，継続的な完全雇用の概念を簡潔にとらえている．その経済学的解釈は，労働供給の増加は労働需要の増加を決定するということである．

第15章 古典派成長モデル

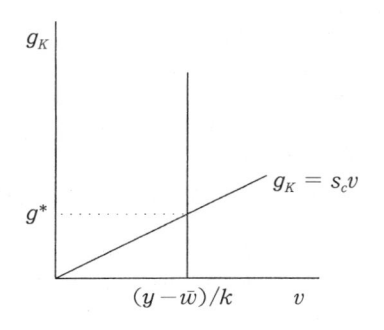

図15.3 内生的労働供給をともなう古典派経済では，定常的成長率 g^* は，ケンブリッジ方程式と慣習的実質賃金に関連する利潤率とによって決定される．

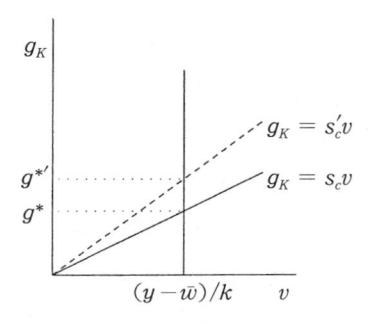

図15.4 内生的労働供給をともなう古典派経済では，資本家の貯蓄性向の上昇は，利潤率の変化なしに定常的成長率を上昇させる．

15.5 古典派の内生的成長

われわれは，内生的労働供給の仮定を組み入れることによって古典派モデルを閉じることができる．(15.1)，(15.2)，(15.3)，(15.4) および (15.5) 式は完結した成長モデルを構成する．内生変数は g_N, g_K, g_L, w および v の5つである．外生変数は y, k, s_c, および $\bar{w}$ である．成長率が内生変数であり，それが貯蓄率のような外生的パラメーターの変化に対して永続的に変化可能となるモデルは**内生的成長モデル**と呼ばれる．内生的労働供給をともなう古典派モデルは内生的成長モデルの一例である．

賃金は慣習的実質賃金 $\bar{w}$ によって決定されるので，利潤率は (15.2) の賃金-利潤方程式によって容易に決まるということはただちに明らかである．利潤率は $v=(y-\bar{w})/k$ である．次に蓄積率は (15.3) のケンブリッジ方程式によって決定することができる．内生的労働供給をともなう古典派モデルは，図15.3 のように描くことができるが，それは，この2つの方程式が均衡利潤率と均衡成長率とをいかにして決定するかを示している．ひとたび資本蓄積率が決まれ

ば，その結果，雇用増加率 g_N と労働力増加率 g_L とが決まる．というのは，それらはすべて等しくなければならないからである．すべての関連する変数が同率で増加している場合，成長モデルは**定常状態**に達している．われわれはその定常成長率を g^* と表わす．

　内生的成長の古典派モデルは賃金と利潤との間の所得分配は外生的に決定されるとみなすが，資本と労働の増加は内生的に決定されるとみなす．ケンブリッジ方程式は重要な関係式である．なぜなら，それは，利潤率がいかにして成長率を決定するかを示しているからである．

　現代の政策立案者達は，国民貯蓄率の変化が成長に及ぼす効果に関心をもっている．彼等の好奇心を満たす最善の方法は比較均衡分析に依拠することである．図 15.4 は資本家の貯蓄性向 s_c の増加による効果を例示している．賃金は外生的に決まり，技術は変化していないから利潤率は一定のままである．このモデルでの貯蓄の増加は資本蓄積率，雇用増加率，労働力増加率を高めている．

15.6　古典派の外生的成長

　われわれはまた外生的労働供給の仮定を組み入れることによって古典派モデルを閉じることができる．方程式 (15.1)，(15.2)，(15.3)，(15.6) および (15.7) は完結した成長モデルを構成している．上と同様に 5 つの内生変数は g_N, g_K, g_L, w, v である．外生変数は y, k, s_c, および n である．

　労働供給は一定率で増加し，完全雇用は継続して維持されるから，資本蓄積率も方程式 (15.1) によって外生的労働力の増加に一致しなければならない．これが**外生的成長モデル**の一例である．このようにして決定される資本蓄積率に関して，ケンブリッジ方程式は，いかなる恒常的利潤率が適正な貯蓄額を生み出すのに必要とされるかを述べている．すなわちそれは $v^* = n/s_c$ である．古典派の外生的成長モデルは図 15.5 に描かれているが，それは，この 2 つの方程式がどのようにして均衡利潤率と均衡成長率を決定するかを示している．

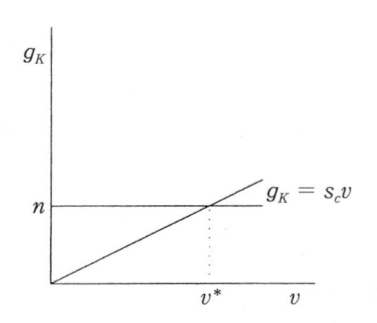

図15.5 外生的な労働供給をともなう古典派経済では，恒常的利潤率 v^* はケンブリッジ方程式と自然成長率とによって決定される．

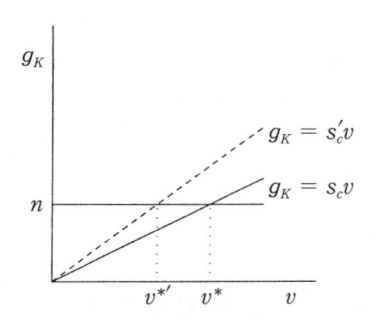

図15.6 外生的労働供給をともなう古典派経済では，資本家の貯蓄性向の増加は成長率を変化させないで恒常的利潤を低下させるであろう．

最後に，賃金-利潤曲線，すなわち $w^* = y - (n/s_c)k$ によって，いかなる賃金がこの利潤率と関連するかがわかる．

　古典派の外生的成長モデルは，労働供給と資本は外生的に決定されるが，賃金と利潤との間の所得分配は内生的に決定されるとみなす．このモデルを理解するためのひとつの方法は，一時的に完全雇用の仮定を中断することである．賃金がたまたま低すぎる場合には，利潤率はひじょうに高くなり，資本蓄積は労働供給の増加率を越えるが，それは労働に対する超過需要を意味している．この超過需要は，市場力を作り出し，労働市場が清算される（供給と需要が等しくなる）まで賃金を増加させる．同様に，賃金がたまたま高すぎる場合には，事態の逆連鎖が賃金を低下させる傾向があるであろう．継続的な完全雇用を仮定することによって，われわれは，この自己修正的な傾向が意味する定常的均衡状態に直接に至る近道をしているのである．その暗黙の仮定は，完全雇用を確保するためのまさに適正な資本蓄積を維持するために，賃金と利潤の間の所得分配が調整をはかっているということである．

　外生的成長モデルにおける資本家の貯蓄性向の増加についての比較均衡分析は，図15.6に描かれているように，内生的成長モデルと比べてまったく異なっ

た結論になる．貯蓄性向の増加は，成長に関してまったく何の影響を与えることもできない．その代り，それは所得の分配に影響を与える．より高い貯蓄率はより低い利潤率で外生的資本蓄積率を達成するのがわかる．賃金-利潤方程式にもどってみれば，このことはより高い賃金率を意味していることがただちにわかる．

15.7　内生的成長モデルにおける財政政策

　財政余剰の効果を調べるために古典派モデルに政府部門を導入することは可能であるが，何がしかの複雑性を犠牲にすることになる．財政政策が成長に影響を与える可能性の余地を残すために，労働供給が内生的であると仮定する．

　2つの局面をもち，高度に定型化された財政計画を考察しよう．局面1では，政府は租税を徴収し，その収入を資産市場に投入する．現実の経済では政府は政府被雇用年金基金のような基金を扱うが，それは，まさに民間会社の株式や債券を保有するのである．局面2では，政府はその富を用いて，それ以降のすべての期間にわたって，労働者1人当り一定額の政府消費支出を資金に組み入れる．経済は成長し続けているから，政府は，その出資資金による収益のいくらかを貯蓄しなければならない．この計画は，財政余剰がいかに成長に貢献できるかを例証することになる．単純化のために，局面1は一期間だけ続くと仮定する．

　選択する租税の種類について注意しなければならない．われわれの目的にとって，良い選択は**消費税**である．というのは，この種の税は貯蓄額をそのままにして，もっと低水準の消費をもたらすことができるからである．資本家の貯蓄は影響をうけないので，資本家の富の時間経路は財政計画によって変更されない．資本家の所得だけに課される累進税を仮定しよう．これは主な帰結にとって本質的なことではない．またそれは分析を単純化する．

　この計画の第1期（それを0期と呼ぶ）では政府は消費税 T を徴収し，その

全額を貯蓄する．T は財政余剰を表わしていることに注意しなさい．次期の資本ストックは，したがって，

$$K_1 = (1+s_c v)K_0 + T$$

である．$(1+s_c v)K_0$ 項は 1 期の資本家の富を表わし，依然としてケンブリッジ方程式に従う．政府の 1 期の富はちょうど T である．というのは政府は富なしでスタートするからである．明らかに第 1 期の成長率はケンブリッジ方程式で与えられる成長率を超えている．なぜなら，政府は国民貯蓄に寄与しているからである．[4]

1 期において政府は 0 期の財政余剰に等しい富，すなわち $K_1^G = T$ を保有し，($N_1 = K_1/k$ を用いて）労働者 1 人当りの政府の富は，

$$\frac{K_1^G}{N_1} = k\frac{K_1^G}{K_1}$$

で表わされる．

労働者 1 人当りを基準にして，どんな財政政策が政府の富を維持するのだろうか．明らかに政府の富は，右辺の比率を一定に保つために資本家の富と同じ比率で増加する必要がある．これには，政府は，資本家が自らの利潤から貯蓄するのと同じ政府利潤の割合を貯蓄する必要がある．この場合，政府は残余を自由に支出することができる．この動態的な財政政策を用いて，政府支出の水準は常に，

$$G = (1-s_c)vK^G$$

となる．

政府の富は資本家の富と同じ比率で増加しているから，2 つの比率は一定のままである．このモデルは動態的な財政政策によって定常的状態に達する．局面 2 では成長率は，ケンブリッジ方程式で与えられた元の値にもどる．

このように，財政余剰が，いかに経済成長に貢献するかを理解することがで

きる．たとえ財政余剰が定常的成長率に影響を与えないとしても，資本ストックと雇用水準とは，財政政策がない場合の水準を永続的に越えているのである．経済学者達はこのことを**水準効果**と述べている．というのは，それは，長期成長率に影響を与えないで活動水準を高めるからである．

15.8　外生的成長モデルにおける財政政策

　外生的労働供給をともなうモデルでこの計画を試みても，それは資本ストックの水準を上昇させるため，成功しないであろう．なぜなら，より多くの資本に適応させるに足る労働者が存在しないからである．第1期中に政府貯蓄によって生じた労働需要増加は，賃金の上昇と利潤率の下落を必要とする．それ以降の期間中，政府はいまや若干の富を保有するが，支出資金を調達するために，それは容認される．このように，財政政策には分配効果がある．第1期では，賃金率と利潤率に影響を与えるが，それ以降の期間では，これらは，それぞれの正常値にもどる．しかし資本家は財政政策がない場合よりも少ない富を所有するが，政府はいまや，消費支出のための資金調達をするに足る十分な富を保有することになり，それはおそらく労働者を利することになるであろう．このように消費の分配は，この財政計画によって永続的に変化させられる．

　経済政策策定の観点からみれば，重要な問題は，明らかに現実の経済が内生的あるいは外生的成長モデルのいずれによってより良く描かれているのかということである．古典派理論は先験的には決定できないが，その解答が成長の根底にある労働制約の綿密な研究にあるということを暗示している．現実の経済はこの二極の間のどこかにあるのであろう．ほとんどの経済学者達は新古典派の伝統の中で訓練されてきたが，それは典型的には，長期において，外生的に与えられた労働力の完全雇用が支配的となると仮定している．

第15章 古典派成長モデル

☞ 第15章の問題

　問題2，4および5は次のパラメーターの値を使用する．労働生産性は100，労働1単位当りの資本は200，そして資本家の貯蓄性向は0.8である（単位は年当り不変ドルである）．

1．古典派の内生的成長モデルにおいて，次のパラメーター変化の各々が，すべての内生変数に及ぼす影響を記述しなさい．
　(a)産出・資本比率一定のもとでの労働生産性の上昇　(b)労働生産性一定のもとでの資本・労働比率の上昇　(c)資本家の貯蓄性向の上昇　(d)慣習的賃金の上昇

2．古典派の内生的成長モデルを用いて，慣習的賃金が1労働単位当り80の経済における内生変数をみつけなさい．

3．古典派の外生的成長モデルにおいて，次のパラメーター変化の各々が，すべての内生変数に及ぼす影響を記述しなさい．
　(a)産出・資本比率一定のもとでの労働生産性の上昇　(b)労働生産性一定のもとでの資本・労働比率の上昇　(c)資本家の貯蓄性向の上昇　(d)自然成長率の上昇

4．古典派の外生的成長モデルを用いて，自然成長率が1年につき5％の経済における内生変数をみつけなさい．

5．古典派の内生的成長モデルにおいて，政府は0期に資本家から15の1期間，消費税を徴収し，その財政余剰を資本投下する（単位は不変ドルである）．政府は以後すべての期間中に，政府所有資本の労働力に対する比率を一定に保つ．慣習的賃金は労働1単位当り80で，0期の資本家の富の額は1000であり，政府は0期に富を所有していない．(a)1期と2期の資本額と雇用水準とを計算しなさい．(b)この財政政策がない場合，1期と2期の資本額と雇用水準とを計算しなさい．(c)0期，1期，2期の資本増加率を計算しなさい．(d)水準効果の概念を用いて，これらの諸結果を説明しなさい．

注
1）古典派および新古典派成長理論へのもっと詳細な紹介については，Foley and Michl (1999) あるいは Marglin (1984) をみなさい．
2）この定義は，先に，インフレ率および産出の増加率を定義したやり方と少し異なっていることに注意しなさい．

3) あるいは，経済は自然失業率で動き，したがって $N = (1-U_n)L$ および $L = N/(1-U_n)$ と仮定する．この場合には，たとえば，ある一定の労働需要は余剰労働者を顕在化する．というのは，労働者は仕事口がみつかるまで待たなければならないことを認識しているからである．
4) 上式の両辺を K_0 で割って，$1+g_K = 1+s_c v + T/K_0$ となる．このように成長率は，資本ストックの百分率すなわち T/K_0 として表わされた租税分だけ上昇する．

第 16 章

新古典派成長モデル

訳．末繁　宏造

　もっとも影響を与えた新古典派成長モデルは，1950年代にR. M. ソロー (Robert M. Solow) とT.W. スワン (T.W. Swan) によって展開され，ソロー＝スワン成長モデル[1]として知られている．外生的労働供給をともなう古典派モデルと同様に，このモデルは労働供給の増加が資本蓄積の主な制約であるととらえる．しかし古典派モデルと異なって，ソロー＝スワンモデルでは賃金と利潤からの貯蓄率は等しい（そして事実，資本家と労働者との間のすべての相違を表面に出さない）と仮定する．ソロー＝スワンモデルは安定均衡を達成することを保証するために，新古典派の集計的生産関数の存在を仮定することが必要である．

16.1　新古典派生産関数

　レオンチェフ生産関数は資本と労働を相互に補足的なものとして扱う．それが正当化されるのは，資本設備が一定の労働者数に利用されるように設定されているということである．新古典派の集計的生産関数は資本と労働を相互に連続的代替物として扱う．それは，生産技術をいくぶん資本集約的にし，もう少し生産的にすることが常に可能であることを仮定している．新古典派の集計的生産関数の存在は，ほとんど半世紀にわたる激しい論争の主題であった．J. ロビンソン (Joan Robinson, 1953) を始めとして，古典派の経済学者達はこの仮定[2]を強力に批判してきた．

　新古典派生産関数のうち，もっとも普通に利用される型はコブ＝ダグラス生産関数であり，それは，

247

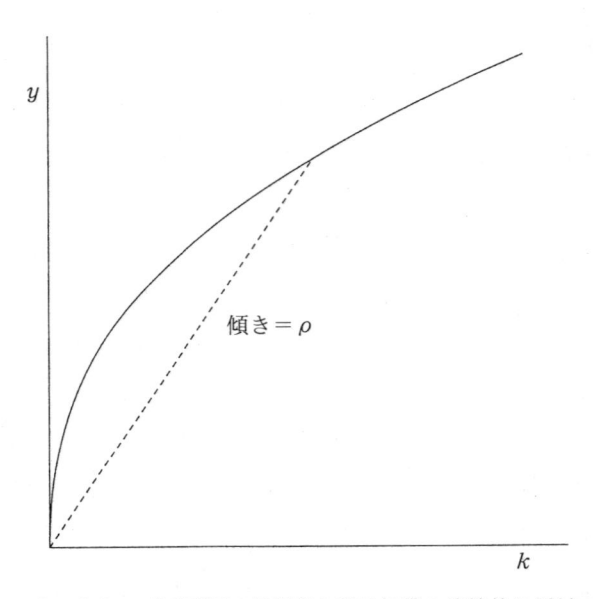

図 16.1 コブ=ダグラス生産関数の特徴的な形は収穫の連続的な逓減の結果である．資本・労働比率が増加するにつれ，産出・労働比率は減少していく増加分だけ増加する．しかし，もっと資本集約的技術（すなわち，より高い資本・労働比率をともなう）に切り換えることによって，労働者1人当り産出を増加させることは常に可能である．原点からの直線の傾きは産出・資本比率に等しいが，収穫逓減の結果として，それは，資本・労働比率が上昇するにつれて減少する．

$$Y = AK^\phi N^{1-\phi}$$

型であって，$0 < \phi < 1$，A は定規模要素（A constant scale factor）である．この生産関数は規模に関して収穫不変を示しており，すべての投入を2倍にすれば，正確に産出量を2倍にすることを意味している．生産関数が規模に関して収穫不変を表わす場合には，生産関数を労働者1人当りで表わすために $1/N$ で常に要素を分割することができる．かくして，コブ=ダグラス関数は，

$$y = Ak^\phi$$

となり，y は労働者1人当り産出高を表わし，k は労働者1人当り資本を表わ

すことになる.

　労働者 1 人当りの生産関数の大きな利点は三次元数学の対象（生産関数そのもの）を二次元で表わせるということである．図 16.1 は労働者 1 人当りのコブ＝ダグラス生産関数の主な特性を図示している．労働者 1 人当り資本量（「資本の労働代替性」と呼ばれる）が増加すれば，労働の生産性は増加する．

　原点から生産関数上の 1 点に 1 本の線を引けば，図 16.1 のように，その傾きは，$\rho = y/k$ であるから，資本・労働比率に代えて産出・資本比率に等しくなる．生産関数上で，もっと高い資本・労働比率をともなう点を選べば，描かれる線分は傾きがもっと小さくなることは明らかである．労働者 1 人当り資本量が増加するにつれ，産出・資本比率が低下するこの傾向は収穫逓減を明示している．労働を一定に保ちながら資本をさらに増加させていけば，産出高の増加はますます小さくなる．ソロー＝スワンモデルでは，この特性がどのようにして定常均衡状態に導いていくかを理解できる．

　レオンチェフおよびコブ＝ダグラス生産関数は収穫逓減を明らかにしている．レオンチェフ関数では，収穫の下落は急激でかつ不連続であり，資本と労働が補完物である場合には，労働者 1 人当りの極大産出量を超えることはできない．コブ＝ダグラス関数では，資本と労働とが常に代替物であるから，収穫は継続的に逓減する．

16.2　貯蓄と投資

　ソロー＝スワンモデルは労働者と資本家の貯蓄行動や民間と公共の消費支出の区別をしていない．それは，暗に政府を家計部門の延長として扱い，典型的な家計を資本所有者と労働者の結合として扱っている．そのモデルは単にすべての所得のうちの一定割合 s が貯蓄されることを仮定しているが，s を国民貯蓄性向[3]と呼ぶ．したがって，

$$S = sY$$

となる．

　古典派モデルと同様に，ソロー＝スワンモデルは，長期的にはすべての貯蓄は実物資本に投資され，セイの法則があてはまり，$I^p = I = S$ となる．つづいて，資本の増加率を $g_K = I/K$ で定義する．それゆえ，資本蓄積率を産出・資本比率の関数として書くことができ，貯蓄関数を K で割って，

$$g_K = s\rho$$

が得られる．

　ソロー＝スワンモデルでは，資本蓄積率は，経済が労働者1人当りわずかな資本で出発すれば，ひじょうに高くなるであろう．なぜなら，産出・資本比率は，上述したように，この条件下では高くなるからである．しかし資本が蓄積され，資本・労働比率が上昇するにつれ，再度，上に示したように，産出・資本比率を引き下げることによって，成長を鈍化させ，ついには長期均衡すなわち定常値に至ることになる．

16.3　定常均衡

　ソロー＝スワンモデルは，資本・労働比率が経時的に一定に留まる場合には定常均衡に至る．ある割合 $a = b/c$ の成長率は b の増加率マイナス c の増加率，すなわち $g_a = g_b - g_c$ であるという数学的事実を利用することができる[4]．資本・労働比率 k の増加率は $g_k = g_K - g_N$ である．

　外生的労働供給をともなう古典派モデルの場合と同様に，ソロー＝スワンモデルは，労働力は一定率 n で増加し，完全雇用は継続的に維持されると仮定する．$g_K = s\rho$ を代入して，資本・労働比率の成長率を，

第16章　新古典派成長モデル

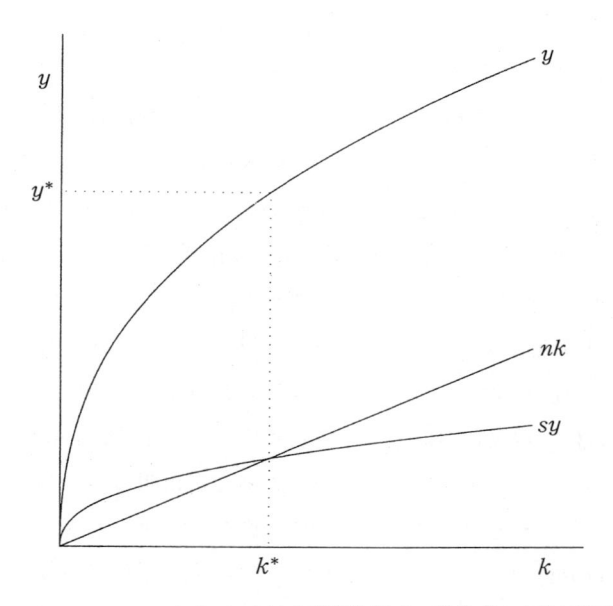

図16.2 ソロー＝スワンモデルにおける定常均衡は，労働者1人当り貯蓄（sy）が労働者1人当り必要貯蓄（nk）に等しくなるところで生ずる．労働力は比率nで増加するから，各新規労働者は，すべての既存の労働者と同額の資本（k^*）を装備しており，したがって，資本・労働比率は，経時的に不変のままである．

$$g_k = s\rho - n$$

と表わそう．

一定の定常値（すなわちゼロ成長）に達するのに資本・労働比率はどんな値をとるのだろうか．明らかに，$s\rho = n$ の位置をみいださなければならない．この両辺にkを乗じ（そして$\rho k = y$を思い起こして），この位置が，

$$sy = nk$$

を意味していることがわかる．この式の左辺は労働者1人当りの貯蓄を表わしている．この式の右辺は，労働市場に参入する新しい労働者に，現存する労働者とまったく同量の資本を装備させるのに必要とされる労働者1人当りの貯蓄

251

額を表わしているが，これは必要貯蓄と呼ばれる[5]．定常均衡は労働者1人当り貯蓄が労働者1人当り必要貯蓄に等しいところに存在する．

定常均衡は図16.2で表わすことができるが，それは生産関数，必要貯蓄関数，現実貯蓄（すべて労働者1人当りで）を示している．定常資本・労働比率 k^* は必要貯蓄関数が貯蓄関数と交わる所に存在する．定常労働生産性 y^* は定常資本・労働比率と関連する労働者1人当り産出額である．

図16.2 に示された定常状態は1つの均衡である．というのは，低い（あるいは高い）資本・労働比率から任意にスタートすれば，資本・労働比率は経時的に増加する（あるいは減少する）ことを理解するのは容易である．たとえば，$k < k^*$ のときには現実貯蓄は必要貯蓄以上である．方程式を見直せば，この条件のもとでは，$g_K > n$ および $g_k > 0$ であることは明らかである．このように，k^* 以下の資本・労働比率は，経時的に増加しているから，均衡ではありえない．同様の推論によって，k^* 以上の資本・労働比率は経時的に減少しているから均衡ではありえないと確信できる．この動学は経済を定常状態に向わせる．それらは定常状態への移行を意味しているから，ソロー＝スワンモデルの**移行動学**と呼ばれる．

16.4　定常状態に対する解答

コブ＝ダグラス生産関数を仮定し，労働生産性の定常値と資本・労働比率を求める明確な方程式を導くことができる．生産関数を定常条件式 $sy = nk$ に代入して $sAk^\phi = nk$ となり，単純化して，

$$k^* = \left(\frac{sA}{n}\right)^{\frac{1}{1-\phi}}$$

となる．

定常資本・労働比率がわかれば，それを生産関数に代入して，

$$y^* = A^{\frac{1}{1-\phi}} \left(\frac{s}{n}\right)^{\frac{\phi}{1-\phi}}$$

を得ることは簡単な問題である.

この明確な解によって，パラメーターの変化がソロー＝スワンモデルの主要な内生変数の定常値に及ぼす効果を研究するのは容易である．しかしこれらの諸効果を図を用いて決定することも可能である．

われわれはまた主要な諸変数の成長率にも関心がある．すでにみてきたように，定常状態において資本・労働比率の増加率はゼロになる．労働生産性の上昇率も，定常状態ではゼロに等しくなる．比率増加率の数学によれば，資本の増加率および産出の増加率は，定常状態では自然成長率に等しくなければならない．すなわち，

$$g_K = g_Y = n$$

となる．このことは，ソロー＝スワンモデルは外生的成長モデルであり，そこでの労働供給の増加が，資本蓄積と産出増加に対する窮極の制約であるという事実を反映している．もし経済が労働者1人当りのわずかな資本でスタートすれば，資本および労働の増加が移行動学において，自然率を超えることは可能である．しかし，結局は，これらの増加率は収穫逓減の作用によって，自然成長率に至るまで下落しなければならない．

16.5　貯蓄の比較動学

ソロー＝スワンモデルのもっとも重要な応用の1つは，国民貯蓄率の増加が経済の長期均衡にどのような影響を及ぼすかという問題である．われわれはすでに前章で，この問題を研究した．ここでの重要な相違は，新古典派生産関数のもとでは資本と労働が代替物であるということである．国民貯蓄率の上昇は，前節の方程式を調べることによって容易に理解できるように，定常資本・労働

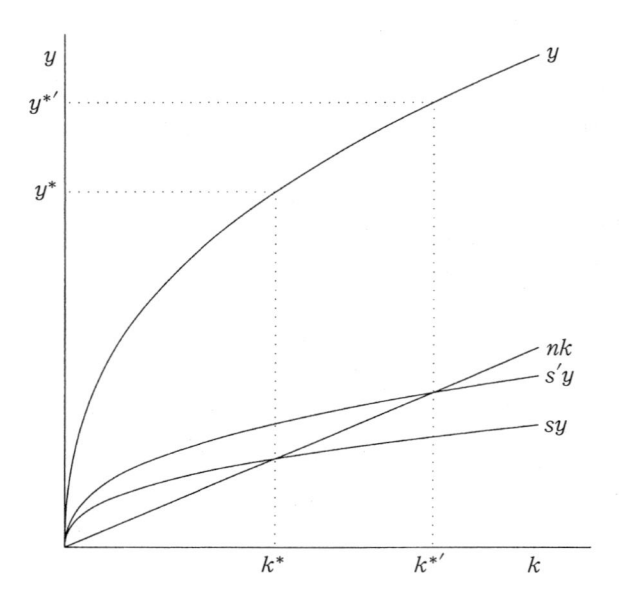

図 16.3 ソロー゠スワンモデルで，貯蓄率が上昇すれば，定常資本・労働比率，つまり定常労働生産性は高くなる．倹約が高まれば，労働者1人当りの産出水準と資本水準は長期的に高くなる．しかし，資本と産出の増加率は変化しない．それは結局，自然成長率に戻らなければならないからである．

比率と定常労働生産性を上昇させる．

　図 16.3 のようにソロー゠スワンモデルを用いて，このことを理解することもできる．貯蓄率の上昇は現実の貯蓄関数を上方にシフトさせるが，必要貯蓄関数や生産関数それ自体に影響を与えない．このように新しい定常状態はより高い資本・労働比率のもとで生じる．各労働者は仕事をするための資本をより多く所有するから，労働者1人当り産出も，長期的にはより高い国民貯蓄率の結果として，増加する．

　長期的には貯蓄率の上昇は産出の増加率や資本の増加率に影響を与えない．というのは，これまでみてきたようにこれらは自然成長率によって決定されるからである．多くの人には反直観的と思われるように，この結論は外生的成長モデルには共通している．しかしソロー゠スワンモデルでは，貯蓄率の上昇が

産出および資本に対して水準効果をもつことは明らかであり，これらは貯蓄の増加以降すべての期間にわたって，より高い値を達成する．言い換えれば，資本および産出の増加率は上昇しても単に一時的である．経済が新たな定常状態に到達するとそれらは自然成長率にもどってしまう．

　貯蓄率の増加は，労働者1人当り消費で計って，国民の生活水準にどのくらいの影響を与えるのだろうか．貯蓄増加は労働生産性を上昇させ，したがって利用可能な所得を増す．しかし定義によって，貯蓄率の上昇は，所得の低い割合が消費されることを意味している．労働者1人当りの定常消費を表わす式を，

$$c^* = (1-s)y^*$$

と書くことで，このことは理解できる．明らかに s の値が高いある点では，消費の余地はほとんどないし，またはまったく残されていない．労働者1人当り消費額を極大化する貯蓄率が存在することを示すことができる．それは**黄金律**の貯蓄率と呼ばれる．貯蓄率がその黄金律の値以下である場合には，貯蓄率の上昇は労働者1人当り定常消費を高める．現代の諸国民はまさにそのような状態に達しているという広範な見解の一致がみられる[6]．国民貯蓄率の上昇は，ソロー＝スワンモデルによれば，より高い生活水準をもたらすことを意味しているので，重要である．

　この結論は最近数十年，アメリカや他の諸国で財政政策に関して議論の中心になっている．財政赤字反対者が，財政赤字は国民貯蓄率を低下させ，個々の労働者が保有する資本額を随意に減少させ，国民の生活水準を切下げると訴えるとき，彼等はソロー＝スワン成長モデルを適用しているのである．この観点からすれば，財政黒字は，それが国民貯蓄率を高め，より高水準（しかし長期の成長率ではない）の労働生産性，消費，資本，および産出に貢献するため，歓迎されるのである．

16.6 マクロ理論のビジョンと区分

　古典派および新古典派成長モデルは，経済学者間の見解の相違を洞察する絶好の機会を学生たちに提供している．このことは確かに，経済学専門家の唯一の議論ではないし，また主な議論でもないが，それは特に明確な境界線のある議論である．

　経済学者間の見解の相違はほとんど常に，関連する経済問題の本質についての異なったビジョンをともなって始まる．この場合に，新古典派の経済理論は，ごく基本的なレベルでは，希少な資源の配分を中心的な経済問題とみなしている．新古典派成長モデルは，外生的労働供給（資源制約）の選択において，常に完全雇用される（稀れであるが）というビジョンを反映している．古典派のビジョンは主に消費される賃金と大部分は再投資される利潤との間の所得分配を，資本主義経済の中心的なドラマとみなしている．古典派モデルは，そのビジョンを，貯蓄の階級構造をモデル化することにより，また労働よりもむしろ資本が長期経済成長の主な制約を演じるという可能性を重視することによって，映しだしている．このように，古典派モデルは内生的な労働供給をともなう副次的ケースを含んでいるが，それは，基本的な資源の希少性に依拠していないから，新古典派のアプローチでは大して意味はない．また新古典派モデルは，すべての家計は資本家でもあり，労働者でもあると仮定しているが，それは貯蓄の階級構造の重要性を否定しているため，古典派のアプローチにとってはあまり意味がない．

　経済理論を学ぶ者の大いなる挑戦のひとつは競合する学派間の根底にあるビジョンの相違を明らかにし，現実の経済現象に関する政策の帰結と解釈に対して，経済学者達が描くモデルの構造と仮定の相違がもたらす結果を追跡することである．本書は，多彩な現代マクロ理論家に広く認識され，描出され，しばしば批判される原理を伝えることによって，このような広範な理解を得る第1歩を完成することにささげられたものである．

第16章　新古典派成長モデル

☞ 第16章の問題

問題1から4は次のパラメーターの値を利用する．生産関数は $Y = K^{0.4}N^{0.6}$ で，自然成長率は1年につき 0.05（1年につき5％）である．すべての単位は年当り不変ドルである．

1．ソロビア（Solovia）の国民貯蓄率は 0.15 であると想定しよう．定常状態の資本・労働比率，労働生産性，および労働者1人当り消費の値を求めなさい．

2．ソロビアの貯蓄率が財政黒字の結果，0.4 に上昇した．定常状態の資本・労働比率，労働生産性，および新たな長期均衡における労働者1人当り消費の値を求めなさい．財政政策は成功（問題1のあなたの答と比較しなさい）だったか．

3．問題1のソロビア経済が，ゼロ期において 500 の資本ストックと 100 の労働力で開始する．継続する各期間で計算するスプレッドシート・モデル，すなわち，労働力，資本ストック，産出水準，貯蓄額，資本・労働比率，労働生産性，資本の増加率，産出の増加率を作成しなさい．あなたのスプレッドシートは 75 期間についてカバーすべきである．モデルの動向を説明しなさい（ヒント：何が生じているかを明らかにするためにグラフを用いなさい）．

4．問題2の財政当局は自らに好感をいだいており，彼等はさらに，0.45 まで貯蓄率を上昇させることに決定した．この政策を評価しなさい．

注

1）ソロー＝スワンモデルの詳細については，Foley and Michl (1999) あるいは Jones (2001) を調べなさい．

2）この論争は「ケンブリッジ資本論争」として知られた．それは，アメリカの MIT とイギリスのケンブリッジ大学の経済学者達が参加したからである．もっと詳細を得るには Kurz and Salvadori (1995) を調べなさい．

3）これは，IS-LM モデルで用いた消費と貯蓄の理論の単なる特殊版にすぎない．$s = (1-c_1)$ であり $c_0 = 0$ である．

4）この数学的事実は指数成長率に適用される．本書で用いられる不連続型成長率にとっては，成長率の数字が小さいかぎり，それは適切な近似値である．

5）たとえば，仮に $K=10{,}000$ ドル，$N=100$ 人の労働者，$k=$労働1人当り 100 ドル，そして $n=1$ 年につき 0.05 であれば，次年には 5 人の新規労働者（0.05×100 人の労働者）が存在する．現下の労働者と同じ資本を彼等に与えれば総貯蓄は年

500ドル,すなわち年当り(現下の)労働者1人当り5ドルであり,それは nk すなわち(年当り 0.05×1 労働者当り 100 ドル)である.

6) コブ＝ダグラス生産関数を用いて,数学の付録で証明したように,黄金律の貯蓄率は累乗項 ϕ に等しい.合衆国の貯蓄率は約 0.15 であり,ϕ の値は典型的には,観察された貯蓄率を十分に越えた 0.25 と 0.6 の間にあると推定されている.

付録 A

訳．末繁　宏造

数学付録

A.1　マーク・アップ価格づけ

　最初に逆需要関数 $P_i = P_i(Y_i, Y) = D^{-1}(Y_i, Y)$ を用いる．なぜなら，独占者は産出水準を選んでそれが価格と利潤にどのような影響を与えるかを観察するからである．利潤関数は，

$$P_i(Y_i, Y)Y_i - WY_i$$

である．利潤関数を微分して，その結果をゼロと置けば，その解は利潤極大化条件である．関数の一次導関数をゼロと置く方法は**一階の条件**と呼ばれる．利潤関数の一階条件は，

$$\frac{\partial P_i}{\partial Y_i}Y_i + P_i - W = 0$$

である．この式を書き直して整理すれば，

$$P_i\left(1 + \frac{Y_i \partial P_i}{P_i \partial Y_i}\right) = W$$

となる．

　そこで，生産物需要の弾力性の定義を価格の百分率変化と関連した需要量の百分率変化の絶対値として利用すれば，

$$\eta = -\frac{\partial Y_i / Y_i}{\partial P_i / P_i}$$

であり，利潤極大化価格の式は，

$$P_i = \left(\frac{1}{1 - \frac{1}{\eta}}\right)W = (1 + \mu)W$$

となる．

この式は，$\mu = 1/(\eta-1)$ であるから，より小さい需要の弾力性はより大きいマークアップを意味することを明らかにしている．

A.2 動学的ケインジアンクロス・モデル

ケインジアンクロス・モデルの動態的な調整過程を定式化するためには，生産水準の選択の仕方を記述する行動ルールを明記する必要がある．ひとつの単純なルールは，企業は，経常産出水準を，観察する最近の需要水準に一致させるというものである．すなわち，

$$Y = Z_{-1}$$

である．これは，下付き文字 t を省略した，日付け変数である．等式は「時点 t の産出量は時点 $t-1$ の需要に等しい．」と読む．このルールは形式上，テキストに含意されている仮定，すなわち，企業は，在庫が前期に変化したのと同額だけ，産出を変化させるというのと同じである．すなわち，$\Delta Y = -(Y_{-1}-Z_{-1})$ である．

総需要式から，この仮定は，一階差分方程式，

$$Y - c_1 Y_{-1} = c_0 - c_1 T + \bar{I} + G$$

を導き出す．

ある任意の初期水準の産出量 Y_0 に対して，この式の閉鎖型の解を得るためには，最初に特殊解を求め，つぎに同次式の補助解を求める．一般解は，特殊解と補助解の和にすぎない．

特殊解は元の差分方程式の任意の解である．それは未知数 Y^* を方程式に代入することによってみつけることができ，次に Y^* で解くことができる．特殊解は産出額の均衡水準，$Y^* = \gamma(c_0 - c_1 T + \bar{I} + G)$ である．

同次式 $Y - c_1 Y_{-1} = 0$ の補助解に対しては，解が $Y = Ab^t$ という形をとる試験的推量を行うが，A は任意の定数であり b は誘導されるパラメーターである．試験解を同次式に代入して，$Ab^t - c_1 Ab^{t-1} = 0$ が得られる．この式から $b = c_1$ は明らかであり，補助解は $Y = Ac_1^t$ となる．

したがって一般解は，

$$Y = Y^* + Ac_1^t$$

である.

任意定数 A を決定するために,初期産出水準 Y_0 は既知であるから,$t=0$ を一般解に代入して $A = Y_0 - Y^*$ が得られる.一般解は,

$$Y = Y^* + (Y_0 - Y^*)c_1^t$$

と書くことができる.

言いかえれば,ある時点での GDP の水準は均衡値プラス誤差調整項に等しく,後者は経済が開始する均衡値からどのくらいの距離(およびどの方向)にあるか,そしてどのくらい時間が経過したかに依存する.限界消費性向は 1 より小さい($c_1 < 1$)から,経済は結局,この誤差調整項が消滅するとき,均衡に収束する.

この動態モデルのひとつの弱点は,企業の在庫—販売比率が無差別なことである.もっと満足のいくアプローチは,企業が望ましい在庫—販売比率をもって活動すると仮定することであろう.

A.3 IS-LM モデルの行列解

IS-LM モデルの解は最初に IS-LM モデルを再整理してクラーメルの法則を用いることによって得られる.

$$Y + a_1 i = a_0$$
$$-a_3 Y + i = -a_2(M/P)$$

であり,つぎにそれを行列型に書き表わせば,

$$\begin{pmatrix} 1 & a_1 \\ -a_3 & 1 \end{pmatrix} \begin{matrix} Y \\ i \end{matrix} = \begin{matrix} a_0 \\ -a_2(M/P) \end{matrix}$$

となる.クラメールの法則を適用して,誘導型方程式は,

$$Y^* = \frac{\begin{vmatrix} a_0 & a_1 \\ -a_2(M/P) & 1 \end{vmatrix}}{\begin{vmatrix} 1 & a_1 \\ -a_3 & 1 \end{vmatrix}} = \frac{a_0 + a_1 a_2(M/P)}{1 + a_1 a_3}$$

$$i^* = \frac{\begin{vmatrix} 1 & a_0 \\ -a_3 & -a_2(M/P) \end{vmatrix}}{\begin{vmatrix} 1 & a_1 \\ -a_3 & 1 \end{vmatrix}} = \frac{a_0 a_3 - a_2(M/P)}{1 + a_1 a_3}$$

になる．これらの式の第 1 番目は (6.1) 式であり，2 番目は (6.2) 式である．

A.4　IS-LM の比較均衡分析

このテキストで提示された財政・金融政策の特徴は非公式な議論に基づいたものである．それらを証明するために，IS-LM モデルの誘導型方程式である (6.1) と (6.2) 式を数学的に分析する必要がある．

A.4.1　財政政策

このモデルの動き方が，政府購入増加の乗数効果をみることによって，どの程度，元の構造パラメーターに依存するのか，その意味を再発見できる．数学的には dY/dG （「Y の G に関する導関数」）を評価したいが，それはほぼ $\Delta Y/\Delta G$ に等しい．解を得るために次の事実を利用できる．すなわち，

$$da_0/dG = \gamma \quad da_1/dG = 0$$
$$da_2/dG = 0 \quad da_3/dG = 0$$

である．誘導型方程式から，

$$dY^*/dG = \frac{\gamma}{1+a_1 a_3}$$

を得る．複合パラメーターの定義と共に**政府支出の衝撃乗数**を表わす式から，乗数効果は $b_2 = 0$（それは $a_1 = 0$ にする）か $d_2 = \infty$（それは $a_3 = 0$ にする）であれば，γ に等しいことがわかる．このことは，IS 曲線が垂直（$b_2 = 0$）であるか LM 曲線が水平（$d_2 = \infty$）であれば，財政政策はクラウディング・アウトから免れるというわれわれの最初の結論を立証している．諸君は，この結論の背後にある経済的直観を理解していることに確信をもちなさい．

投資の均衡値すなわち，

$$I^* = b_0 + b_1 Y^* - b_2 i^*$$

を研究することによって，投資支出は一般にクラウディング・アウトされるのか，それともクラウディング・インされるのかを決定することができる．この式を誘導型方程式に代入し，導関数を導くことによって，

$$dI^*/dG = \gamma\left(\frac{b_1-a_3b_2}{1+a_1a_3}\right)$$

をみいだす．複合パラメーターの定義を用いることによって，つぎのことが明らかになる．

クラウディング・イン　　　$dI^*/dG > 0 \Leftrightarrow b_1/b_2 > d_1/d_2$

クラウディング・アウト　　$dI^*/dG < 0 \Leftrightarrow b_1/b_2 < d_1/d_2$

であり，二重の矢印は，右辺の条件は左辺の条件にとって必要かつ十分であることを示している．再度，初めの結論を次のように立証できる．クラウディング・アウトは，IS曲線が投資支出のより大きな利子感応性（b_2）によって平たくなるにつれ，あるいは，LM曲線が貨幣需要のより小さな利子感応性（d_2）によって急勾配になるにつれ，大きくなる．諸君はこれらの結果の背後にある経済的直観を理解していると確信しなさい．

A.4.2　金融政策

金融政策が均衡所得に及ぼす効果をみいだすのに同様な方法で展開していく．誘導型方程式を用いれば，

$$dY^*/dM = \frac{a_1}{(1+a_1a_3)Pd_2}$$

となる．

わずかな操作で，金融政策が有効でない（「ひもを押す」）2つのケースを容易に理解することができる．右向きの矢印を用いれば，左側の条件が右側の条件にとって十分であることを示しており，

$$b_2 = 0 \Rightarrow dY^*/dM = 0$$
$$d_2 = \infty \Rightarrow dY^*/dM = 0$$

となる．

最初の記述は，IS曲線が垂直の場合には，金融政策は無効であることを立証している．なぜなら投資が利子率に対して非感応的であるからである．二番目の記述は，LM曲線が水平のときには，金融政策は無効であることを立証している．なぜなら，経済は流動性のわなに陥っているからである．またも，諸君は，これらの諸

条件の背後にある経済原理を理解していると確信しなさい.

A.5　フィリップス曲線モデルの分析

フィリップス曲線モデルの動学を形式的に分析するために，インフレ期待は $0 < \lambda \leq 1$ の誤差調整過程 $\Delta \pi^e = \lambda(\pi_{-1} - \pi^e_{-1})$ に従うと仮定して，モデルをやや一般化しよう．この式によって，労働者は自らの前の予想が目標値をまちがい，その大きさの λ 部分だけインフレ予想を変更する．この仮定のもとで，フィリップス曲線モデルの全体は次のように書かれる．

$$\pi = \pi^e - \alpha(u - u_n) \tag{A.1}$$

$$u = u_{-1} - \beta g_Y \tag{A.2}$$

$$\pi^e = \pi^e_{-1} + \lambda(\pi_{-1} - \pi^e_{-1}) \tag{A.3}$$

$$g_Y = g_M - \pi \tag{A.4}$$

この方程式体系は，インフレの差分方程式を導出するのに (A.1) 式を差分化し，(A.2 – A.4) 式に代入することによって解くことができる．

$$\pi_{+2} - \left(\frac{2 + \alpha\beta(1-\lambda)}{1 + \alpha\beta}\right)\pi_{+1} + \left(\frac{1}{1+\alpha\beta}\right)\pi = \frac{\alpha\beta\lambda}{1+\alpha\beta}(g_M) \tag{A.5}$$

これは定係数と定数項をともなう二階の差分方程式である．このような方程式を解く技術はチャン (Chiang, 1984) のような標準的な教科書にみいだせる．安定性は，

$$\frac{1}{1+\alpha\beta} < 1$$

を要するが，このモデルが安定的 (α も β もゼロではないから) であるのは明らかに理解できる．

この方程式は，

$$\frac{1}{4}\left(\frac{2+\alpha\beta(1-\lambda)}{1+\alpha\beta}\right)^2 - \frac{1}{1+\alpha\beta} < 0$$

であれば，安定的変動を生ずる．

このテキストのモデルであれば，$\lambda = 1$ ならば $\pi^e = \pi_{-1}$ となって，上の条件は，

$$\frac{1}{1+\alpha\beta}\left(\frac{1}{1+\alpha\beta} - 1\right) < 0$$

となることに注意しよう．変動条件は明らかに満されるから，このテキストのモデルは，どんなパラメーター値が選ばれても，常に安定的変動を生み出す．しかし，一般に $\lambda < 1$ であれば，安定点を与える一定範囲のパラメーターの値が存在するが，それは，変動軌道がオーバーシュートしないで直接，均衡に収束することを意味している．

失業率の径路を解くためには，(A.5) 式と同一係数を有する u に対する二階の差分方程式を与えることになるが，その定数項は

$$\frac{\alpha\beta\lambda}{1+\alpha\beta}u_n$$

となる．

A.6　黄金律貯蓄率

コブ゠ダグラス生産関数を用いたソロー゠スワン成長モデルの黄金律貯蓄率をみつけるために，まず $A = 1$ を仮定することによって単純化しよう．これによって，$k^* = (s/n)^{1/(1-\phi)}$ および $y^* = (s/n)^{1/(1-\phi)}$ となる．$c^* = (1-s)y^*$ の定義を用いれば，

$$c^* = (1-s)\left(\frac{s}{n}\right)^{\frac{\phi}{1-\phi}}$$

と表わせる．

極大値 c^* をみつけるために $dc^*/ds = 0$ と置く．これは，関数 $c^*(s)$ の一次微分に関するものであるから，一階の条件と呼ばれる．それは，関数上の極大，極小点かあるいは変曲点と同一である．この場合，関数は厳密に凹であるから，確かに極大である．一階の条件を実行すれば，

$$\frac{dc^*}{ds} = \left(\frac{1-s}{s}\frac{\phi}{1-\phi}-1\right)y^* = 0$$

となる．この式から，一階の条件が $s = \phi$ を意味することは明らかである．このように，黄金律貯蓄率はコブ゠ダグラス生産関数の資本の累乗項に等しくなる．

付録 B

訳．末繁　宏造

偶数選択問題への解答

第1章の答

2．(i) 1年目：$PY=2.00(100)+3.00(50)+1.00(25)=$ 1年当り 375 ドル．2年目：$PY=2.50(120)+3.25(60)+2.00(25)=$ 1年当り 545 ドル．(ii) 1年目：$Y=375$　1年不変ドル．2年目：$Y=2.00(120)+3.00(60)+1.00(25)=445$　1年不変ドル．$P=PY/Y=545/445=1.22$（すなわち，基準年 $P=100$ として指数 $P=122$ であるから）．Y の百分率の増加 $=(445-375)/375=0.19$ あるいは 19％　P の百分率の増加 $=(1.22-1.00)/1.00=0.22$ あるいは 22％

4．$Y=C+I+G$ より，$250=100+I+50$ で $I=$ 年当り 100 ドル．意図しなかった在庫の変化は，実現した投資マイナス意図した投資であり，すなわち，$100-75=$ 年当り 25 ドル．諸君は，産出マイナス意図した支出は $250-(100+75+50)=$ 意図しなかった在庫蓄積は年当り 25 ドルと計算することもできる．

6．$M=(1+0.6)/(0.2+0.6)\times 500=1000$ ドル．
　　M の変化は $2(100)=200$ ドル

第2章の答

2．$P=1.5(5)=$ 産出1単位当り 7.50 ドル

4．価格は産出1単位当り，依然として 7.50 ドルである．生産量は $Y_i^d=7.50^{-3}1000=2.37$ 産出単位
　　GDP の水準が年当り 2000 ドルと予想されれば，生産量は $7.50^{-3}2000=4.74$ 単位となり，すなわち2倍の大きさである．

第 3 章の答

2. 総需要は $Z=140+0.6(Y-150)+200+150=400+0.6Y$ $Y=500$ であれば，$Z=400+0.6(500)=$ 年当り 700 ドルである．意図しなかった在庫の変化は $Y-Z=500-700=-200$ である．企業は生産を高めることによって，これに対応する．$Y=1200$ であれば $Z=$ 年当り 1120 ドルであり，$Y-Z=+80$ となる．企業は生産を削減する．

4. 乗数は $1/(1-0.6)=2.5$ であり，したがって，$\Delta Y=2.5\Delta G$ で，かつ $\Delta G=250/(2.5)=$ 年当り 100 ドルである．必要とする $G=150+100=$ 年当り 250 ドルとなる．

6. 最初に均衡 GDP を計算せよ．すなわち，$Y=1/(1-0.6-0.1)(140-0.6(150)+100+150)=$ 年当り 1000 ドルである．次に公的貯蓄 $T-G=150-150=0$ と私的貯蓄 $S=-140+0.4(1000-150)=$ 年当り 200 ドルを見つけよ．国民貯蓄は，したがって，$0+200=$ 年当り 200 ドルである．新たな均衡 GDP は $Y=1/(1-0.6-0.1)(100-0.6(150)+100+150)=$ 年当り 866.67 ドルであり，したがって $S=-100+0.4(866.67-150)=$ 年当り 186.67 ドルで，国民貯蓄は $0+186.67=$ 年当り 186.67 ドルである．国民貯蓄と私的貯蓄は低下した．なぜなら，投資支出は所得水準の低下によって減少したからである．これは倹約のパラドックスの例証である．

第 4 章の答

2. まず $Y=Z$ を Z に代入せよ．すなわち $Y=120+0.6(Y-200)+50+0.2Y-2000i+250$ となる．つぎに Y を左辺に集めて $Y=1/(1-0.6-0.2)(120-0.6(200)+50+250)-2000/(1-0.6-0.2)i$ となる．これを簡単にして $Y=1500-10,000i$

4. IS 曲線は $\gamma\Delta G$ すなわち $5(50)$ だけ平行にシフトする．したがって，一定の利子率，たとえば年当り 0.05 では，産出は年当り 250 ドル増加する．

6. 投資支出の利子反応性の低下は，一定の利子率の変化が投資に及ぼす影響はさらに小さく，したがって GDP に与える影響もより小さいということを意味して

いる．乗数の減少は，一定の利子率の変化によって生じた投資の変化がGDPに与える影響はより小さくなることを意味している．

第5章の答

2．貨幣需要が貨幣供給に等しいとしよう．すなわち $1(2Y-8000i)=1600$ であれば $i=-1600/8000+2/8000Y$ である．簡単にすれば，$i=-0.2+0.00025Y$ となる．

4．純粋な通貨制度において，貨幣乗数は1で公開市場での売却は貨幣供給を500ドル減少させる．それゆえ，新たなLM曲線は $i=-1100/8000+2/8000Y$，すなわち $i=-0.1375+0.00025Y$ である．LM曲線は $-0.1375-(-0.2)=0.0625$ だけ上方に平行移動している．LM曲線は左方にシフトしたと表現してもよい．

第6章の答

2．$Y=1/(1-0.6-0.2)(120-0.6(200)+50+250)-2000/(1-0.6-0.2i)=1/(1-0.6-0.2)(120-0.6(200)+50+250)-2000/(1-0.6-0.2)〔-1600/8000+2/8000Y〕$．$Y=$ 年当り1000ドル．$i=-1600/8000+2/8000(1000)=$ 年当り0.05（あるいは5％）．

4．$Y=1/(1-0.6-0.2)(120-0.6(200)+50+250)-2000/(1-0.6-0.2)i=1/(1-0.6-0.2)(120-0.6(200)+50+250)-2000/(1-0.6-0.2)〔-1880/8000+2/8000Y〕$．$Y=$ 年当り1100ドル．$i=-1880/8000+2/8000(1000)=$ 年当り0.04（あるいは4％）．

6．投資は利子率に対して非反応的であるから金融政策はGDPの水準に影響を与えない．財政政策は，クラウディング状態にあるから，ひじょうに効果的である．

8．政府消費支出の削減あるいは増税という財政政策は公的貯蓄を高めることに貢献するが，GDPを減少させ，私的貯蓄を低下させるので，GDPの水準を維持するためには刺激的金融政策を伴わなければならない．

10．減税はLM曲線の位置を変えないで，IS曲線を外にシフトさせる．無変化を表わすのにバーを用い，変化の方向を示すのに矢印を用いれば，$Y↑=C↑+$

$I\updownarrow + \bar{G}$ で $I\updownarrow = S\uparrow + (T-G)\downarrow$ である．投資への効果は，その基礎となるパラメーターの明確な知識がなければ，決定できない．減税は可処分所得を高めるから，消費と貯蓄は共に上昇する．

第7章の答

2．$Y = 1/(1-0.6-0.2)(120-0.6(200)+50+250) - 2000/(1-0.6-0.2)i = 1/(1-0.6-0.2)(120-0.6(200)+50+250) - 2000/(1-0.6-0.2)[-(1600/P)(1/8000)+2/8000Y]$．$Y + 2.5Y = 1500 + 2000(1/P)$ であるから，$Y = 1500/3.5 + 2000/3.5(1/P) = 428.6 + 571.4(1/P)$ は AD 曲線である．

第8章の答

2．$1 - 2.5(u_n) = 0.8$ だから $u_n = 0.08$ または 8％．$0.08 = (100 - Y_n)/100$ だから $Y_n = 92$．

4．第1年目（$W = 5$ ドルのとき）を $t = 1$ とする．$t = 2$ で賃金を要求する．契約実質賃金は $1 - 2.5(0.05) = 0.875 = W_2/P_2^e$ で，また $P_2^e = P_{-1} = P_1 = (1.25)(5) = 1$ 単位当り 6.25 ドルであるから $W_2 = 6.25(0.875) = 1$ 労働者につき 5.47 ドルである．

6．まず AS 曲線を解いて，$P = 6.25(-1.875 + 0.03125[92]) = 1$ 単位当り 5.47 ドルを得る．問題2は，GDP の自然水準が92ドルであることを示している．$Y = Y_n$ のとき，$P = P^e = P_{-1}$ で，われわれが今，見い出した値にちょうど等しい．

第9章の答

2．矢印は方向を，バーは一定であることを示すのに用いる．短期では $Y\uparrow = C\uparrow + I\updownarrow + \bar{G}$ で $I\updownarrow = S\uparrow + (T-G)\downarrow$ である．消費支出の増加が投資をクラウディング・アウトするのか，あるいはクラウディング・インするのかは，パラメーターについての詳細な知識がなければ，何も言えない．長期では，$\bar{Y} = C\uparrow + I\downarrow + \bar{G}$ および $I\downarrow = S\uparrow + (T-G)\downarrow$ である．長期では，クラウディング・アウトは完全となる．

4．短期では $Y\downarrow = C\downarrow + I\downarrow + \bar{G}$ および $I\downarrow = S\downarrow + (T-\bar{G})$ である．貨幣は短期

では中立的ではない．というのは，明らかに実質効果があるからである．長期では，実質変数は何の影響も受けない．なぜなら，Y, C, I, および S は，すべてそれぞれ元の水準にもどるからである．したがって貨幣は中立的である．

第10章の答

2．0年では，$\pi = 5$ で $u = 4$．1年目では，$\pi = 5 - 0.5(u-4) = 5 - 0.5[4 - 0.4g_Y] - 4) = 5 - 0.5([4 - 0.4(10 - \pi)] - 4) = 7 - 0.2\pi$ で，したがって年当り 5.83 %である．つぎに，$u = 4 - 0.4g_Y = 4 - 0.4(10 - 5.83) = 2.33\%$　2年目では，$\pi_{-1} = 5.83$ と $u_{-1} = 2.33$ であるから，$\pi = 5.83 - 0.5(u-4) = 5.83 - 0.5([2.33 - 0.4(10 - \pi)] - 4) = 8.66 + 0.2\pi$ で，したがって，$\pi = 8.66/1.2 =$ 年当り 7.22 %である．さらに $u = 2.33 - 0.4(10 - 7.22) = 1.22\%$ である．長期では，$\pi = g_M =$ 年当り 10 %で，$u = u_n = 4\%$ である．

4．1年目では，$\Delta\pi = 8 - 10 = -2$ で，$-2 = -0.5(u-4)$，したがって，$u = 8$，$\Delta u = 8 - 4 = 4$ であり，$4 = -0.4g_Y$ となり，$g_Y = -10$ である．$g_Y = g_M - \pi$ を用いて，$g_M = -10 + 8 =$ 年当り -2 %となる．2年目，3年目では，$\Delta\pi = -2$ であり，$u = 8$，したがって $\Delta u = g_Y = 0$ である．2年目では，$g_M = 6 + 0 =$ 年当り 6 %である．3年目では，$g_M = 4 + 0 =$ 年当り 4 %である．4年目では $\pi = 4$ で $\Delta\pi = 0$ となり，$u = 4$，$\Delta u = 4 - 8 = -4$ となる．このようにして，$g_Y = -2.5(-4) = 10$ で，$g_M = 10 + 4 =$ 年当り 14 %となる．5年目では $\Delta u = 0$，$g_Y = 0$，そして $g_M = 0 + 4 =$ 年当り 4 %でなる．この計画は，$4 + 4 + 4 = 12$ の過剰失業年が必要である．

6．差分型のフィリップス曲線から，$\pi_0 - \pi_T = \sum_0^T (-\Delta\pi) = \alpha\sum_0^T (u - u_n)$ が得られる．犠牲率の定義に置き換えると $\sum_0^T (u - u_n)/(\pi_0 - \pi_T) = 1/\alpha$ である．

第11章の答

2．われわれは0年目で $\pi =$ 年当り 6 %で $u = 4$ %であることを知っている．1年目では，$\pi = 0.566 + 0.358u = 6 - 0.5(u-4)$ であるから，$u = 7.434/0.858 = 8.66\%$ および $\pi = 6 - 0.5(8.66 - 4) =$ 年当り 3.67 %である．2年目には，$\pi = 0.566 + 0.358u = 3.67 - 0.5(u-4)$ であるから $u = 5.104/0.858 = 5.95\%$，したがって $\pi = 3.67 - 0.5(5.95 - 4) =$ 年当り 2.69 %である．長期では，$u = 4$ %で $\pi = 0.566 + 0.358(4) =$

年当り2％である．

4．1年目では $\pi = -0.311 + 1.075u = 6 - 0.5(u-4)$，したがって，$u = 8.311/1.575 = 5.28$％で $\pi = 6 - 0.5(5.28 - 4) =$ 年当り 5.36％である．長期では，$u = 4$％で，したがって $\pi = -0.311 + 1.075(4) = 3.99 \approx$ 年当り 4％である．

第12章の答

2．カバーなし金利平価を用いよ：$0.06 = 0.08(e^E + -0.95)/0.95$，したがって $e^E = 0.95(0.06 - 0.08) + 0.95 = 1$ ユーロにつき 0.931 ドルである．外貨価格のこの低下は自国の観点から見れば，増価である．

第13章の答

2．不変を表示するのにバーを，方向を示すのには矢印を用いて，(i) $\bar{Y} = \bar{C} + I\uparrow + G\downarrow + N\bar{X}$ および $\bar{S} + (T-G)\uparrow = I\uparrow + N\bar{F}I$ となる．より低い利子率は国内投資を促進し，それは民間貯蓄の増加によって融資された．(ii) $Y\downarrow = C\downarrow + I\downarrow + G\downarrow + NX\uparrow$ で $S\downarrow + (T-G)\uparrow = I\downarrow + NFI\uparrow$ である．民間貯蓄の増加は需要を減少させ，私的貯蓄と国内投資を低下させる原因となる．しかし，そのことは，対外純投資を増加させ，その国が対外債務を減らしたいのであれば，望ましいであろう（この問題はまた，$I = S + (T-G) - NX$ 型の投資‐貯蓄恒等式を用いて，答えることもできる）．

4．ソルター＝スワン図の I 象限では，平価切上げが最初に選択されるべきである．なぜなら，矛盾する状態にはないからである．国内均衡あるいは対外均衡のどちらかが達成されれば，財政刺激か抑制のいずれが適正かが明らかになる．

第14章の答

2．(i)のケースでは，$Y\downarrow = C\downarrow + I\updownarrow + G\downarrow + NX\uparrow$ および $S\downarrow + (T-G)\uparrow = I\updownarrow + NFI\uparrow$ である．緊縮財政は GDP を減少させ，私的消費と貯蓄を抑制する．利子率は低下するから，国内投資に及ぼす影響は不明である．通貨の増加にもかかわらず，GDP 水準の低下によって，貿易余剰が生じた．

(ii)のケースでは，$\bar{Y} = \bar{C} + \bar{I} + G\downarrow + NX\uparrow$ で $\bar{S} + (T-G)\uparrow = \bar{I} + NFI\uparrow$ となる．純輸出の増加が完全に作用し，公的貯蓄の増加が対外純投資の増加をもたらし，対外債務で悩む国にとって，喜ばしいであろう．

第 15 章の答

2. 賃金 w は慣習的賃金 80/労働単位に等しい．利潤率をみいだすのに賃金－利潤方程式を，また成長率をみいだすのにケンブリッジ方程式を用いなさい．そうすれば $v=(100-80)/200=0.1/yr$ で，$g_K=0.8(0.1)=0.08/yr=g_N=g_L$ となる．

4. 成長率 g_K，g_N そして g_L はすべて自然率 $0.05/yr$ に等しい．

   利潤率をみいだすのにケンブリッジ方程式を，そして賃金率をみいだすのに賃金－利潤方程式を用いなさい．そうすれば，$v=0.05/0.8=0.0625/yr$ で，$w=100-(0.0625)(200)=87.5/$労働単位となる．

第 16 章の答

2. 新しい値は，労働者 1 人あたり $k^*=(0.4/0.05)^{(1/(1-0.4))}=32$，$y^*=32^{0.4}=4$，$C^*=(1-0.4)4=2.4$ である．C^* は問題 1 の答と比べて上昇しているから，政策は成功している．

4. 新しい値は，労働者 1 人あたり $k^*=(0.4/0.045)^{(1/(1-0.4))}=38.94$，$y^*=38.94^{0.4}=4.33$，$C^*=(1-0.45)4.33=2.38$ である．

   C^* は問題 2. の答と比べて低下しているから，政策は成功していない．貯蓄率は，いまや黄金律貯蓄率を超えている．

参考文献

Baiman, R., Boushey, H., and Saunders, D., editors (2000). *Political Economy and Contemporary Capitalism*. M.E. Sharpe, Armonk, NY.

Barro, R.J. (1974). Are government bonds net wealth? *Journal of Political Economy*, 81(6): 1095-1117.

Baumol, W.J. (1952). The transactions demand for cash: An inventory theoretic approach. *Quarterly Journal of Economics*, 66(4): 545-556.

Baumol, W.J. and Preston, M.H. (1955). More on the multiplier effects of a balanced budget. *American Economic Review*, 45(1): 140-148.

Bewley, T.F. (1999). *Why Wages Don't Fall During a Recession*. Harvard University Press, Cambridge, MA.

Blanchflower, D.G. and Oswald, A.J. (1994). *The Wage Curve*. MIT Press, Cambridge, MA.

Blinder, A.S. and Solow, R.M. (1973). Does fiscal policy matter? *Journal of Public Economics*, 81(2): 319-337.

Bowles, S. (1985). The production process in a competitive economy: Walrasian, neo-Hobbesian, and Marxian models. *American Economic Review*, 75(1): 16-36.

Carlin, W. and Soskice, D. (1990). *Macroeconomics and the Wage Bargain: A Modern Approach to Employment, Inflation and the Exchange Rate*. Oxford University Press, Oxford.

Chiang, A.C. (1984). *Fundamental Methods of Mathematical Economics*. McGraw-Hill, New York, 3d edition.

Dernburg, T.F. (1989). *Global Macroeconomics*. Harper and Row, New York.

Fair, R.C. (1994). *Testing Macroeconometric Models*. Harvard University Press, Cambridge, MA.

Fleming, J.M. (1962). Domestic financial policies under fixed and floating exchange rates. Technical report, International Monetary Fund Staff Papers, Washington, DC.

Foley, D.K. and Michl, T.R. (1999). *Growth and Distribution*. Harvard University Press, Cambridge, MA.

Friedman, M. (1956). *Studies in the Quantity Theory of Money*. University of Chicago Press, Chicago.

Friedman, M. (1968). The role of monetary policy. *American Economic Review*,

58(1) : 1–17.

Hicks, J.R. (1937). Mr. Keynes and the "classics" ; A suggested interpretation. *Econometrica*, 5(2) : 147–159.

Jones, C.I. (2001). *Introduction to Economic Growth*. W.W. Norton and Company, New York, 2d edition.

Kahn, R.F. (1931). The relation of home investment to unemployment. *Economic Journal*, 41(162) : 173–198.

Kalecki, M. (1943). Political aspects of full employment. *Political Quarterly*, 14 : 322–331.

Kalecki, M. (1971). *Selected Essays on the Dynamics of the Capitalist Economy*. Cambridge University Press, Cambridge, UK.

Keynes, J.M. (1936). *The General Theory of Employment, Interest, and Money*, Harcourt, Brace, New York.

Kurz, H.-D. and Salvadori, N. (1995). *Theory of Production: A Long-Period Analysis*. Cambridge University Press, Cambridge, UK.

Layard, R., Nickell, S., and Jackman, R. (1991). *Unemployment: Macroeconomic Performance and the Labour Market*. Oxford University Press, Oxford.

Marglin, S.A. (1984). *Growth, Distribution, and Prices*. Harvard University Press, Cambridge, MA.

Minsky, H.P. (1975). *John Maynard Keynes*. Columbia University Press, New York.

Minsky, H.P. (1982). *Can 'It' Happen Again: Essays on Instability and Finance*. M.E. Sharpe, Armonk, NY.

Modigliani, F. and Brumberg, R. (1954). Utility analysis and the consumption function: An interpretation of cross-section data. In Kurihara, K.K., editor, *Post-Keynesian Economics*, pages 388–436. Rutgers University Press, New Brunswick, NJ.

Mundell, R.A. (1963). Capital mobility and stabilization policy under fixed and flexible exchange rates. *Canadian Journal of Economics and Political Science*, 29(4) : 475–485.

Pasinetti, L.L. (1974). *Growth and Income Distribution: Essays in Economic Theory*. Cambridge University Press, Cambridge, UK.

Patinkin, D. (1948). Price flexibility and full employment. *American Economic Review*, 38(4) : 543–564.

Phillips, A.W. (1958). The relation between unemployment and the rate of change of money wage rates in the United Kingdom, 1861–1957. *Economica*, 25(100) : 283–299.

Pigou, A.C. (1943). The classical stationary state. *Economic Journal*, 53(212) : 343-351.

Robinson, J. (1937). *Essays in the Theory of Employment*. Macmillan, London.

Robinson, J. (1953). The production function and the theory of capital. *Review of Economic Studies*, 21(2) : 81-106.

Romer, D. (2000). Keynesian macroeconomics without the LM curve. *Journal of Economic Perspectives*, 14(2) : 149-169.

Rowthorn, R.E. (1977). Conflict, inflation, and money. *Cambridge Journal of Economics*, 1(3) : 215-319.

Salter, W. (1959). Internal and external balance: The role of price and expenditure effects. *Economic Review*, 35 : 226-236.

Snowdon, B., Vane, H., and Wynarczyk, P. (1994). *A Modern Guide to Macroeconomics*. Edward Elgar Publishing Co., Aldershot, UK.

Swan, T. (1960). Economic control in a dependent economy. *Economic Record*, 36 : 51-66.

Taylor, J.B. (1999). A historical analysis of monetary policy rules. In Taylor, J.B., editor, *Monetary Policy Rules*, pages 319-341. University of Chicago Press, Chicago.

Tinbergen, J. (1952). *On the Theory of Economic Policy*. North Holland, Amsterdam, 2d edition.

Tobin, J. (1956). The interest elasticity of the transactions demand for cash. *Review of Economics and Statistics*, 38(3) : 241-247.

Tobin, J. (1958). Liquidity preference as behavior towards risk. *Review of Economic Studies*, 25(2) : 65-86.

Tobin, J. (1980). *Asset Accumulation and Economic Activity*. Basil Blackwell, Oxford.

訳者あとがき

　本書は，Thomas R. Michl, *Macroeconomic Theory : A Short Course*, M.E. Sharpe, Inc., 2002 の全訳である．蛇足と思われるかもしれないが，原書（初版）に見られるいくつかのミスや誤植については，原著者から送られてきた正誤表に基づいたうえで，若干の修正を加えて訳出した．現在，原著者のトーマス R. マイクルは，コルゲート大学の経済学教授である．

　マクロ経済学をある程度学んだことのある読者なら，本書のタイトルや目次からしてその内容を十分に組み取れると思われるので，ここでそれについて事細かに述べることは単に屋上屋を架することになるだけでなく，読者にかえって誤った印象を与えることにもなりかねないことから，詳細は本書自体に語らせることにして，ここでは本書についての訳者たちの印象をごく簡単に述べるにとどめておきたい．

　原著はごく単純な数学モデルを使って，中級レベルのマクロ経済学におけるあらゆる重要な基礎理論を簡潔に説明しようとするものであり，本書を読まれたならば，必ず納得すると思われるが，その野心的な試みは見事に結実したといっても過言ではないだろう．正直なところ，訳者たちはマクロ経済会計に始まって，ケインジアン理論，IS-LM 分析，インフレーションと失業，金融・財政政策，国際経済，国際金融，そして成長理論に至るまでの実に広範囲にわたるマクロ経済問題を，これほど簡潔に凝縮された形で，しかも平易に論じた類書を見たことがない．

　無論，数学的な展開によって経済理論が高度に抽象化される危険はあるが，原著者の意図するところは数学を利用することで経済理論の因果的連鎖を明確にするとともに，それによって逆に経済問題の本質を浮き彫りにすることにあり，結果として，問題意識が鮮明化するとともに重要な分析ツールを身につけ

ることで，より現実的にしてより現代的な問題に鋭い切り口をもって取り組むことができるようになるということにある．訳業が進むにつれて，なるほどそうだと思わせる箇所が散見されたというのが訳者たちの共通の理解である．

　ここで，訳語についてとくに一点だけ付記しておきたい．それは，mony supply の訳である．第5章が中心であるが，貨幣需要と対置されるところでは「貨幣供給」と訳出したが，その他の章では「マネーサプライ」とした．ご一考願えれば幸いである．

★

　本邦訳は，専門の異なる8人によってなされた．各自の分担箇所を訳出した段階で訳稿を持ち寄り，複数で推敲を加え，遠慮のない意見を出し合い互いに議論を交わした．その意味では，文字通り共訳である．とはいえ，依然として思わぬ誤解や見落としがあるかもしれない．読者諸兄の忌憚のないご叱正を願うものである．

　本文中にも章ごとに訳者の名前が挙げられているが，ここで再度，各自の分担箇所の一覧を掲げておきたい．

序　文，第1章，第2章	渡部　茂
第3章	蒋　　安
第4章，第5章	丸山航也
第6章	河口雄司
第7章，第8章，第9章	内藤二郎
第10章，第11章	上遠野武司
第12章，第13章，第14章	横溝えりか
第15章，第16章，付録A・B	末繋宏造

★

本邦訳の上梓にあたり，訳者間の調整や連絡はもとより，とりわけ校正において貴重なアドバイスを与えてくれるなど，その能力をいかんなく発揮し，高い知的生産性を示してくれた学文社編集部の落合絵理さんに深謝しなければならない．

2004年9月

訳者一同

※　本書は，大東文化大学経済学会出版刊行助成を受けた．記して感謝申し上げたい．

索　引

〈記号索引〉

Π	5	a_3	77	c_1	35
α	144	a_4	106	d_1	71
β	150	a_5	106	d_2	71
γ	40,52,204	a_6	171	h_0	168
μ	27,31	a_7	171	h_1	168
π	143	a_8	204	h_2	168
π^*	174	a_9	204	m_0	115
π^e	144	b_0	36	m_1	115
a_0	59	b_1	36	n_0	114
a_1	59	b_2	36	n_1	114
a_2	77	c_0	35	s_c	235

〈人名索引〉

Baiman, Ron　21
Barro, Robert　37
Baumol, William　50,71
Blanchflower, David G.　114
Blinder, Alan　102
Boushey, Heather　23
Bowles, Samuel　113
Brumberg, Richard　37
Carlin, Wendy　23
Dernburg, Thomas　206,229
Fair, Ray　186
Fisher, Irving　168
Fleming, J. Marcus　228
Foley, Duncan K.　54,245
Friedman, Milton　100,145
Hicks, John R.　84
Hume, David　193
Jackman, Richard　33,128
Jones, Charles I.　257
Kahn, Richard　54
Kaldor, Nicholas　236
Kalecki, Michal　23,33,38,54,122,128
Keynes, John Maynard　54
Kurz, Heinz　257
Layard, Richard　33,128
Leontief, Wassily　233
Marglin, Stephen　245
Marshall, Alfred　19
Marx, Karl　232
Michl, Thomas R.　54,245
Minsky, Hyman　82
Modigliani, Franco　37
Mundell, Robert　228
Nickell, Stephen　33,128
Oswald, Andrew J.　114
Pasinetti, Luigi　236
Patinkin, Don　109
Phillips, A.W.　145
Pigou, A.C.　108
Preston, Robert　50
Ricardo, David　232
Robinson, Joan　225,236,247
Romer, David　186
Rowthorn, R.E.　119
Salter, W.　216
Salvadori, Neri　257
Saunders, Dawn　21
Say, Jean-Baptiste　47
Smith, Adam　128,232
Snowdon, Brian　23

Solow, Robert M.　102,247
Soskice, David　23
Swan, T.W.　217,247
Taylor, John　174
Tinbergen, Jan　102
Tobin, James　72,109
Vane, Howard　23
Wynarczyk, Peter　23

〈略語索引〉
BP　203
NAIRU　120,154
NFI　198
OPEC　182
PAYGO　50
PPP　191
PRW　116
RF　169

〈項目索引〉
あ　行
IS　43
　　開放経済方程式　204
　　────方程式　59,171
IS-RF モデル　171
IS-LM　84
　　構造方程式　85
　　誘導型
　　　　AD 曲線としての　106
　　誘導型方程式　85
アニマル・スピリッツ　39,100
安定した結節点　158
安定した焦点　158
移行動学　253
一階の条件　259,265
移転支払い　9
因果的構造
　　ＩＳ曲線　59,60
　　LM 曲線　79
　　貨幣数量説　137
　　動学的 AD 曲線　172
インフレ・ギャップ　118
インフレーション　143
　　────の費用　183
インフレーションの闘争理論　119
インフレ目標　174
　　────と財政政策　180
LM　77
LM 方程式　77
黄金律　255
大蔵省見解　91
オークンの法則　150

オーバーシュート　152

か　行
外国為替　188
　　準備としての────　16
外生的成長　240,254
開放経済　3
価格
　　硬直的────　124
　　債券────　67
　　価格受容者　26
　　価格設定者　26
　　タイミング　116
　　────と実質貨幣供給　78
　　────の貨幣数量説　137
価格によって決定される実質賃金　116
過剰準備　→準備，過剰を見よ
可処分所得　10
加速度原理主義者の仮説　154
加速度理論　38
貨幣　65
　　外部貨幣　111
　　────需要の理論　72
　　────数量説　137
　　────速度　18,71
　　中立性　137
　　超中立(性)　154,159
　　内生的　83,138
　　内部貨幣　111
　　────の定義　17
　　ハイパワード・マネー　16
　　ベース・マネー　16
貨幣化

索　引

政府の赤字　98
貨幣錯覚
　　——と実質利子率　168
　　——と賃金　112
貨幣速度　18
為替相場
　　実質——　190
　　名目——　188
為替相場制度　189
　　固定——　176
　　変動あるいはフロート——　189
完結されたモデル　150
完全雇用　109,122,238
完全な予測　123,138
基準年次　4
犠牲率　161
期待
　　合理的——　123
　　適応的——　123,146
帰納的解　152
規模に関して収穫不変　248
供給
　　企業の——対総——　125
　　企業レベルの——　30
　　総——　30
競争的切下げ　219
切上げ　189
切下げ　189
均衡
　　IS-LM——　88
　　国際収支　199
　　資産市場　75
　　——条件　40,42
　　多数均衡　121
　　長期——対 短期——　19
均衡予算修正案　90
銀行準備→「準備，銀行」を参照せよ
金融政策
　　因果的構造　94
　　インフレ目標の設定　175
　　風に向かい前かがみになる　167
　　貨幣の伝達経路　93
　　貨幣量目標の設定　73,81,96,100
　　銀行貸出経路　102

効果波及経路　93
信用経路　102
水質検査　163
漸進主義　162
即行　162
大衆迎合的な中央銀行　183
中央銀行の反応関数　168
保守的な中央銀行　184
目標インフレ　174
利子率目標設定　96
金利平価
　　カバーつき——　206
　　カバーなし——　200,215
近隣窮乏化　225
クラウディング・アウト　89
　　——とIS曲線　93
　　——とLM曲線　92
　　AS-ADモデルにおける——　135
　　純輸出　228
クラウディング・イン　89
計画されない在庫変動　44
景気循環
　　供給の衝撃　140
　　ケインジアン・モデルにおける　41
　　衝撃　141
　　需要の衝撃　99,140
経済
　　経済依存症　121
　　開放——　10
　　閉鎖——　3
経常勘定　198
契約実質賃金　114
ケインジアン・クロス　41
ケインジアン 対 前ケインジアン　53
ケインズ効果　106
結合の誤謬　113,117
限界性向
　　消費　35
　　貯蓄　35
　　投資　36
減価　189
ケンブリッジ資本論争　257
ケンブリッジ方程式　236
倹約のパラドックス　49,50,52,99,139,235

281

公開市場操作　16,17,72
交換方程式　18,137
恒久的な不況　109
公共貯蓄　10
構造方程式　85
購買力平価　191
国内総生産　3
国民貯蓄　10,199
個人貯蓄　10
古典派の消費理論　38,235
古典派理論
　　──対 新古典派理論　233,247,256

さ　行

債券　66
財政黒字　14
　　構造的──　135
　　第一次──　14
裁定の原理　200
債務デフレーション　109
裁量的政策　100
産出高-所得恒等式　5
　　──と賃金-利潤曲線　234
GDP　4
実質──対 名目──　4
時間
　　ストックとフロー　12
　　──の記号　6
　　──のモデル化　6
資産　13,65
資産動機　70
資産効果　109
自然
　　──価格　128
　　──産出量水準　119
　　──失業率　120
　　──成長率　237
　　──利子率　173
失業
　　基準年の──　162
　　構造的──率　120
　　自然──率　120
　　持続可能な──率　120
　　──の費用　183

非自発的──　122
──率　114
実質残高　71,73
　　実質残高効果　108
実質賃金の抵抗　219
失職のコスト　114
自動安定化装置　100
資本移動
　　完全な──　201
　　ゼロ──　201
　　比較的移動しにくい──　203,211
　　比較的移動しやすい──　203,211
　　不完全な──　201
資本勘定　198
資本と労働
　　代替物　249,253
　　補完物　233,249
資本予算　10
収穫逓減　38,248,249,253
　　レオンチェフ対コブ・ダグラスにおける　249
純財産　13
純資本移動　11
準備
　　銀行──　15,193
　　対外準備　16,194
　　超過──　15
純輸出　11
　　次元分析　195
　　──と資本移動　11
　　──と対外純投資　12
衝撃
　　対象的──対 非対称的──　100,141
小国モデル　205
乗数　40,47
　　開放経済──　204
　　貨幣──　16
　　租税──　48
　　均衡予算──　51
　　──と限界投資性向　51
乗数過程　46
消費
　　独立──　35

282

消費関数　35
消費性向　35,37
　　　資本家の――　37-38,235
　　　労働者の――　37-38,235
消費税　242
消費の理論　37
初期赤字　222
所得-支出方程式　9,11,225
所得税　100
所得分配　38
新古典派経済学　21,122,142
水準効果
　　　ソロー=スワンモデルにおける――　255
　　　――対 成長効果　244
スタグフレーション　157
ストック
　　　――対フロー　13,65
　　　――の定義　13
正貨流出入機構　193
政策の有効性
　　　――とIS曲線　93,94
　　　――とLM曲線　90,93
　　　マンデル=フレミングモデルにおける――　229
政策ルール　100
生産関数
　　　企業の――　26
　　　コブ=ダグラス――　247-248
　　　総生産関数　32,233,247
　　　レオンチェフ――　233
生産物需要の弾力性　27-28,259
セイの法則　47,236,250
政府借入れ　47
政府支出　9
政府の財政制約式　90
増価　189
総供給
　　　AS方程式　124
　　　供給曲線　30,125
総需要
　　　AD　104
　　　AD方程式　106
　　　景気循環　99

ケインジアン・クロス・モデル　41
動学的AD方程式　148,171
ミクロ経済的需要との関係　31
利子率　55
贈与理論　37
ソルター=スワンの図　217

た 行

対外均衡　216
対外純投資　12,199
大恐慌　32,219
大国モデル　205
貸借対照表　13-16
　　　T型勘定　16
対内均衡　216
蓄積率　236
中期　152
貯蓄　9
　　　開放経済における――　10,199
　　　貯蓄関数　35
賃金
　　　貨幣――　6,112
　　　慣習――　236
　　　実質――　5,112,234
　　　実質生産物――　5
　　　タイミング　116
　　　――の硬直性　124,139
　　　名目――　5
賃金曲線　114
賃金-利潤曲線　234
通貨危機　215
T型勘定　16
　　　開放経済の――　193
ディスインフレ・ギャップ　147
ディスインフレーション　147
テイラー・ルール　174
ティンバーゲンの法則　98,216
デフレ・ギャップ　119
デフレーション　165
転換点　157
動学モデル　88
投機的攻撃　194
投機的動機　70,80
統合パラメーター　59

投資　7
　　投資関数　36
　　現行――対 計画された――　8,44
　　在庫――　7
　　投資-貯蓄恒等式　10,199
　　独立――　36
　　日常的な感覚の――　7
　　――の形態　7,35
　　――の理論　36-39
投資の利子感応性　36
独立支出　40
閉じられているモデル　150

な　行
内生的成長　239
日本　81,109,131
ニュー・ケインジアン経済学　21,122,
　142

は　行
ハイパワード・マネー　16
パーシェ指数　4
パラメーター　28
反応関数　73,168
　　――とLM曲線　169
比較均衡分析　45
ピグー効果　108
ビジョン　256
ビッグ・マック指数　191
必要貯蓄　252
フィッシャー効果　109
フィッシャー方程式　168
フィリップス曲線　144
　　アメリカにおける――　163
　　期待によって増幅された――　144,
　　145,146
　　原形――　144
　　差分形式の――　151
フェデラル・ファンド・レート　15
付加価値会計　4
不確実性　38,82
負債　13
不胎化　193
物価→価格

物価指数　4-5
部分準備銀行　15
ブレトン・ウッズ　189
フロー　→　ストックを見よ
閉鎖経済　3
ベーシス・ポイント　17
ベース・マネー　16
変数
　　外生――　28
　　先決――　124
　　内生――　28

ま　行
マークアップ（率）　27
　　変数　120
　　――と不完全競争　28
　　――と利潤分配率　28
マクロ経済学
　　ミクロ経済学との関係　31
マクロ経済的恒等式
　　開放経済　11,199,225
　　産出高-所得　5,234
　　所得-支出　9,11,225
　　投資-貯蓄　10,11,199
マーシャル＝ラーナー条件　197
マネタリスト　122
マンデル＝フレミングモデル　228
ミクロ経済的基礎　21,25

や　行
有効需要の原理　48
誘導型方程式　85
輸出方程式　196
輸入方程式　196
ヨーロッパ硬化症　122
よき隣人のマクロ経済学　229
予算赤字　10
　　貨幣による資金調達　90,98
　　債券による資金調達　90
予算黒字　→　財政黒字を見よ

ら　行
ライフサイクル理論　37
ラスパイレス指数　5

索　引

利利潤
　　——分配率　28
　　——率　234
利潤率　234
利子率
　　自然——　173
　　実質——　167
　　名目——　66,178
利子率目標　96
利回り曲線　66,95
流動性のわな　80,95

留保賃金　114
履歴現象　121
連鎖タイプ指数　5
労働回避モデル　113
労働単位　26
労働予備軍　122,237

わ　行

割引現在価値　14
割引率　15
ワルラスの法則　69,75

《原著者について》

　トーマス R. マイクルはコルゲート大学の経済学教授である．彼はオーバーリン大学で文学士，ニュー・スクール・フォ・ソシアル・リサーチで理学修士と Ph.D を取得した．

　現在，彼はニューヨーク州のオールバニーにある財政政策研究所の経済諮問委員会の委員であり，『レヴュー・オブ・ラジカル・ポリティカル・エコノミックス』の編集会議のメンバーである．出版物にはダンカン K. フォリーとの共著『成長と分配』（1999）の他に数多くの新聞雑誌論文がある．

《訳者》
上遠野武司　大東文化大学経済学部助教授（産業組織論・交通論専攻）
河口　雄司　大東文化大学大学院経済学研究科博士後期課程（理論経済学専攻）
蒋　　　安　大東文化大学大学院経済学研究科博士後期課程（理論経済学専攻）
末繁　宏造　大東文化大学経済学部教授（理論経済学専攻）
内藤　二郎　大東文化大学経済学部専任講師（中国経済論専攻）
丸山　航也　大東文化大学大学院経済学研究科博士後期課程（理論経済学専攻）
横溝えりか　大東文化大学経済学部専任講師（国際金融論専攻）
渡部　　茂　大東文化大学経済学部教授（理論経済学・経済思想専攻）

（五十音順）

マクロ経済理論 ──ショート・コース──

2004年9月20日　第一版第一刷発行

著　者　　トーマス R. マイクル

訳　者　　大東文化大学
　　　　　経済学研究会

発行者　　田　中　千津子

発行所　　〒153-0064　東京都目黒区下目黒 3-6-1
　　　　　☎ 03 (3715) 1501　FAX 03 (3715) 2012
　　　　　振替　00130-9-98842
　　　　　株式会社　学文社

検印省略
ISBN 4-7620-1339-0　　印刷／新灯印刷株式会社